北京市哲学社会科学规划办公室
北京市教育委员会　　资助出版
北京现代产业新区发展研究基地

网络经济的逻辑：
微观基础·运行机理·总图景

The Logic of the Network Economy
Micro-Foundation, Operation Mechanism and the Overall View

徐　岭　著

首都经济贸易大学出版社
Capital University of Economics and Business Press
·北京·

图书在版编目（CIP）数据

网络经济的逻辑：微观基础·运行机理·总图景/徐岭著.
——北京：首都经济贸易大学出版社，2020.8
ISBN 978-7-5638-3104-3

Ⅰ.①网… Ⅱ.①徐… Ⅲ.①网络经济—研究
Ⅳ.①F062.5

中国版本图书馆CIP数据核字（2020）第199346号

网络经济的逻辑：微观基础·运行机理·总图景
WANGLUO JINGJI DE LUOJI：WEIGUAN JICHU
YUNXING JILI ZONGTUJING
徐 岭 著

责任编辑	彭伽佳
封面设计	风得信·阿东 FondesyDesign
出版发行	首都经济贸易大学出版社
地　　址	北京市朝阳区红庙（邮编100026）
电　　话	（010）65976483　65065761　65071505（传真）
网　　址	http://www.sjmcb.com
E-mail	publish@cueb.edu.cn
经　　销	全国新华书店
照　　排	北京砚祥志远激光照排技术有限公司
印　　刷	北京建宏印刷有限公司
成品尺寸	170毫米×240毫米　1/16
字　　数	210千字
印　　张	13.5
版　　次	2020年8月第1版　2020年8月第1次印刷
书　　号	ISBN 978-7-5638-3104-3
定　　价	42.00元

图书印装若有质量问题，本社负责调换
版权所有　侵权必究

前　言

20世纪70年代的信息技术革命，特别是网络技术革命，在推动信息全球化和经济全球化的进程中，一方面催生了新经济，另一方面也演变了市场经济。本书将这种具有混合性质的经济形态称为"网络经济"。本书认为，网络经济是以网络基元（Agent）为微观基础，以网络组织（Agents）为中介，以网络组织群落为区域经济形态，以国家和跨国公司为全球化网络中的"发展极"、以具有技术和经济二重性的授权体系为运行机制、以区块链架构起的国内循环与国际循环之双循环为宏观总图景的一种前所未有的新经济形态。

20世纪90年代以后，网络经济在网络基元内部不断发生"自我变异"或"自主创新"的条件下，以难以想象的速度实现"自我复制"、"自我繁衍"、"自我演化"以及"自组织"，形成了日益强劲、愈演愈烈的集群式、网络式的市场供给。与此同时，这种市场供给也引发了现有企业组织、产业组织、政府组织以及各种正式的和非正式的组织内部对"信息化"和"网络化"的难以抑制的市场需求。这种市场需求不仅越来越不可思议，而且带有集团性、阶层性、地域性、整体社会性的特征。

进入21世纪以后，在这种市场供给和市场需求的双向刺激下，网络经济出现了许多超复杂的特征。一方面，网络基元作为"干细胞"，使每个微观经济活动作用者的能量变大，以至于每个人都有可能借助网络生产、交换、消费"网络产品"，另一方面，它还使产业集群快速变成"网络组织"、区域性网络组织群落、整体格局中的"发展极"；一方面，"授权体系"作为"放大器"，使每个网络基元发散——自我发展，另一方面，它还作为"压缩器"，使众多网络组织群落收敛——自我约束，再互动发展；一方面，网络组织作为一种新生产方式，使世界既是平的也是新的，另一方面，它作为处在演化过程中的"认同的力量"，使市场经济既趋于一体化，也趋于多样化；一方面，"网络社会的崛起"使当代世界经济体系演化成为一个超复杂的全球系统，另一方面，它还使当代市场经济经历着前所未有的重组、重构、演化，并由此迎来自己"千年的终结"。

网络经济作为一种崭新的生产方式，在重塑全世界经济地理的同时，也在进行市场经济的"全球性转变"。这种转变既包括原有的企业生产方式、治理结构和管理模式的转变，流通领域物流、价值流、资本流、资讯流流转方式的转变，整个经济体商业逻辑的转变，还包括人们生活、交往、学习和工作方式的转变。这就要求无论是作为供给侧的供应链网络，还是作为需求侧的需求链网络，都必须摈弃传统经济模式下的静态线性思维，重新认识和适应网络经济的新逻辑，适时进行改革和调整。

本书从"网络"视角考察网络经济这种新的经济形态。全书框架中的"网络"既是"基元组织（干细胞）"，也是"中介组织（发育中的变体）"，还是"总图景（成熟的有机体）"；它具有技术与经济二重性，是技术网络和经济网络的契合体。本书的独创性在于：①把"Agent"概括为"网络基元"，即构成网络经济的微观元素或微观组织；②把具有技术和经济（包括法）二重属性的"授权体系"看作某网络基元与其他网络基元发生经济联系的机制和机理；③以"网络基元"（细胞组织）的自我变异或自主创新为内在发展动力，以"网络组织"的自我复制、自我繁衍、自组织、自我演化和"授权体系"为运行机制，建立起网络经济背景下的微观组织和"网络总图景"（包括模块、接口、规则、标准、状态、模型）之间的内在联系，并将它们有机地统一起来。

在本书看来，Agent 本身就是一个具有开放性的系统，它既能从外部环境吸收物质、能量和信息，又能向周围环境输出物质、能量和信息。由于 Agent 无论作为微观元素还是微观基础都具有相对性，它既可以被理解为个人也可以被理解为企业或企业集团，既可以是跨国公司也可以是国家，从某种意义上说，还可以被理解为传统的企业组织与马克思所讲的未来社会的自由人联合体（未来社会）之间的过渡体。

总之，本书通过界定网络经济，探究网络经济之独特的微观组织形式及其相互联系的中介链路和枢纽，进而从静态和动态的双重角度构建模型，以描述从网络基元到网络组织、网络经济这一新经济形态形成的机制和机理。

2019 年 12 月

目 录

第1章 导 论 …… 1
1.1 网络社会崛起与认同的力量 …… 1
1.1.1 关于新经济、新社会的不同见解 …… 1
1.1.2 问题的提出和基本观点 …… 3
1.2 文献综述:网络经济学框架亟待创新 …… 4
1.2.1 国外研究 …… 5
1.2.2 国内研究 …… 8
1.2.3 文献状况简评 …… 10
1.3 意义与思路 …… 11
1.3.1 实践意义和理论意义 …… 11
1.3.2 视角和方法与思想和框架 …… 13

第2章 网络经济及其特征 …… 16
2.1 网络经济产生的背景 …… 16
2.1.1 冷战的结束与经济全球化 …… 16
2.1.2 全球化与信息的资本化和产业化 …… 18
2.1.3 信息技术创新与网络技术的出现 …… 19
2.1.4 网络技术与新经济的技术基础 …… 21
2.2 网络经济性质的界定 …… 23
2.2.1 网络经济的经济释义 …… 23

2.2.2 网络经济的网络释义 ………………………………… 29
　　2.2.3 网络正负反馈与经济人假设质疑 ……………………… 37
2.3 网络经济特征的描述 ……………………………………… 37
　　2.3.1 网络经济的不同层面 …………………………………… 38
　　2.3.2 网络自组织性与网络企业自增长性 …………………… 40
　　2.3.3 网络联结性与网络产业互动性 ………………………… 45
　　2.3.4 网络系统性与网络经济整体性 ………………………… 47

第3章　网络经济的微观基础——网络基元Agent ………… 51
3.1 基元范畴及其在当代经济学中的运用 …………………… 51
　　3.1.1 基元与经济学对基元范畴的使用 ……………………… 51
　　3.1.2 当代可拓学与基元论哲学中的基元范畴 ……………… 52
　　3.1.3 对基元范畴构成要素和内部结构的解说 ……………… 53
　　3.1.4 基元范畴表征的属性及其在联结与互动中的重要作用 …… 54
3.2 运用基元论研究网络经济的意义 ………………………… 56
　　3.2.1 网络经济理论的现实状况 ……………………………… 56
　　3.2.2 基元论与网络经济系统 ………………………………… 58
　　3.2.3 可拓学与网络经济学研究 ……………………………… 58
　　3.2.4 Agent与网络经济学的核心范畴 ……………………… 59
3.3 网络经济微观基础解说 …………………………………… 60
　　3.3.1 关于Agent的一般评说 ………………………………… 61
　　3.3.2 网络基元Agent的特殊性 ……………………………… 66
3.4 网络基元Agent的三要素 ………………………………… 72
　　3.4.1 Agent物元 ……………………………………………… 73
　　3.4.2 Agent事元 ……………………………………………… 75
　　3.4.3 Agent关系元 …………………………………………… 77

第4章　网络经济的运行机制——授权体系 ………………… 81
4.1 技术网络的支持平台——技术协议和技术授权 ………… 81

- 4.1.1 计算机网络建立及其内含的协议和授权 …………… 82
- 4.1.2 计算机硬件系统设计中的协议和授权 …………… 82
- 4.1.3 计算机软件系统设计中的协议和授权 …………… 84
- 4.1.4 计算机网络系统设计中的协议和授权 …………… 85
- 4.2 网络基元内含的授权与协议 …………………………… 87
  - 4.2.1 Agent 物元与技术协议和技术授权 ……………… 87
  - 4.2.2 Agent 事元与经济协议和经济授权 ……………… 94
  - 4.2.3 Agent 关系元与经济运行目标的实现 …………… 100
- 4.3 网络组织中的授权和协议 ……………………………… 104
  - 4.3.1 网络基元 Agent 内部的委托代理和授权 ………… 104
  - 4.3.2 网络组织中的委托代理和授权 …………………… 105
  - 4.3.3 网络组织运行模拟——双重授权体系 …………… 107
- 4.4 网络经济实践中网络组织的实现形式 ………………… 109
  - 4.4.1 转包关系网络 ……………………………………… 109
  - 4.4.2 战略联盟网络 ……………………………………… 110
  - 4.4.3 虚拟企业网络 ……………………………………… 112
  - 4.4.4 共生网络 …………………………………………… 113
  - 4.4.5 网络组织实例说明 ………………………………… 114
- 4.5 网络经济参与者、监管者、合作平台搭建者的协议和授权 … 115
  - 4.5.1 政府作为经济参与者所涉及的协议和授权 ……… 116
  - 4.5.2 政府作为经济监管者的协议和授权 ……………… 117
  - 4.5.3 政府作为合作平台搭建者涉及的协议和授权 …… 119
- 4.6 关于授权体系的总结 …………………………………… 122
  - 4.6.1 网络基元的演化与价值网的形成 ………………… 122
  - 4.6.2 价值网与异质资本网络的实现机制 ……………… 124
  - 4.6.3 授权体系的静态结构和动态变化 ………………… 125

第5章 网络经济的总图景 ……………………………………… 129
- 5.1 网络基元的"基因突变"与"能力要素"的成长和重构 ……… 129

5.1.1 "能力要素"与"下一代企业"的基本单元 ········· 130
5.1.2 能力要素的凸起与网络基元的"自主创新" ······· 134
5.1.3 "知识产权"与网络链路的"与时俱变" ·········· 135
5.2 网络组织的自我演化与自我变异：发展过程中的渐变与突变 ····· 137
5.2.1 模块与网络组织 ···································· 137
5.2.2 集成与网络组织 ···································· 142
5.2.3 网络组织的动态演化 ································ 146
5.3 网络地球的重塑运动：世界既是平的也是新的 ··············· 149
5.3.1 千姿百态的网络组织 ································ 149
5.3.2 网络组织的演化与变异 ······························ 150
5.3.3 全球性的转变——网络重塑世界经济新地理 ·········· 151
5.4 基于区块链技术的双循环：国内循环和国际循环及交互循环 ···· 152
5.4.1 经济循环释义 ······································ 152
5.4.2 区块链及其技术和经济二重性 ······················ 159
5.4.3 基于区块链构建我国"双循环" ······················ 165

第6章 结束语：一种具有世界性的新生产方式的崛起 ············ 175
6.1 本书探索的意义 ·· 175
6.2 本书的不足之处和待续工作 ································ 176

参考文献 ·· 179
后记 ·· 201

图表目录

图 1-1　网络经济理论模型 …………………………………… 14
图 2-1　市场是全部经济关系的总和（网络）示意图 ………… 26
图 2-2　单向连接和双向连接 …………………………………… 32
图 2-3　直接网络外部性 ………………………………………… 32
图 2-4　双向网络 ………………………………………………… 33
图 2-5　间接网络外部性 ………………………………………… 33
图 2-6　单向网络 ………………………………………………… 33
图 2-7　混合网络外部性 ………………………………………… 34
图 2-8　混合网络 ………………………………………………… 34
图 2-9　正反馈示意图 …………………………………………… 35
图 2-10　网络经济系统（技术网络和经济网络的契合体）…… 40
图 2-11　企业网络（网络组织）………………………………… 45
图 3-1　网络基元 Agent 的自我演化结构图 …………………… 68
图 3-2　典型的计算机网络系统 ………………………………… 70
图 3-3　企业间合作的类型 ……………………………………… 71
图 3-4　电子商务的构成要素 …………………………………… 78
图 3-5　Agent 关系元（技术网络和经济网络的叠加）………… 80
图 4-1　自主计算机系统内部的授权体系 ……………………… 83
图 4-2　软件系统设计体现的授权 ……………………………… 85
图 4-3　ISO/OSI 参考模型中的协议和授权 …………………… 86

图 4－4　IEEE 802 局域网参考模型 …………………………………… 89
图 4－5　广域网参考模型 ………………………………………………… 90
图 4－6　城域网参考模型 ………………………………………………… 92
图 4－7　TCP/IP 模型各层使用的协议 ………………………………… 93
图 4－8　TCP/IP 模型的两大边界 ……………………………………… 94
图 4－9　认证、授权和计费模型 ………………………………………… 101
图 4－10　网络基元 Agent 系统内部的委托代理和授权 ……………… 105
图 4－11　一个简单的网络组织的委托代理和授权体系 ……………… 107
图 4－12　虚拟组织授权服务系统基本架构 …………………………… 108
图 4－13　转包关系网络中的授权体系 ………………………………… 110
图 4－14　企业间合作的类型 …………………………………………… 111
图 4－15　虚拟企业网络授权体系 ……………………………………… 112
图 4－16　耐克网络 ……………………………………………………… 115
图 4－17　波特钻石理论模型 …………………………………………… 116
图 5－1　Agent 内部网络 ………………………………………………… 132
图 5－2　虚拟企业内部网络 ……………………………………………… 132
图 5－3　更大复杂的虚拟企业（网络组织） …………………………… 132
图 5－4　无盟主的网络 …………………………………………………… 133
图 5－5　有盟主的网络组织 ……………………………………………… 133
图 5－6　授权体系是架构在网络节点之间的链路 ……………………… 136
图 5－7　网络组织的动态方式 …………………………………………… 147
图 5－8　区块链系统中的技术套件 ……………………………………… 163
图 5－9　供给侧循环网络 ………………………………………………… 168
图 5－10　供给侧与需求侧国内大循环 ………………………………… 170
表 5－1　敏捷企业的模块化实现原则 …………………………………… 139
表 5－2　敏捷企业集成实现的 ARCA 模式 …………………………… 143
表 5－3　区块链中的技术概念及其作用 ………………………………… 162

第1章 导　论

1.1　网络社会崛起与认同的力量

发端于20世纪70年代的信息技术革命，特别是网络技术革命，在推动信息全球化和经济全球化的同时也催生了新经济的产生与发展。伴随着网络经济的繁衍与蔓延，无论是世界经济格局还是企业的生产方式、治理结构和管理模式，都发生了巨大的变化，与此同时，消费者的消费习惯、消费方式以及人类的生活、学习和工作方式也发生着愈渐深刻的变革。

1.1.1　关于新经济、新社会的不同见解

弗里德曼称"世界是平的"[①]，即我们现在正处于"全球化3.0"时期。将我们带入这个新时期的动力既有地缘政治的因素和柏林墙的倒塌，也有技术方面的进步，如个人电脑和网络的流行，以及在此基础上生产过程和创新模式的革命。他认为：在全球化3.0时代，竞争的平台已经被推平；在一个平坦的世界中，弱小的大卫（个人）能够胜过巨人——个人和小公司不但能够参与全球合作，也能参与全球竞争，并成为世界经济舞台中的主角；原来以西方为中心的世界格局，随着中国、印度和俄罗斯等国的崛起，正发生着急剧的变化，而来自世界各个角落的非西方、非白人的个人群体拥有越来越大的能力与影响力。

安东尼·范·阿格塔米尔认为，世界并不完全是平的，它实际上已经开始向新兴市场国家倾斜了，即"世界是新的"[②]。在他看来，尽管我们经常谈

[①] 托马斯·弗里德曼. 世界是平的：21世纪简史［M］. 北京：科学出版社，2006.
[②] 安东尼·范·阿格塔米尔. 世界是新的：新兴市场崛起与争锋的世纪［M］. 北京：东方出版社，2007.

论全球化问题、外包服务以及中国、印度的崛起，但我们仍然没有理解在我们眼前发生的这种巨变的全部意义。事实上，我们正在经历工业革命以来全球经济（全球实力）最深刻的转变；200年前，"西方世界"从当时世界上最大的经济体——中国和印度那里"拼力崛起并控制了"世界的经济重心，而现在，这股潮流正逐渐呈现出逆转的倾向，因为全球的经济重心正迅速由发达国家转向新兴市场国家。

曼纽尔·卡斯特认为，当代人需要认同的新世界是"网络社会的崛起"[①]，发端于20世纪最后25年的新经济已经在全球浮现。他把这种新经济称为信息化、全球化与网络化的经济，并把这种网络经济独有的特征归结为交织连接形成的互动性和整体性。在他看来，这种经济之所以会在20世纪最后25年出现，是因为信息科技革命为其提供了不可或缺的物质基础，而正是当代经济赖以存在的知识和信息基础、当代市场体系全球性的触角以及以网络为基础的组织形式同信息科技革命之间的历史扣连，催生了一个全新而独特的经济系统。

彼得·迪肯认为，信息技术革命，特别是网络经济的发展，使生产方式发生"全球性转变——重塑21世纪的经济地图"[②]。他强调：全球化并非某种不可避免的终极状态，而是一种复杂的、不确定的过程，并且很不均衡地发生在不同的时空构架之中；由于世界不同部分之间相互联系的本质和程度一直处于变动之中，所以理解全球经济变化长期的、潜在的过程至关重要；这些过程是被两个主要角色的相互作用塑造出来的，即跨国公司和国家——它们处于一个动荡的技术环境中，其中，交通和通信（特别是后者）方面的"空间压缩"技术是最显著的促进因素；当跨国公司重组其运行时，当国家政府试图建设或保护自己的经济体系时，以及当技术进步的步伐加快、性质改变时，世界上很少有地方不会被影响；这些变化无论在地理上还是在部门中，都是不均衡的；这个过程不是简单地从全球到地方的"自上而下"，不同地理层级的条件本身就在调和、影响着"全球"力量的实际运行，事实上，任何

---

① 曼纽尔·卡斯特. 网络社会的崛起 [M]. 北京：社会科学文献出版社，2006.
② 彼得·迪肯. 全球性转变：重塑21世纪的全球经济地图 [M]. 北京：商务印书馆，2007.

全球的东西在最真实的意义上都是地方的。

除了上述四位大师之外，还有更多的学者将潮起于20世纪70年代中期的新经济归结为"知识经济"①、"信息经济"②、"数字经济"③ 以及"网络经济"④。在笔者看来，这些说法虽然不同，但表达的无非是：进入新千年，人们的生产方式、生活方式甚至生存方式都发生了巨大变化。但这些学者在评价这种变化以及在概括这种变化的机制和机理方面却远未达到上面四位大师的水平——尤其是曼纽尔·卡斯特和彼得·迪肯的水平。

1.1.2 问题的提出和基本观点

本书将这种新经济称为"网络经济形态"，亦即在愈演愈烈的以计算机网络为代表的信息技术的供给推动和以网络化为特征的信息交换需求的双向刺激下，当代市场经济或当代世界经济系统正在演变成一个由若干自主、开放的网络基元（Agent）组成的全球化的经济系统或超大经济网络。具体来说，网络经济形态的出现虽然源于以信息产业和互联网产业为主的高新技术产业，但这些产业始终只是网络产品和服务的供给者，而经济学的常识告诉我们，仅有供给者不仅不能形成一种新的经济形态，而且也不能使这些产业本身可持续地发展。事实上，正是在传统产业与日俱增的信息化的需求推动以及个人消费者改善生活、学习和工作方式的需求刺激下，网络产业才得以迅猛发展，才获得了可持续及迅猛发展的不竭动力。与此同时，伴随着传统产业信息化改造进程的迅速推进，原有企业的生产方式、治理结构和管理模式也发生了巨大的变化，人们的生活、学习和工作方式也发生了根本性的变革。

---

① 1990年，联合国研究机构提出"知识经济"来定义新经济；1996年，经济合作与发展组织明确定义了"以知识为基础的经济"，首次提出新经济的指标体系和测度；1996年，美国《商业周刊》发表文章，提出"新经济"的概念，并指出一种新型经济已形成；1997年2月，美国总统克林顿在演说中采纳了联合国研究机构确定的"知识经济"的提法。此后，"知识经济"一词逐渐被大家熟知，并被许多人认可。

② 1982年，美国经济学家和未来学家奈斯比特在《大趋势》中提出了"信息经济"一说，并以新型经济的主要支柱产业来命名这种新经济。

③ 到2000年为止，美国政府已经连续发布了三期"数字经济报告"，并于2000年承认"数字经济"确实是存在的。

④ 详见本书文献综述部分。

本书从"网络"视角考察网络经济这种新的经济形态。全书框架中的"网络"既是"基元组织（干细胞）"，也是"中介组织（发育中变体）"，还是"总图景（成熟有机体）"；它具有技术与经济二重性，是技术网络和经济网络的契合体。本书的独创性在于：①把"Agent"概括为"网络基元"，即构成网络经济的微观元素或微观组织；②把具有技术和经济（包括法）二重属性的"授权体系"看作是某网络基元与其他网络基元发生经济联系的机制和机理；③以"网络基元"（细胞组织）的自我变异或自主创新为内在发展动力，以"网络组织"的自我复制、自我繁衍、自组织、自我演化和"授权体系"为运行机制，建立起网络经济背景下的微观组织和"网络总图景"（包括模块、接口、规则、标准、状态、模型）之间的内在联系，并将它们有机地统一起来。

在本书看来，Agent 本身就是一个具有开放性的系统，它既能从外部环境吸收物质、能量和信息，又能向周围环境输出物质、能量和信息。由于 Agent 无论作为微观元素还是作为微观基础都具有相对性，它既可以被理解为个人也可以被理解为企业或企业集团，既可以是跨国公司也可以是国家，从某种意义上说，还可以被理解为传统的企业组织与马克思所讲的未来社会的自由人联合体（未来社会）之间的过渡体。

总之，本书通过界定网络经济，探究网络经济之独特的微观组织形式及其相互联系的中介链路和枢纽，进而从静态和动态的双重角度构建模型，以描述从网络基元（即 Agent）到网络组织、网络经济这一新经济形态形成的机制和机理。

1.2 文献综述：网络经济学框架亟待创新

由于网络经济是一种崭新的经济形态，作为其理论表现形态的网络经济学也是一门崭新的经济学；由于网络社会的崛起涉及经济、社会的方方面面，也就出现众多学者从不同的角度出发，沿着不同的路径，对网络经济进行各具特色之研究的局面。面对这种百花齐放的局面，梳理前人具有开拓性的研究成果，便成为本书研究的前提。这里从国外研究（国外文献综述）、国内研究（国内文献综述）、其他相关研究①三个层面对网络经济研究文献进行梳理。

1.2.1 国外研究

1.2.1.1 早期网络经济学

在当代网络经济出现以前，网络经济学作为一个经济学概念已经出现。最初，以瑞典学者为主创立的网络经济学把"网络"理解为经济代理人之间合作与共担风险的交互结构。他们把经济网络化作为自己的研究对象，考察经济全球化背景下的各种经济网络。他们认为，构成一个网络节点的可以是个人、企业或组织，而两个节点之间的链接被定义为"对明确或隐含的长期合同交互能力的投资"，亦即一种无形的资本结构。耐用性是经济链接的最基本特征，因此，经济网络通常可以被看作是一种非物质的基础设施。

1.2.1.2 关于网络产业的经济学研究

对网络经济的研究，可以追溯到对网络产业的经济学研究。这种研究以网络产业为对象，重点研究网络产业内部发展的经济问题。这种对网络产业的经济学研究本质上属于产业经济学研究的范畴。然而，无论从哪个角度看，这种从产业经济学层面对网络经济进行的研究，都是网络经济学之重要组成部分。从产业经济学的视角看，早期的网络经济指的是电信、电力、交通（公路、铁路和航空）等具有"网络"式技术和经济结构特征的基础设施行业。这类研究将网络作为一种稀缺资源，研究它的最优配置问题及相关政策，其中的关键问题包括接入（又称为互联，其核心问题是接入定价）、规制、竞争等。

奥兹·谢伊（2002）②是从网络产业入手研究网络经济的代表人物之一，其代表作《网络产业经济学》指出了网络经济产品区别于传统经济产品的四个重要特征：互补性、兼容性和标准，消费外部性，转移成本与锁定，生产的

---

① 事实上，本书在梳理网络经济相关研究文献综述时，还研究了企业理论、产业组织理论、产业集群理论、网络组织相关理论、集成相关理论和模块化相关理论，但限于篇幅，笔者将之删掉了，这势必会影响到本书文献综述这部分内容的厚实和充分，特此说明。

② 奥兹·谢伊. 网络产业经济学[M]. 上海：上海财经大学出版社，2002.

显著规模经济性。他还以博弈论为分析工具，按产业类别研究了软件产业、硬件产业、电话、广播、信息市场、银行和货币、航空、社会交往及其他网络产业。由于该书是博弈论在产业经济学中广泛应用的又一个极为典型的例子，按照传统的产业经济学学者的分法，可以把它归类为"新产业经济学"[①]。

1.2.1.3 对网络经济本身的经济学研究

1996年10月，美国麻省理工学院媒体实验室创始人之一的尼古拉斯·伊克诺米兹（Nicholas Economids）教授在《国际产业组织》(*International Journal of lndustrial Organization*)上发表了一篇文章——《网络经济学》(The Economics of Netorks)，该文对网络产业中广泛存在的网络外部性问题进行了深入的探讨和分析。伊克诺米兹教授认为，网络是由联结不同节点的链路组成的，网络的基本特征是其各个组成成分之间是互补的，换句话说，一个网络所提供的服务是由许多互补的成分组成的。这样，他将研究的焦点集中在由互补性引发的网络外部性问题上。他分析了网络外部性的来源、网络外部性对网络服务定价和市场结构的影响。后来，伊克诺米兹教授又从对网络外部性的研究扩展到对兼容、技术标准合作、互联和互操作性问题的研究，并进一步探讨了它们对定价、网络服务质量以及不同所有权结构下的网络链接价值的影响。显然，伊克诺米兹教授的研究超越了以往对网络产业本身的研究，他坚持从网络所具有的物理性质出发，研究以具有技术网络形态和特征（这种网络可以是真实的物理网络，也可以是类似"物理场"的虚拟网络）为基础的一切经济系统的经济学问题。

美国经济学家瓦里安（Varian）和夏皮罗（Shapiro）（2000）[②]凭借自身对信息和网络研究的多年积淀，在其合著的《信息规则——网络经济的策略指导》中向人们介绍了网络经济中的一些特有的规律和相应的经济策略。他

[①] 新产业经济学以价格理论为核心，研究某一市场（产业内）单个的、抽象的市场主体（厂商）的行为规律以及它们之间互动的规律，属于个体分析范畴，主要分析市场主体在局部范围内所受到的主要制约因素，以及这些制约因素在何种条件下、按照何种方式达到均衡状态。

[②] 卡尔·夏皮罗，哈尔·瓦里安. 信息规则：网络经济的策略指导[M].北京，中国人民大学出版社，2000.

们分析的逻辑起点是信息产品成本结构的特殊性,即"高固定成本,低边际成本",以及由这种成本结构决定的信息产品的特殊定价方式。他们的书还涉及信息版本的不同划分、版权管理、网络经济中影响竞争的策略问题等,其中包括:网络对顾客的锁定和转移成本问题,如何利用锁定;网络经济中的正反馈现象和原理,如何利用正反馈原理开拓和维护市场份额;关于合作和兼容,标准的历史回顾,标准策略的重要作用,以及应用策略。此外,他们还指出,在网络经济中,"不要指望政府的作用会消失"。他们在书中引用和分析了大量最新的案例,事理结合,是对网络经济规律的开创性探寻。要强调的是,他们认为技术会改变,经济规律不会变,因此,他们基本上是立足于传统经济理论即产业组织理论进行研究,在分析上借鉴了传统的自然垄断产业的一些研究方法和研究成果。

澳大利亚莫纳什大学的杨小凯[①]著有《网络经济的超边际分析》。该书从消费者—生产者个人选择决策分析着手,运用以总成本—收益分析为特征的超边际分析方法来考察劳动分工网络在市场条件下如何决定,其规模如何形成。该书对贸易理论、发展经济学、产权经济学等领域的重要理论问题也进行了深入研究,内容包括以下四个部分:①文献综述和超边际分析及新兴古典经济学的基本方法;②劳动分工网络、贸易理论和发展经济学;③劳动分工网络、企业理论和产权经济学;④超边际分析及新兴古典经济学在增长理论中的应用。

1.2.1.4 对互联网（Internet）经济学的研究

随着互联网在商业领域的广泛应用,人们开始关注互联网作为一种信息工具对商业活动的影响,以及它引发了哪些具体的经济问题。

柴松勇（Soon-Yong Choi）,戴尔·斯塔尔（Dale O. Stahl）,安德鲁·温斯顿（Andrew B. Whinston）（2000）[②]所著的《电子商务经济学》一书提出了"电子商务经济学"的概念。所谓电子商务,不过是以信息网络为载体进行的交易活动,而电子商务和信息网络实际上一个硬币的两面,由于通过信息网

---

① 杨小凯. 网络经济的超边际分析 [M]. 北京：北京大学出版社, 2002.

② Soon-Yong Choi, Dale O. Stahl, Andrew B. Whinston. 电子商务经济学 [M]. 北京：电子工业出版社, 2000.

络可以使交易低成本、高效率地实时进行，电子商务也就更新了交易方式，扩大了市场范围，方便了交易的进行。该书还指出了网络经济时代数字产品区别于实物产品的经济学特征，分析了质量不确定性问题，讨论了中介在预防市场失灵中的作用，探讨了如何保护版权以提高电子商务的市场效率和产品质量，广告和其他营销策略的作用，买方利用网络查询产品质量和价格等行为对电子商务的影响，网络经济中的三大产品策略——产品选择和定制、消费者偏好、差别定价，电子商务对财政金融的影响。该书从微观经济学的视角为电子商务这样一个全新商业模式的发展做了基础性的经济学解释，并对电子商务发展的战略前景做出了预测，是电子商务领域的经典之作。

勒维斯[1]（2000）把20世纪90年代以来的信息技术革命，特别是互联网的出现及其商业化应用界定为非摩擦经济。他提出并阐明了非摩擦经济与传统经济学的实质性区别：传统经济是消费决定着生产、以实物为基础的经济形态；非摩擦经济是生产决定着消费、以观念为基础的经济形态。他认为非摩擦经济是非凯恩斯主义框架中的经济，他还总结了诸如摩尔定律、达维多定律和新兰切斯特策略等许多规律。

1.2.2 国内研究

1.2.2.1 早期的研究

黄宗捷、蔡久忠、子小健（2001）[2]是较早研究网络经济的学者。他们的著作《网络经济学》介绍了国外的网络经济学及其研究的几个基本问题，包括网络经济与传统产业的关系、电子商务、网络银行与传统银行、保险与证券业、网络经济与传媒业、网络经济与远程教育等几个瓶颈问题。值得指出的是，杨培芳（2000）[3]的《网络协同经济学》也是一本很有价值的著作，虽然他对网络经济的研究显得比较零散，但是他在书中从多个方面对网络经济中的规律性问题做了探寻，对未来的"三网融合"等技术发展趋势做了论述。

---

[1] 勒维斯.非摩擦经济：网络时代的经济模式 [M].南京：江苏人民出版社，2000.
[2] 黄宗捷，编著.网络经济学 [M].北京：中国财政经济出版社，2001.
[3] 杨培芳.网络协同经济学：第三只手的凸现 [M].北京：经济科学出版社，2000.

1.2.2.2 把网络经济归结为全天候经济的观点

纪玉山（2000）[①]等著的《网络经济》一书认为，网络经济是"全天候经济""全球化经济"，以及中间层次减弱的"直接经济、虚拟经济、竞争和合作并存的经济、速度经济、创新型经济"。该书还研究了网络经济的运行基础和网络经济中的一系列基本问题，诸如网络经济对生产要素的配置、对经济增长和经济周期的影响，网络经济中的边际收益和外部性，以及网络经济中的联结性等。他认为，所谓网络经济中的联结性，不过"是复数主体间相互联结产生的经济性"问题，其实质是研究由网络经济中信息的普遍互联而导致的整体经济效率提高的问题。该书还强调，信息网络的实质是市场经济中除价格机制调节之外的"第二只手"。

1.2.2.3 把网络经济理解为一种新兴经济现象的探讨

乌家培（2000）[②]认为，网络经济可以从经济形态、产业、企业、居民消费等不同的层面去认识和把握。与以往的传统经济相比，网络经济有着受信息网络种种特点的影响而形成的诸多特征。它对经济理论有着广泛而深刻的影响，主要有：对生产力要素理论的影响，对边际效益递减理论作用范围的影响，对规模经济理论相对重要性的影响，对通货膨胀率与失业率此消彼长"理论"的影响，对经济周期波动理论的影响。

周朝民（2003）[③]的《网络经济学》一书认为，网络经济是一个不同于传统经济的经济形态，其特点、功能、运行原理等都与传统经济有着很大的差别。传统经济学模型的有效性在于它符合传统经济发展的社会发展背景，而网络时代的社会发展状况已大大超出传统经济学赖以立足的社会条件；其中，网络风险正成为网络经济中除需求供给之外又一大重要因素。网络经济学较之传统经济学特别是西方经济学，应该有其独特的理论基础，因为传统经济学中的供给需求模型在网络经济学中已不再有效，供求均衡点在网络经济中已不再是有效的决策点。换句话说，传统的经济理论模型在网络经济时代很快就会失效。

[①] 纪玉山，等．网络经济 [M]．吉林，长春出版社，2000．
[②] 乌家培．网络经济及其对经济理论的影响 [J]．学术研究 2000（1）：5-11．
[③] 周朝民，主编．网络经济学 [M]．上海：上海人民出版社，2003．

1.2.2.4 借用西方经济学的分析框架解释网络经济活动

盛晓白（2003）① 的著作《网络经济通论》，结构类似于传统的西方经济学，但内容已完全不同了。该书不仅对西方经济学中的很多基本概念进行了更新或赋予了新的内涵，而且对其很多原理也进行了新的阐释，并与原先有着根本上的不同。厦门大学网络经济学科带头人张铭洪（2002）② 则在西方经济学框架中建立了一个有关网络经济条件下的市场竞争策略与政府政策的解释框架，并试图证明这个解释框架与西方经济学基本框架具有自洽性。

1.2.2.5 在传统经济学框架中阐释网络经济的尝试

濮小金、司志刚（2007）③ 从网络经济的概念和特征入手，集中研究了网络市场，网络产品的生产、营销，网络垄断和竞争，网络经济条件下的金融体系和网络经济中的企业行为、政府行为，网络经济对社会的影响以及网络安全问题等。刘培刚、郑亚琴（2007）④ 在其合著的《网络经济学》一书中，重点研究了网络经济的运行机制及其内在规律，包括网络经济产生与发展的背景，网络经济对传统经济的冲击，以及对人们生产、生活的影响。该书还分析了网络经济的基本特征，并试图在其概括的基本规律的基础上，阐述网络经济下的消费者行为、企业组织和生产、市场竞争及运行等问题。

1.2.3 文献状况简评

1.2.3.1 国内外总体状况

无论国外还是国内，经济学界对网络经济的研究还处于初始阶段。因此，从学理的视角看，国内外网络经济学的研究均存在很多问题。例如：①没有将网络经济学与管理学、网络营销区分开来，即便在瓦里安和夏皮罗等著名网络经济研究专家的著述中也存在这样的问题。他们的案例丰富，对原理的阐述也较为完善，但重点不突出，且严格来讲，相当部分内容如版本划分、管理锁定、标准战争等章节属于网络营销或管理学研究的范畴；②相当多的

---

① 盛晓白．网络经济通论［M］．南京：东南大学出版社，2003.
② 张铭洪．网络经济学教程［M］．北京：科学出版社，20002.
③ 濮小金，司志刚．新编网络经济学［M］．北京：机械工业出版社，2007.
④ 刘培刚，郑亚琴．网络经济学［M］．上海：华东理工大学出版社，2007.

学者在研究上还没有把网络经济学理论与网络经济实务区分开来，并且在研究网络经济实务时只研究网络产业经济或网络实务，在研究理论时也只是借用主流经济学概念，而对隐藏在网络经济背后的经济规律和原理等问题很少涉及。

1.2.3.2 国内研究存在的问题

需要指出的是，上述这种"初始阶段"特征在国内学界表现得更为显著，且亦有自己之特色。例如：①国内的主流经济学对网络经济的研究基本上持"不参与"的态度；②已有的研究资料——无论涉及实务方面还是理论方面的——基本上是零散的，距离形成一个较为系统的概念体系和理论体系还很远；③即便是较为成熟的研究成果，也只是在介绍国外文献的基础上，抽象地阐述了网络经济学原理，能够有见地地评价国外研究成果的著述实为鲜见；④国内几乎没有人能像曼纽尔·卡斯特那样，从经济社会结构变迁、形态演化的视角，或像彼得·迪肯那样，从生产方式全球性转变的深度去研究网络经济。

1.2.3.3 对构建网络经济学的设想

由以上叙述可知，目前关于网络经济的研究可以说是百花齐放、百家争鸣，人们对于网络经济作为一种新的经济形态并未达成共识；关于新的企业组织本身，人们更是众说纷纭；至于揭示新经济之微观和宏观之间联系，即微观机制及其运行机理的研究，更是少之又少。本书试图在梳理、总结前人相关研究成果的基础上，不仅从宏观上界定网络经济目前为一种新经济形态，廓清网络经济的特点，而且从微观上独创性地提出 Agent 为网络经济的微观基础，并从微观与宏观的联系上提出授权体系为链接节点，从而不仅揭示了网络经济的微观基础、机制和机理，而且再现了网络经济从微观到宏观的总图景。

1.3 意义与思路

1.3.1 实践意义和理论意义

从实践的角度看，虽然国内外研究网络经济实务的资料很多——有的侧重于分析网络外部性，有的侧重于研究网络型产业（电力、电信、铁路），有的侧重于分析网络经济的特点，有的侧重于研究网络规制，有的侧重于研究企业网络，有的侧重于研究网络金融，有的侧重于研究电子商务——并已经形成百花齐放、五彩纷呈的局面。但是由于网络经济是一种前所未有的、重新塑造21世纪全球经济地理的新经济，应当说，到目前为止，国内外对网络经济实务活动的研究远未形成"认同的力量"。"认同"不仅决定行为，而且决定行为之方向，所以对网络经济形态之经济学意义上的"价值判断"方面的"不到位"，决定了人们对网络经济实务研究方面的"盲区"和"缺陷"。因此，本书从网络经济活动之社会经济性质的界定入手，着力于揭示它作为一种不同于传统经济的新特征、新机制、新机理之研究，无疑对研究网络经济实务特别是对制定促进网络经济之政策和法规，具有重要的现实意义。

从理论的角度，在学界尚未对网络经济作为一种新经济形态取得共识、主流经济学尚未对网络经济给予足够的重视和关注的"初始阶段"，在研究者尚未对网络经济背景下的新企业组织本身有必要之理论感觉，到目前为止尚未有文献对网络经济系统本身进行系统研究之现阶段，本书试图从经济结构解剖、经济形态变迁的视角，对网络经济本身进行界定，对网络经济的内在微观机制和运行机理进行研究。显然，这种研究是一种真正具有经济学学理意义的理论研究。

从经济学学科体系的角度，到目前为止，对经济活动的研究，从宏观角度而言有宏观经济学，从微观角度而言有微观经济学，基于中观角度的研究有产业经济学和区域经济学，但是对从微观到宏观之间演变机制的研究还是空白。本书试图在这一方面有所突破，试图描述网络基元（Agent）作为微观个体，是如何借助作为链接中介的"授权体系"繁衍，实现宏观网络经济这一总图景的。

应当说，本书从理论上界定网络经济，探究网络经济的微观组织形式和运行机理，从静态和动态的双重角度构建模型，无论对于网络经济实践、微观主体实践，还是对构建具有独特理论魅力的网络经济学，都具有重要意义。

1.3.2 视角和方法与思想和框架

1.3.2.1 观察视角与研究方法

本书从技术与经济的二重视角，在阐明"网络"之内在本质的基础上，揭示其技术方面与经济方面的二重属性，并由此界定了网络经济的二重性；借助逻辑学的方法，独创性地提出"网络基元"和"授权体系"之概念，由此构建研究网络经济学体系框架；采用自然科学与经济科学联盟的技术路线，运用复杂理论揭示网络经济微观基础与宏观总图景之间的机制和机理，并构建处理模型。此外，在具体研究方法上，本书除了遵循定性分析与定量分析相结合、动态分析和静态分析相结合外，还特别使用了理论研究与案例分析相结合的方法，以及比较分析方法和结构分析法。

1.3.2.2 基本思想与逻辑路线

本书的基本思想是在信息化、网络化、全球化背景下，探讨以"网络"为载体的新经济形态之抽象本质、二重特征、多重形态及其从微观到宏观的机制和机理。实现本书基本思想的逻辑路线是：以全球化背景（环境系统）与新系统（网络系统）之间的互动关系为观察切入口，以高新技术与市场经济二重交互运动为研究视角，以寻找"网络"之微观构成要素为研究起点，以"网络基元""授权体系"为构架网络经济理论之逻辑起点和延伸介质，以揭示网络经济的微观基础和宏观总图景之间的运动机制和机理为研究对象和叙述对象，以揭示网络经济不同于传统经济的整体性（系统性）、互动性、联结性、开放性、自增长性等为研究重点，以阐明网络经济微观载体之内部结构、外部联结构成以及全球化网络运作平台之真实图景为研究目的。

1.3.2.3 理论模型及其说明

网络经济的微观机制和运行机理是：网络基元（Agent）是网络经济的微观基础，是干细胞，它能借助授权体系互连互动（自组织、自增长），形成宏观层面的网络组织、网络经济，其中的授权体系就是其实现机制。

理论模型简图如图1-1所示。

①网络基元（Agent）在这里作为网络经济的微观构成要素，除了敏捷、

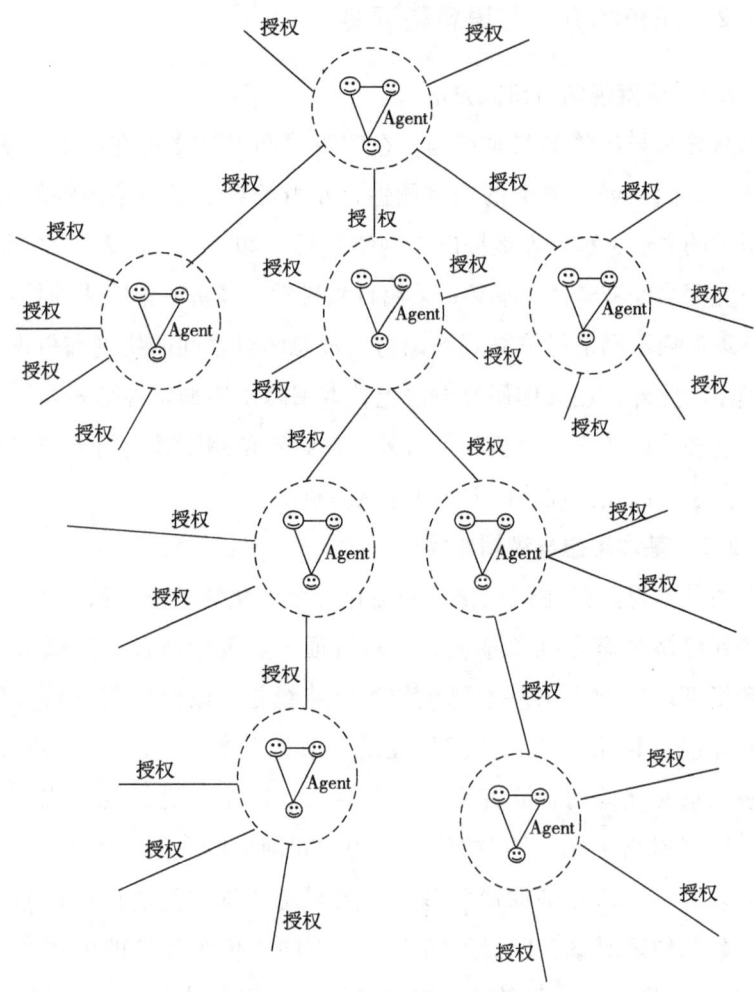

图 1-1 网络经济理论模型

精细、柔性,最重要的是具有自组织性、自主性和自增长性。因此,它是构成企业网——既包括跨国公司(紧密结合)也包括虚拟企业(松散联合)的基础,也是构成局域网、城域网、因特网、互联网的基础。因此,只有既可以是组织、企业也可以是个人的 Agent,才是网络经济中最能反映网络之本质和特征的微观基础。

②具有自主性的 Agent 的成长或联合——自增长,是指网络基元(Agent)作为干细胞,通过授权体系自我复制、自我繁衍为更大、更复杂的网络。授

权体系从技术上看是网络的联结方式,从经济上看则是企业借助委托代理实现合作共赢的基本方式。因此,只有通过具有技术与经济二重属性的授权体系,当代企业才能彰显出模块化及集成、重塑、再集成的张力,才能从微观层面繁衍为宏观层面的总图景。

第 2 章 网络经济及其特征

2.1 网络经济产生的背景

世纪之交,特别是进入 21 世纪以来,新经济与知识经济、信息经济、数字经济、共享经济、网络经济与全球化经济、虚拟企业、网络组织、模块、集成、长尾、互联网+、工业互联网等名词接踵而至,甚至成为最热门的经济学话语。事实上,这些名词虽然形式不同,但所表达的基本上都是一回事:信息作为生产要素地位凸起,信息技术作为高新技术的领头羊,愈来愈成为拉动当代经济飞速发展的引擎,各国经济日益区域化、全球化,社会经济形态、企业组织结构,特别是作为支撑社会经济基础的生产方式和消费方式都呈现出不同于以往的新特征,于是,一种不同于以往的、新的经济形态——以"网络"为载体的经济形态,以迅雷不及掩耳之势"轰轰烈烈""热热闹闹"地产生了,成长了。

2.1.1 冷战的结束与经济全球化

20 世纪中后期,随着柏林墙轰然崩塌,东西方社会之间的冷战宣告结束。冷战的结束使世界各国之间的关系由相互对立的军备竞赛逐步向相互联系的经济与科技方面的竞争演化。伴随着这种演化,"和平与发展"逐渐成为世界之主潮流,同时,以经济、科技为核心的国与国之间的合作便成为世界经济发展活动的主题。在这种具有新特征的国际环境中,国际贸易和国际分工亦表现出新的特点:一方面,分工更加细密,从产品专业化到零部件专业化,再到工艺流程的专业化;另一方面,分工的范围和领域更加广泛,各个生产工序已经扩展到几个、几十个国家和地区。国际分工发展越深入,国与国之间生产和流通相互依赖与协作的关系就越密切。尽管各国（地区）之间的经济独立性和差别依然存在，但是国与国、地区与地区之间通过商品、劳务、技术、资金等方面的联系，再加上跨国公司在此过程中所发挥的巨大作用，世界经济已经形成了在"市场一体化"框架下的全球化经济。

如果说现代市场经济是以"市场"为运行机制的经济形态，那么，这种经济形态的本质就是资本经济和增殖经济，因为"资本"是市场经济中资源配置的主体以及生产、交换、分配的主体，资本经济的实质是实现利润最大化，亦即资本增殖。毋庸多说，伴随着现代市场经济的发展，为实现最大限度增殖的资本，特别是垄断资本，便愈发迫切地要求全世界各个国家、各个地区取消各种障碍，最大限度地开放市场。这里的"市场"，一方面是涵盖自然资源在内的生产要素市场，包括资本权利体系在内的金融市场，以及内涵巨大国民人文差异的劳动市场，另一方面是"制度、规则一体化"的"统一市场"。当然，这样的"市场"，一方面是以"价格机制"为杠杆来分配全球资源和财富的运行机制，另一方面也是以"自由""平等""所有权""边沁"等社会规则来实现"优胜劣汰"之经济利益的社会形式。

应该说，无论是作为资本增殖之运行机制还是作为资本敛收全球财富的制度规则体系，市场本身就是强大的社会资本，拥有市场就是拥有资本。正是在这样一种价值判断之下，1992年出炉的"华盛顿共识"把"经济全球化"作为一种资本，特别是巨大的垄断资本抢夺世界市场的观念推向全世界。在这里需要指出，"经济全球化"作为一种哲学价值判断、经济学理论观点、社会学意义上的意识形态，同其作为一种现实中的经济活动、实践中的经济运动、市场经济中的经营战略，是完全不同的；前者属于精神世界，后者属于物质世界，然而这两个世界是相互影响的。新自由主义经济学作为冷战后西方世界中最为活跃的主流经济学派，毫无疑问是资本利益的理论代言人。为了给资本抢夺世界市场扫清观念上的障碍，其不仅为谋划"华盛顿共识"绞尽脑汁，而且为在发展中国家实现这个"共识"培养理论人才，因为人的价值观决定人的发展方向。

应当承认，新自由主义经济学作为一种经济学价值观，对推动世界经济活动的全球化发展具有至关重要的作用。需要指出的是，作为"全球化悖论"

的"反全球化"之呼声从未停止过,然而,与经济全球化背道而驰的现实活动却很少有人赞同。这个事实表明,无论人们喜欢与否,"全球化"都是大势所趋,全球化的经济格局正在形成或者已经形成。由此,企业生存、经营、发展的环境再也不是地区性的,而是全球性的了。

2.1.2 全球化与信息的资本化和产业化

毫无疑问,在经济全球化大背景下,不确定性、不可控因素日益增加,单个企业在制定战略时变得越来越力不从心,许多企业不得不采用结盟的形式共同面对环境的挑战。于是,"战略联盟""网络组织""跨国公司""虚拟企业"等应运而生。同时,单个企业的竞争也日益演变成为网络的竞争,而对单个企业而言,要想获得生存和发展,不仅要谋求加入有竞争力的网络,还要在网络内部尽量处于较高的层次,即争取成为网络的架构者、标准的制定者,居于产业链的上游。

然而,经济全球化一方面迫切需要各种各样的信息,以便在激烈的竞争中占据先机,另一方面更迫切地需要强大的信息技术支持;与此同时,这种"需要"在市场经济中转化为巨大的"需求",从而又刺激了通信、网络、交通等技术的开发和应用。如此,在现代市场运行机制的作用下,一方面,通信、交通等物理网络的发展为信息需求提供了强大的硬件支持,并由此发展成为越来越火爆的信息技术产业;另一方面,现代物流、现代金融、现代管理为信息需求提供了越来越多的软件支持,并由此发展成为以敏捷、精细、柔性、大规模定制等著称的网络服务产业。这种新型的生产方式不仅消除了生产者和消费者之间的"信息不对称",从而使戴尔式的直销经济成为可能,而且消除了生产者和消费者之间的时空障碍,使经济全球化成为现实。

科学发现使人们认识到,信息本身与物质和能量并列,都是物质的重要存在形式,而且都可以成为生产要素。也就是说,人们同样可以通过信息的生产和交换获得利益。20世纪,人类在自然界的探索方面取得了一系列的重大突破。其中,对当代经济活动影响最深刻的,就是对物质本质及其表现形式的揭示。爱因斯坦的现代物理学革命表明,物质不仅表现为质量,还表现为能量;不仅表现为确实的实体(无论是多么微观的物质要素,如质子、量子、电子，都是有结构并载有能量的实体），还表现为虚拟的场（相互关系的实体之间的空间）；不仅实体是承负信息的载体，而且就是在"虚空"的"场"中也有信息在运动，信息本身就是物质与能量的存在形式。继爱因斯坦革命之后，又发生了量子物理、量子化学、生物化学、生物基因等一系列科学革命，人们逐步把信息理解为统一客观世界中能够与物质、能量并列的三种自然元素形式。

马克思曾经告诉我们，能够带来剩余价值的价值就是资本，由此，当生产资料能带来增值时，便成为生产资料资本；商品能够带来增值时，也成为商品资本；货币能够增值时，当然就是货币资本。马克思关于资本的观点告诉我们，价值本身不是资本，价值成为资本的很重要的一个前提就是必须借助以"交换"为一般形式的生产方式，而这种生产方式的运动形式就是市场机制，因为"市场"不仅是交换的时空体系，而且是交换的制度规则体系。这个命题暗含着这样一种推论：信息本身不能成为资本，只有通过交换并且是以承载增殖为目的的交换才能成为资本；否则，"信息只能在商品中沉睡"[①]。从这个意义上看，经济全球化与市场一体化的宏观背景就为信息技术的开发与利用提供了前所未有的经济与社会环境。

事实正是如此，萌发于20世纪70年代的信息技术，在世纪之交，伴随着愈演愈烈的经济全球化、市场一体化、贸易自由化、企业国际化的浪潮，演化成搅动地球的信息全球化的洪流。而这种内涵涉及政治、社会、经济、技术、法律、文化等多方面的"信息全球化"活动，使得信息产业化、市场化不仅成为可能，而且成为必然。所谓信息产业化，是指在市场体系框架下，信息的生产（搜集与整理）和交换（传输和借助货币的共享）批量化、规模化在技术上和经济上都成为可能，从而为信息经济的发展以及信息的供给与需求提供了技术基础和经济基础。

2.1.3 信息技术创新与网络技术的出现

信息技术有狭义和广义之分。狭义的信息技术是指信息传递技术，亦即

---

① 杨志. 信息网络与当代经济 [J]. 当代经济研究, 2002 (5): 3.

我们日常生活中所理解的那种以个人电脑、互联网、数字化技术为代表的新媒体技术。广义的信息技术，除了包括狭义的信息技术之外，还应该包括生物工程、细胞工程、基因工程、遥感技术、空间技术等。信息技术的广泛应用改变了当代新经济的物质技术基础，这种物质技术基础支撑着全球范围内兴起的信息化浪潮。

全球化背景下的"信息"本质上是一种"知识"，因此，信息技术与信息经济本质上是知识经济。由此，信息技术和信息经济的发展隶属于知识经济的发展。据统计，20世纪60年代以前，在影响生产力发展的因素中，有形资产的投入占60%以上，到20世纪七八十年代，比重下降到40%以下，而知识的作用占到60%以上。据经济合作与发展组织统计，20世纪90年代，该组织成员国的高新技术产品在制造业中的份额翻了一番，达到20%至25%。知识密集型服务部门，如教育、通信、信息等行业的发展更为迅速。经合组织主要成员国GDP的50%以上是以知识为基础的。专家估计，科技进步对经济增长的贡献已从20世纪初的5%~20%提高到70年代到90年代的70%~80%。这就是说，知识更新已经成为信息技术创新中的关键因素，而知识经济的发展又具有乘数加速的效应。

在摩尔定律（Moore's Law）[①]的推动下，信息技术的创新在20世纪90年代出现新趋势，朝着网络化方向演进；或者说，网络技术作为信息技术的重要表现形式出现了。这是因为，一方面，知识经济的发展使得全世界对以计算机技术、数字技术、通信技术、网络技术等为代表的信息技术的需求在数量上和质量上不断升级，这种局面不仅促成了作为信息技术供给方的信息产业的迅速发展，还使得作为信息技术需求方的传统产业信息化进程加快，使得企业组织模式、生产和交换方式以及消费者的消费方式和生活方式都发生了深刻的变革；另一方面，市场经济的本质是交换经济，交换经济的本质则

[①] 乌家培（2000）把摩尔定律作为支配网络经济的三大规律之一。他认为，摩尔定律是表示信息技术功能价格比的定律，按此定律，计算机硅芯片的功能每18个月翻一番，而价格以减半数下降。该定律的作用从20世纪60年代以来已持续30多年，预计还会持续20年。它揭示了信息技术产业快速增长的发动机和持续变革的根源。引自乌家培. 网络经济及其对经济理论的影响 [J]. 学术研究，2000（1）: 7.

是网络经济,在市场一体化的驱动下,区域经济一体化和经济全球化的进程扫除了各个国家、各种企业相互联系、相互链接之间的障碍,从而使得经济网络化成为大势所趋。

2.1.4　网络技术与新经济的技术基础

所谓网络技术(Internet Technology)①,是指为了进行通信和实现信息资源共享而把两台或多台自主计算机连接起来形成的技术,它是通信技术与计算机技术相结合的产物。建立计算机网络的主要目标是实现计算机资源②的共享;计算机能否互连成网络,主要看它们是否是自主计算机。以光电为基础的传输能力③,加上先进的交换器与路由器的构造,如非同步传输模式(Asynchronous Transmission Mode,ATM),以及传输控制协定、相互联结协定(TCP/IP, Transmission Control Protocal/Interconnection Protocol; IP 也为 Internet Protocol 的缩写,即"互联网协定"),是网络存在的技术基础。此后,全球信息网(world wide web, WWW)④ 这项新技术的发展,使得互联网扩散进入社会的主流。

20 世纪 90 年代后期,互联网的沟通能力伴随着电信与电脑运算能力的新发展,导致了另一项重大技术变革,即从分散化、孤立的微电脑与大型电脑,到应用相互连接的信息处理设备(具有多种格式)来普遍利用电脑运算能力。在这个新技术系统里,电脑的运算能力分散在以使用共同互联网协定的网络服务器为核心的沟通网络里,并且能够链接上巨型电脑服务器,网络成为实际的信息处理系统。以互联网为缩影的网络化逻辑变得可以应用于一切能够经由电子连接的领域、脉络以及地点。⑤

---

① 网络技术、数字技术和信息技术是容易混淆的概念,此处加以澄清。所谓数字技术(Digit Technology),就是能将任何信息——文字、声音、图象、动画等都以数字代码的形式转化成二进制(0 或者 1)的数字语言,交给计算机处理的技术;而信息技术(Information Technology),在今天是计算机、网络化、数字化等技术的总称,是围绕信息的开发、存储、传输而创造和发展起来的技术。
② 计算机资源主要是计算机硬件、软件与数据。
③ 光纤与镭射传输,以及数码封包传输技术的快速发展,大幅扩展了传输线路的容量。
④ 它是一项新应用的设计,依照信息而非位址来组织网站内容,然后提供使用者方便的搜寻系统来标定他们想要的信息。
⑤ 卡斯特. 网络社会的崛起 [M].北京:社会科学文献出版社,2006:47-48.

世纪之交，信息化、网络化、市场化、全球化作为人类前所未有的创新活动，已经水乳交融般地交织在一起，相互作用，其结果必然是共同促成一种不同于以往的、崭新的经济形态。从微观层面讲，企业的生产过程中出现了计算机集成制造（CIMS）、敏捷制造（AP）、精益生产（LP）、准时制生产（JIT）等新方式；企业管理方面也出现了企业资源计划（ERP）、客户关系管理（CRM）、供应链管理（SCM）、业务流程重组（BRP）、电子商务（Electronic Commerce）等新形式。由此，企业组织也发生了新变革，出现了扁平化、网络化的趋势；而企业网络、虚拟企业、网络组织等名称不仅日益成为大家关注的焦点，而且悄然成为一种新的微观经济组织形式。

网络技术不仅为新经济提供了技术基础，而且以"赢者通吃"之态势改变着传统经济，从而使新经济成为名副其实的"速度经济"（钱德勒，1987）。换句话说，网络技术使"速度"日益成为企业赢得竞争优势的战略重点，企业驾驭变化的"速度"成为能否赢得竞争的关键。例如，谁能在技术开发、产品制造和新产品上市等环节领先对手，谁就能抢占先机，尤其是在高科技领域的竞争中，速度意味着优势，意味着有希望成为标准的制定者和网络的架构者，意味着获取高额垄断利润。理论和实践表明，企业赢得竞争优势的战略重点已从20世纪60年代的规模转变为90年代及之后的速度与服务。可见，在以"高速度"运动为特征的新经济形态下，企业面对的那种产品生命周期缩短、技术更新换代加快的外部大环境，同时也是一个被消费者细分、动态多变而难以预测的市场。

在这样的环境下，单个企业很难有足够的实力来独立实现包括研发、生产、销售等在内的所有环节。合作成为企业赢得竞争优势的战略选择。其实，早在20世纪80年代，企业与企业之间在设计、开发、生产、营销等各个环节就已经出现了广泛的合作关系。经济学家情报社、安达信咨询公司和IBM公司（2000）提供的资料表明，"依靠其他公司来加强新的竞争力和开发现有竞争力的吸引力，随着公司信任的强化和现代商业中复杂性与迅速的变革而一同产生"；另外，早在参与《展望2010年》调查的被调查者中，就有约25%的人预测，到2010年，他们的公司将成为"由一套共有的商业价值观联系在一起的一个大的网络组织"的成员。可见，在全球化背景下，由于以计算机技术、数字技术、通信、网络技术等为代表的信息技术革命的推动，一种以相互链接、相互作用为特征的新经济形态正在形成。

2.2 网络经济性质的界定

网络经济是一种典型的相互链接、相互运动、相互联结的新经济。对这种以"网络"为载体的新经济的经济学研究，正如本书导论指出的那样，还处在初始阶段。鉴于现有研究中普遍存在的把经济活动和管理活动相混淆的问题，本书坚持把"经济"和"网络"这两个基本概念作为研究的逻辑起点，并由此出发去探寻网络经济的本质、特征和形态，以避免在各种奇思妙想的境界中迷失方向。这正如卡尔·夏皮罗和哈尔·瓦里安在《信息规则——网络经济的策略指导》中所说："日新月异的技术使旧的商业模式显得不复适用。但是，经济学的基本规律仍然是不可动摇的。"[1] 他们还说："技术会改变，经济规律不会。"[2]

2.2.1 网络经济的经济释义

2.2.1.1 经济活动的本质与二重性的理解

经济活动是人类为谋求自身生存、发展和享乐的最基本的实践活动，其基本内容是人与自然之间发生的物质（广义的物质包括能量与信息）变换活动和人与人之间发生的利益交换活动。经济活动具有自然与社会二重属性：一方面，它是在人与自然之间进行的物质、能量、信息的变换活动，内含并表现着生产力的发展水平、生产方式的实际状况，特别是自然科学技术实际应用的程度；另一方面，它是在人与人之间进行的利益的交换和分配活动，内含并彰显着人与人之间的产权制度关系、经济机制框架下的交换关系，特别是经济制度框架下的生产关系。由此可见，经济活动是以人类为主体的自

---

[1] 卡尔·夏皮罗，哈尔·瓦里安. 信息规则：网络经济的策略指导 [M]. 北京：中国人民大学出版社，2002：1.

[2] 卡尔·夏皮罗，哈尔·瓦里安. 信息规则：网络经济的策略指导 [M]. 北京：中国人民大学出版社，2002：2.

然与社会之间的交错运动。需要指出的是，这里的"自然"不是"野化自然"（没有人类活动过滤过的自然），而是"人化自然"（社会框架中的自然）；这里的"社会"既包含自然环境，也包含人文环境。由此可见，经济活动既是一种受制于客观因素的人类活动，也是一种可以发挥人类主观创造性的社会活动。

如果说具有二重属性的经济活动作为一种事关人类生存和发展的基本活动，必须通过一定的社会形式才能耦合在一起，从而成为一个能够发生社会功能的系统，那么，这个系统一定是一种具有复合功能的社会经济系统。按照马克思的观点，可以把这个社会经济系统表述为社会生产方式。从历史的角度看，社会生产方式既可以从产权制度性质的角度划分为：原始氏族的、古代奴隶的、封建农奴主的、资本主义的……也可以从经济组织之间相互联系方式的角度划分为：自给自足的（孤立的与封闭的）、直接"物"的交换（借助商品）、借助市场体系的交换（借助金融与信用）……由于社会生产方式是具有二重性的人类经济活动的社会形式，社会生产方式也具有二重性：其一是具有自然、物质、技术等属性的生产方式，其二是具有社会、文化、经济等属性的生产方式。需要指出的是，在人类社会历史变迁以及社会生产方式的演化过程中，经济活动及其生产方式所具有的"自然与社会"的二重属性逐渐演化为"技术与人文""技术与价值""技术与投资"，或者干脆就是"技术与经济"的二重属性了。这种演化不仅表明"自然与社会"的概念完全被"经济化"，而且表明它们也完全被"市场化"和"资本化"了。了解它们如何被"化"的秘密，有助于了解本来在历史和现实中具有多样化的"经济活动"为何都被"同化"为"市场经济活动"。应当说，这种"同质化"的思维方式同样是一种"拜物教""拜金主义"的意识形态。

由于经济活动及其生产方式具有二重性，衡量经济活动发展水平的指标也具有二重性：一方面是用来表明人与自然之间对话之层面及量度的指标，即可以把自然科学知识转化为可操作的工艺程序的技术指标；另一方面是用来表明人与人之间经济利益关系性质与和谐程度的指标，即那些与政治、文化、法律、规则、制度、伦理道德之价值判定与选择相联系的经济指标。在当代市场经济框架中，如果说经济活动的技术指标表现为一系列行业垄断标准,那么,其经济指标则可以表现为相当简洁的投资—收益指标。例如,针对互联网产业的规制问题。互联网的规制因网络本身的全球性,特别需要国际间的协调,而鉴于发达国家(尤其是美国)与广大发展中国家在互联网发展上的巨大差异,这种国际协调包含着大量的利益冲突。我们国家的互联网规制体系建设必须把对互联网的有效管理和促进它的发展二者很好地结合起来,既要注意与国际接轨,又不能以牺牲我们的根本利益为代价。我们要积极参与相关国际立法及其他规则的制定过程,以使所形成的规则更能体现我国的利益要求,体现发展中国家的利益要求。互联网的规制一般涉及五个方面:与市场有关的规制、与内容有关的规制、与知识产权保护有关的规制、域名方面的规制、信息安全方面的规制。目前,在互联网规制方面有四种做法:一是立法控制,即由政府颁布有关的法律法规;二是由业界自己成立相应的机构来规制;三是当事者的自律加上原有的申诉裁决程序;四是选择实行不干预的规制政策。

2.2.1.2 关于市场经济与经济网络的阐释

按照瑞典网络经济学派的观点,任何一种经济活动都可以理解为网络经济。本书在这里借助这种观点对当代经济进行新解释。当代资本主义经济活动首先是以"资本"为生产、交换、分配主体,以"市场"为资源配置、运行机制、分配以及再生产方式的经济活动。从资本的经济属性上看,这种经济活动具有如下特征:其一,生产的动机和目的、生产的方式和内容都是为了资本价值的增值①,虽然当代社会也把生态问题、环境问题以及人的闲暇问题提到了经济活动的视野之内;其二,为了追求无限度价值增殖,不断进行观念文化方面、管理方面、制度规则方面的创新与革命。这种革命的实质是建立人脉资源网络或社会资本网络。从资本所承载的生产技术内容来看,这种经济活动也具有如下特征:其一,如前所述,信息和知识已经成为重要经济资源和劳动对象,信息产品、知识产品、数字产品已成为资本的产品,亦

---

① 在马克思那里,投入资本 k,经过一个增殖过程,资本变为 $k+\Delta k$;将资本 $k+\Delta k$ 进行第二轮投资,资本变为 $k+\Delta k+\Delta k'+\cdots$。那么,资本带来剩余价值,剩余价值转化为资本,资本又带来剩余价值的这种能力就是资本增殖,旨在说明资本具有繁殖的能力。书中凡是表明资本动态的增殖能力时就用资本增殖,而表明诸如 Δk、$\Delta k'$ 等具体的增殖额时,就用资本增值。

即商品资本;其二,资本增殖的技术基础,即技术生产方式不断变革,并且"技术创新"已经成为支撑资本增殖特别是当代垄断资本获取巨额增殖的"杀手锏"。

当代资本主义经济活动的社会形式依然是市场。然而,当代市场本质上就是巨大的经济网络,既是以资本增殖为目标的经济活动必须借助的网络,因为资本的生产、流通、分配、消费均离不开市场;也是信息、知识与资本进行交换并转化为资本的网络,因为信息、知识要想成为资本,必须首先借助交换成为商品。它是一个承载着若干层次、若干纵横链条交错的、若干节点集合的超大网络系统包括显现层的买者与卖者、中间层的供给者与需求者、隐蔽层的生产者与消费者。在这个网络中传递的既是"物流"(商品流)、"价值流"(货币)、"人力流"(人脉流),也是"信息流""编码流""数字流"。由于所有这些"流"承载与传递的都是经济活动,当代市场经济本身就是承载经济关系的网络(系统)(参见图2-1)。其中,横向是价值链,纵向是供应链,纵横交织构成承载经济内容的关系网络。

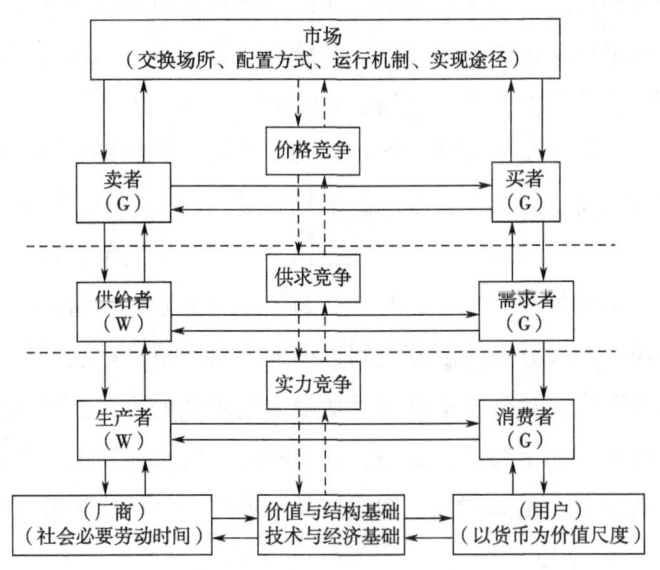

图 2-1 市场是全部经济关系的总和(网络)示意图[①]

---

① 杨志. 论资本的二重性:兼论我国公有资本的本质 [M]. 北京:经济科学出版社,2002:88.

2.2.1.3 网络经济是以网络技术方式为基础的市场经济的新形态

如果说信息技术和信息经济彰显的是当代经济活动不同于传统经济活动的经济内容，那么，网络技术与网络经济则表达的主要是当代市场经济不同于传统市场经济的技术生产方式，以及由此决定的信息传递方式、经济交换方式、人文沟通方式、社会工作方式和生活方式。换句话说，网络经济虽然有了不同于传统经济形态的新特点，但它在本质上仍然是一种经济活动，仍然要遵循经济活动的一般规律。作为当代经济的新形态，它仍然是资本主义生产方式下的市场经济（发达的商品经济），只不过具有了显著的网络化特征。也就是说，网络经济不仅具有高技术含量，还承载着丰富的经济内容，技术并没有改变经济的基本规律。

网络经济也具有技术和经济二重属性。从技术属性或技术特征上看，计算机网络是支撑网络经济的技术基础，换句话说，它所表明的生产力水平是这个经济形态之所以"新"的指示器。因为生产力的实际状况是由各种生产要素的水平以及配置要素的能力决定的。按照马克思的意见，在生产要素体系中，属于劳动资料的那些要素是生产力水平的指示器，它不是简单地指示着人类社会在生产着什么，而是指示人们在怎样生产，借助什么样的物质手段来生产，由此，诸如石磨、风车、铁器、蒸汽机、发电机、火箭发射器、电子计算机、互联网等就成为人类所经历的石器时代、铁器时代、蒸汽时代、电力时代、航天时代、计算机时代、网络时代的指示器。从经济属性或经济特征上看，市场网络是网络经济的经济内容，资本网络是网络经济的主体。换句话说，"网络化"的经济关系是这个经济形态之所以具有"新质"的基本要素。因为在这个新经济形态中的市场网络不仅是用抽象思维把握的，而且是用计算机网络把控的。应当承认，虽然从技术与经济二重视角看，网络经济具有前所未有的新形态，但是从社会生产方式的角度看，它依然没有跨出资本主义市场经济的窠臼。因为不管生产力水平如何，经济活动不可避免地总是要解决为谁而生产、为什么而生产，即生产的动机和目的问题。这个问题决定于产权归属的性质。所谓产权归属的性质，实质上就是生产要素所有权在运作层面上的法律规范形式。从经济活动的实际状况来看，产权的归属问题直接关系到生产要素的配置方式和人们经济利益的交换方式。

抽象地说，生产要素的配置体系大致有三种不同的形态：①以人身依附为特征的要素配置方式，表明的是自然经济形态下人与人之间那种原始血缘的、奴隶对奴隶主的、西方农奴对农奴主的、东方农民对地主的超经济的人身依附关系；②以市场配置为特征的要素配置体系，表明的是商品经济形态和权益经济形态下人与人之间的那种以"物"为媒介的、以"资本"为主体框架的、以法律体系为规范的、以"自由、平等、所有权、边沁"为价值观的、以"人为本"的社会化经济关系；③以计划配置为特征的配置方式（其中既可能用于市场配置体系之中，又可能自成一种社会配置体系），表明的是在一种具有过渡的或新的经济形态下人与人之间的那种直接的、自由的、联合的经济关系。

具体地说，17世纪中叶的英国资产阶级革命标志着产权归属关系的一个新时代。这个新时代具有两个特征：其一，它打破了劳动者对统治者的"人身依附关系"，以劳动者拥有对自己劳动力所有权为特征；其二，它形成了一种新的"以物的依附"为特征的依附关系——雇佣劳动对资本物的依附关系。在产权归属于资本的制度框架中，一切生产要素和所有的经济资源都表现为归属于资本的商品。显然，如前所述，网络经济下产权归属于资本、资本为增殖而生产的特征仍然决定着经济活动的目的及其利益交换方式。

从这个意义上，笔者对弗里德曼《世界是平的》①还有一点必要的评论：虽然弗里德曼也认为引起当代资本主义市场经济变化的原因具有二重性，例如，虽然他说世界是平的，我们现在正处于"全球化3.0"时期，将我们带入这个新时期的动力，既有地缘政治的因素和柏林墙的倒塌，也有技术方面的进步，如个人电脑和网络的流行，以及以此为基础的生产过程和创新模式的革命，但是，他却同时把全世界的人同质化了，而这无论如何都是错误的。在他看来，在全球化3.0时代，竞争的平台已经被推平，这就是"世界是平的"的真实含义。在一个平坦的世界中，弱小的大卫能够胜过巨人；个人和小公司不但能够参与全球合作，也能够参与全球竞争，成为世界的主角；原来以西方为中心的世界，随着中国、印度和俄罗斯等国的崛起，来自世界各个角落的非西方、非白人的个人群体拥有越来越大的能力与影响力。然而，

---

① 托马斯·弗里德曼. 世界是平的：21世纪简史 [M]. 长沙：湖南科学出版社，2006.

在他笔下，这种世界被推平的力量仅仅是来自技术或者市场竞争，而丝毫未见他提到诸如"中国特色"的力量。笔者认为，这种用"一元化"替代"多元化"，用"同质化"替代"多样化"的观点，是错误的。

2.2.2 网络经济的网络释义

2.2.2.1 网络的本质和二重属性

一般来说，网络是"由若干元件连接而成的系统"[①]。换用较为专业的语言说，网络是由若干节点（nodes）和链路（links）组成的系统。节点是一条或几条线路互连的交叉点，包括接入网络的连接点；链路就是指连接节点的线路。

从二重视角观察网络，它既包括具体、实在的有物理形态的网络，也包括无形、抽象的虚拟网络。在物理网络中，节点间的链路是物理连接；在虚拟网络中，节点间的链路是无形的，即某种交互关系；物理网络亦即技术网络，虚拟网络亦即社会网络、在本书中则专指经济网络或市场网络。具体地说，现实中的网络有互联网、因特网和万维网。互联网是指一组或多组相互连接起来的计算机网络；因特网是特指世界范围内的互联网，是一个互连了遍及全世界的数以百计的计算设备的网络；万维网则是因特网允许的一种分布式应用程序（distributed application），用于访问因特网上数以百计的计算设备中相互链接的页面。在这里需要指出，无论是接入因特网还是链接万维网，都需要借助一种"授权"或"委托授权"，亦即"授权体系"。这种授权与被授权既要有技术上的规定（这种规定与某种定制或垄断相关），也有经济上的规定（这种规定往往以各种具有法律效力的"协议"表现出来），本书将其理解为网络经济中微观元素如何演化为宏观总图景过程的路径或运动机制，并将在第 4 章展开论述。

本书认为，上述所有关于网络的解说并没有揭示网络的本质。在本书的框架中，"网络"并非指行业网络，如铁路网、电力网、电信网、计算机网等，也不是指互联网或因特网，而是指在学理上能够作为网络经济构成要素的一个基本范畴，本书将其定义为网络基元（Agent），并将在第 3 章专门对

---

① 辞海编辑委员会. 辞海 [M]. 上海：上海辞书出版社, 1999.

其进行阐述。与其他经济范畴一样，这个范畴也具有二重性，即自然属性和社会属性。换句话说，本书中的网络既承载技术内容也承载经济内容。或者说，当我们强调网络之技术内容时，可将其称为技术网络，而当我们强调其经济内容的时候，可以称之为经济网络。这是因为技术与经济是二重且统一的，正像手心与手背是二重且统一的一样。根据网络所承载内容的不同，把网络具体形态分为技术网络和经济社会网络两大类，这是本书的一个特色。需要强调的是，正像瑞典学派指出的那样，经济社会网络自从人类社会诞生就已经存在，而技术网络则是伴随着科学技术的进步、信息技术革命，特别是网络技术的出现而形成的。

从经济学的视角看，网络是以计算机网络、数字技术、光纤通信技术为核心的信息网络技术为技术基础，以开发和提供这些高技术网络产品的网络技术产业为供给者，同时以应用其的企业、政府、组织、个人为需求者的崭新经济形态。在这个新经济形态中，技术网络的供给者（方面）既是一种高新技术的产业链，也是一种高新技术产业的经济集群；技术网络的需求者（方面）既可能是高新技术产业链条中的构成要素之一，也可能是传统产业网络中的一个链条。但是，这些在这里都不重要，重要的是由于有了对技术网络的供给与需求，就有了供给方与需求方之间的互相吸引、互相刺激、互相促进、相辅相成的良性循环。于是，一方面，网络产业迅猛发展并快速成为经济活动中的支柱产业；另一方面，随着信息化、网络化步伐的加快，传统产业在生产、分配、交换和消费的各个经济环节都发生了巨大变革，包括技术基础、管理模式、商业经营模式、业务拓展模式、资本盈利模式等方面的变革。不仅如此，全社会范围内人们的消费模式、生活模式、工作方式也都发生了巨大的变革：网络经济出现了，网络社会崛起了。

2.2.2.2 网络外部性与"利己主义"的经济学假设

（1）网络外部性的内涵与外延

所谓网络外部性，实际上是从网络产品供给者的视角观察和研究消费者行为之间如何相互影响及其向量[①]与绩效的概念或范畴。它是一个与消费者行

---

① 向量是指网络中有大小和方向的量，如用户规模、网络结构、网络标准等。

为紧密相关的问题。

在网络经济框架下，或者说，无论在物理网络还是在虚拟网络中，当某消费者购买或使用某种产品或服务时，他首先考虑的是，是否存在或存在多少消费者购买或使用此类产品或服务。例如，在选择电话网络时，新用户更愿意选择原来用户多的网络。因为网络用户越多，潜在通话对象越多，该网络对新用户的价值就越大；同时，新用户的加入也增加了网络对原有电话用户的价值。这种消费行为之间的相互影响就是所谓的"正消费外部性"，最早是由杰弗端·罗福茨（Jeffrey Rohlfs）于1974年在对电信服务的研究中发现的。后来米歇尔·卡兹（Michael Katz）以及卡尔·夏皮罗（Carl Shapiro）和许多其他的经济学家（如尼古拉斯·伊克诺米兹）称之为"网络外部性"。

网络外部性也可以从其他不同的角度来理解。例如，米歇尔·卡兹和卡尔·夏皮罗这样解释网络外部性：当消费同样产品的其他使用者的人数增加时，某一使用者消费该产品所获得的效用增量。[1]而利博维茨（S. J. Liebowits）和马戈利斯（S. E. Margolis）则从更广泛的意义上说明了网络外部性的含义，他们认为，网络外部性是指当采取同样行动的代理人（agents）的人数增加时，该行动产生的净价值增量。[2]还有一种值得重视的观点，即考察外部性的视角从以生产者或供给者为基点，转向从需求者或消费者为基点。这种观点认为：当一种产品对消费者（即用户）的价值能够随着采用相同产品或可兼容产品的消费者（用户）增加而增大时，就出现了对消费者有利的网络外部性。换句话说，由于消费者（用户）数量的增加，在网络外部性的作用下，原有的消费者（用户）能够免费得到产品中所蕴涵的新增价值，而无须再为这一部分价值提供相应的补偿。[3] 事实上，网络外部性必然性会带来边际成本的降低，正因为如此，社会学家杰里米·里夫金（Jeremy·Rifkin）认为"零边际

---

[1] Katz, Michael L., Shapiro, Carl. Network externalities, competition, and compatibility [J]. American Economic Review, 1985 (6): 424–440.

[2] Liebowitz, S. J., Margolis, Stephen E. Are Network Externalities a New Source of Market Failure [J]. Research in Law and Economics, 1995, 17.

[3] 本书采用此定义。

成本社会"即将到来,这让很多商品和服务近乎免费,种类也更加多样化,并协同共享。①

(2) 网络外部性的划分及其类别

目前,学术界视域中的网络外部性主要有三类:直接网络外部性、间接网络外部性、混合网络外部性。在这里,区分外部性的依据是它发生的路径——直接发生的、间接发生的还是既直接也间接发生的,而或直接或间接或混合发生的与否,则取决于技术网络本身的特点,即网络内部的连接是单向的还是双向的(如图2-2所示)。

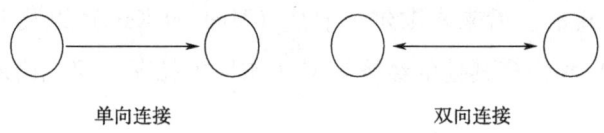

图2-2 单向连接和双向连接

直接网络外部性(如图2-3所示)是指一个消费者所拥有的产品价值随着另一个消费者对一个与之兼容的产品的购买而增加,反之,则是指该价值随着另一个消费者对一个与之兼容的产品的弃用而减少。发生直接外部性的网络一般都是双向网络。所谓双向网络(如图2-4所示),即由双向连接组成的网络。在双向网络中,连接是双向的、相互的、有价值的活动,可以在任何方向进行,即从任何一个节点开始,在任何一个节点终止。现实中的双向网络有电话网络、传真机网络、交通运输网络、邮政服务网络、电子邮件系统、聊天室、联网游戏等。卡兹(Katz)和夏皮罗(Shapiro)把这种网络称为"通信网络",它是一种具有特定物理联系的载体,承担着物质、能源和信息等的交流和交换功能;它的容量越大,它作为网络的功能就越容易发挥。对于这种具有直接网络外部性的通信网络而言,网络外部性来自其内部技术特性。

图2-3 直接网络外部性

---

① 杰里米·里夫金. 零边际成本社会:一个物联网、合作共赢的新经济时代[M]. 北京:中信出版社,2017:中文版序第2页.

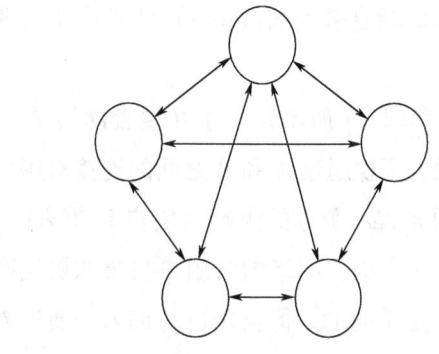

图 2-4 双向网络

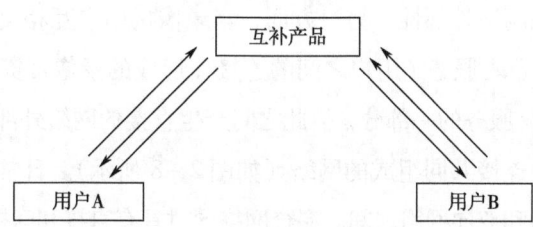

图 2-5 间接网络外部性

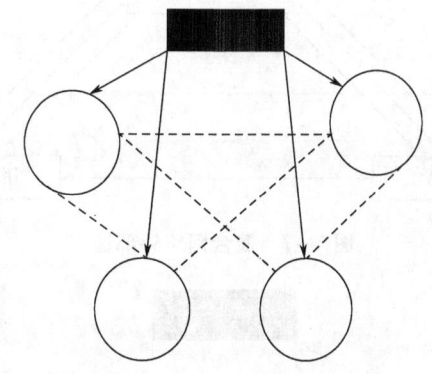

图 2-6 单向网络

间接网络外部性（如图 2-5 所示），是指随着某一个产品使用者数量的增加，该产品的互补品数量增多、价格降低而产生的价值。间接网络外部性一般发生在单向网络中，即由单向连接组成的网络（如图 2-6 所示），因而其有价值的活动效应（外部性）只能在一个方向进行，相同类型节点之间的活动没有任何意义。现实中，单向网络的例子很多，如广播电视系统、电力系统、自来水管道、订票系统、银行自动取款机（ATM）系统等，最典型的是计算机硬件软件市场。这种互补产品的组合被卡兹（Katz）和夏皮罗（Shapiro）称作硬件软件范式。

混合网络外部性（如图2-7所示）发生在混合网络中，是说用户A对合成产品或服务的消费活动，不仅通过A和B之间的连接对用户B产生直接的影响，而且还通过影响互补产品/服务的供给给用户B带来间接的影响。例如，使用录像机的用户网络，一方面，网络内各用户与录像机生产厂商和录像带内容提供商、租借商的关系是单向的，但新用户的加入，通过影响厂商的产量和品种，以及录像带内容供应商、租借商对录像带供应量和供应品种的变化，给其他用户带来间接的网络外部性；另一方面，当录像机用户互相交换录像带时，各个用户作为合成产品/服务（用户之间的连接而形成的录像带资源的共享）消费者，成为合成产品/服务的一部分，彼此之间产生直接的网络外部性。混合网络是由单向连接和双向连接共同组成的网络（如图2-8所示）。日常生活中的大部分产品介于单向网络和双向网络之间。混合网络同时具有直接和间接网络外部性。

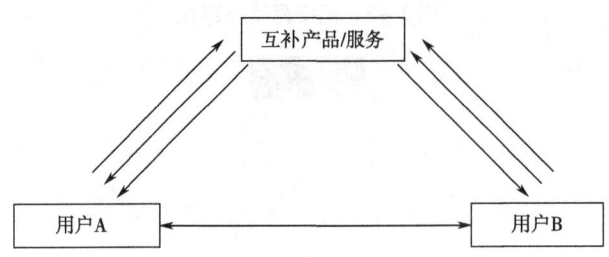

图2-7 混合网络外部性

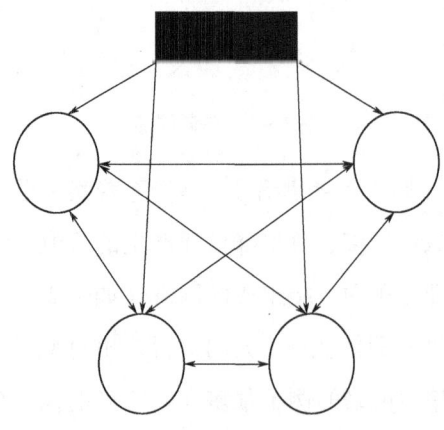

图2-8 混合网络

2.2.2.3 网络经济正反馈及其实现机制

正反馈理论是对动态经济过程的一个描述，其主要内容是：在边际收益递增的情况下，经济系统中能够产生一种局部正反馈的自增强机制，这种自增强机制会使经济系统出现如下四个特征：多态均衡，路径依赖，锁定，可能无效率。这种自增强机制产生的原因通常是由于系统建立的成本高，所以一旦建立就不易改变，再加上学习效应、合作效应和适应性预期，使得系统逐渐适应和强化这种状态。

正反馈理论表明的是"强者越强，弱者越弱"的马太效应（Mathews Effect）。这个理论的经济学意义在于揭示网络经济框架中技术与经济、投入与产出、成本与收益、资本与增殖之间的关系及其绩效，特别是新技术升级换代与其市场认同之间的辩证关系以及有效时点问题。例如，图2-9显示了一个正反馈的市场结构是如何形成的：受强烈的网络外部性影响的技术或产品一般会有一个很长的引入期，随着用户的增加，越来越多的用户发现使用该产品是值得的，当产品达到临界容量（Critical Mass）之后，开始领先的技术——也许只占60%的市场份额——成长到接近100%，而开始只占40%市场份额的技术或产品则下滑到10%。该动态过程是由于用户害怕选择用户网络较小的技术而无法获得大的协同价值，害怕被锁定在老的技术中无法摆脱，从而必须支付一个很大的转移成本，所以有强烈的欲望驱动他们选择市场份额较大的厂商或技术。

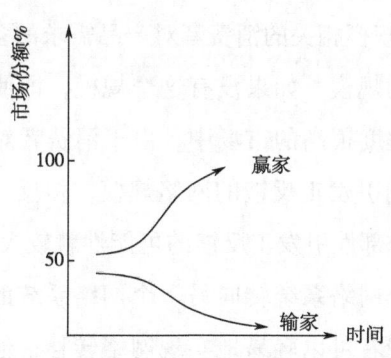

图2-9　正反馈示意图

与正反馈相反的概念是负反馈。与正反馈的自增强机制相反，负反馈描述的是一个强者走向衰弱而弱者走向强大的过程。传统经济学中所讨论的均衡过程实际上就是这样一个情形。当供给方规模经济超过一定的规模，公司会发现成长变得越来越困难，随着大公司背上高成本的负担，更小、更灵敏的公司会发现更有利可图的市场份额，这种此消彼长的过程反映了负反馈的作用：最终市场会找到一个均衡点，而不像正反馈所描述的那样走向单个公司主宰的极端。

应该说，正反馈与负反馈并不是网络经济下才出现的新鲜事物，同时，网络外部性和正反馈也并非是两个必然相互联系的概念，但是在网络经济框架中，网络外部性广泛存在，且基于市场需求方的规模经济，在市场足够大时不会产生分散，再加上基于供给方的规模经济，能够导致正反馈以一种新的、更强烈的形式出现，于是，研究正反馈（包括不反馈）便成为网络经济中人们关注的焦点。

这里还需要指出，网络外部性并不必然引发正反馈，因为从网络外部性到正反馈还需要其他条件，而这些条件之总和则是外部性引起正反馈的机制：①驱动价格机制的供求关系以及决定供求关系的成本优势。这不仅要求有需求方规模经济，而且还要有供给方规模经济，而要做到这点，不仅需要把控市场，还要把控产业链和价值链。②网络的临界容量。网络外部性引发正反馈过程的重要条件之一是网络必须达到一定的规模，即临界容量（Critical Mass）；同样，与网络规模相关的消费者对产品需求的多样性也要达到一个与网络临界容量相匹配的规模，如果没有这个规模，即使在一个网络外部性很强、需求方规模经济程度很高的市场中，由于消费者对产品需求多样化的变化，其产品也很难达到引发正反馈的网络规模，相反，如果市场中产品的多样化程度较低，网络外部性引发正反馈的可能性就较大。③路径依赖和锁定。它们造成消费者从一个网络系统转向另一个网络系统的转移成本比较高，即转移不经济。如果消费者可以轻易地实现网络转移，他们就无法被锁定在现有系统中，此时网络之自我增强的正反馈机制也就无从谈起了。因此，由于正反馈实现条件之约束，需求方和供给方必须选择对自己有利的策略行为。

2.2.3 网络正负反馈与经济人假设质疑

网络外部性与正负反馈问题是网络经济框架下一个现实而重要的问题，它不仅关系到企业的经营模式，而且关系到资本的运行模式。从经济学理论的视角来看，网络外部性首先对传统市场经济中利己主义的经济人假设提出了质疑，而正负反馈问题则给传统市场经济学框架中"经济人"之"自由主义"带来了挑战。

这样，考察网络外部性，就必定要考察处于主动地位的考察者的动机、目的和利益。然而，如果考察者只考虑自己的立场，而不考虑处于被动地位的考察对象的利益、目的和立场，就肯定得不出研究外部性的意义了。这就是说，研究网络外部性绝不能仅仅从一个方面——或者供给者方面，或者需求者方面——来研究，因为在网络经济背景下，市场主体不仅是独立的，而且是互动的；市场的均衡不仅要借助"看不见的手"，还要借助"看得见的手"。

在本书看来，网络的外部性、互动性不仅生动地说明了网络经济的实质是一种经济关系，而且直率地表明西方经济学"利己主义"的经济学假设绝对是过时了。网络经济下"网络外部性"和"正负反馈及其实现机制"的存在不仅意味着传统市场经济的"千年终结"，而且日益形成终结原教旨资本主义经济学的"认同的力量"，同时还启示我们深刻认识近些年来经济方法论方面出现的变革，如博弈论的产生。总之，网络经济作为一种新的经济形态，激发了经济学理论研究者许多深刻的思考与广泛的联想。

2.3 网络经济特征的描述

从生产力革命的角度看，历史上曾发生过无数次的生产力革命；与人类经济社会形态变迁相联系的技术革命有三次，即蒸汽机革命、电力革命、信息网络革命。从原始社会开始，一直持续到18世纪中后期的农业文明是农业经济得以发展和延续的生产力基础。18世纪中后期，以蒸汽机的广泛应用为标志的工业革命是农业经济社会向现代工业社会变迁的决定性力量。发生在

19世纪30年代的电力革命以及由此发生的动力系统及交通运输系统的革命，使整个欧洲经历了从农业经济向工业经济急速变迁的过程。而发端于20世纪70年代的信息网络技术革命，一方面使全世界范围内的二元结构出现了颠覆性的变化，另一方面也使工业社会走向了后工业社会。这种"变化"和"走向"所借助的"路径"正是网络。

2.3.1 网络经济的不同层面

从经济学的视角给网络经济下定义，必须找到最具代表性的东西，也就是以前的经济形态所不曾有过的独具特色的东西，用哲学的语言来说，就是具有独特规定性的东西。然而，什么是网络经济中最独具特色的东西呢？毫无疑问，那就是如前所述的借助网络来承载和传递信息的经济形态。与前面不同的是，这里是从经济形态的不同层面呈现笔者对网络经济的理解。

从社会经济或国民经济①这一宏观层面来看，网络经济是有别于游牧经济、农业经济、工业经济的信息经济和知识经济。由于数字网络②在网络经济中具有突出作用，所以它又是数字经济。而数字网络亦可以称作编码③网络，因此，卡斯特将网络经济叫作编码经济。在这种经济形态中，信息网络尤其是智能化信息网络将成为极其重要的生产工具，是一种全新的生产力。这种

---

① "马克思对经济形态的分析也是采用二重性的方法。在他那里，经济形态既取得社会经济形态，又取得国民经济形态。所谓社会经济形态，是用大时间尺度衡量的经济形态；他所表明的是以制度革命为特征的社会经济结构的变迁。所谓国民经济形态，是用小时间尺度衡量的经济形态，他所表明的是在一定的经济制度内部的经济结构运动状况。"引自：杨志. 论资本的二重性：兼论我国公有资本的本质 [M]. 北京：经济科学出版社，2002：52.

② 关于数字网络，并无统一定义。但有一点是相同的，就是都采用了数字技术。其中，ISDN（Integrated Service Digital NeTwork），中文名称是综合业务数字网，通俗称为"一线通"。目前，电话网交换和中继已经基本上实现了数字化，即电话局和电话局之间从传输到交换全部实现了数字化，但是从电话局到用户则仍然是模拟线路，向用户提供的仍只是电话这一单纯业务。综合业务数字网的实现，使电话局和用户之间虽采用一对铜线也能够做到数字化，并向用户提供多种业务：除了拨打电话外，还可以提供诸如可视电话、数据通信、会议电视等多种业务，从而将电话、传真、数据、图像等多种业务综合在一个统一的数字网络中进行传输和处理；其中，数字广播网络是将广播信号数字化（A/D转换），在以太网（TCP/IP）或因特网（Internet）进行传输的广播系统，即将模拟音频信号经过采集、量化、编码后，按照网络协议在网络上进行传输的广播方法。需要注意的是，还有其他提法，比如数字电视网络、数字家庭网络、数字图书馆网络等。此处不赘述。

③ 数字化技术就是运用0和1两位数字编码，通过电子计算机、光缆、通信卫星等设备来表达、传输和处理所有信息的技术，一般包括数字编码、数字压缩、数字传输、数字调制与解调等技术。

新的生产力不仅使网络经济条件下生产出来的产品、设备、服务的物质内容发生变化,而且使其生产规模特别是总供给和总需求问题、宏观调控问题、法律规制问题、风险防范问题、经济周期问题、经济增长问题等发生与传统经济大为不同的变革。按照彼得·迪肯(Peter Dicken)的意见,这些变革足以引起生产方式的"全球性转变",这种转变足以"重塑 21 世纪的经济地图"。从这个意义上说,那种在传统经济学框架中研究网络经济的方法是不能成立的。

从产业经济或区域经济这一中观层面看,网络经济特指信息网络设施的产业供给方和信息网络设施的产业需求方的市场结构、企业行为和市场绩效等。信息网络实施的需求方其实就是传统产业,它们需要购买这些产品和服务来使自身信息化和网络化。信息网络设施的产业供给方包括网络基础设施、网络设备和产品以及各种网络服务的建设、生产和提供等。网络经济环境下,网络外部性(巨大的需求方规模经济)和网络产品的成本特性(巨大的生产方规模经济)交互作用,使得网络经济在中观层面上呈现出与传统经济不同的特点。按照传统经济学的研究习惯,对网络经济中观层面的研究将是对传统产业组织理论的继承和发展。然而,按照当代系统论"整体决定要素""系统决定功能"的方法,这种观点值得商榷。从现实来看,如果不在网络经济宏观总图景框架下理解网络产业,那么网络产业同其他高新技术产业就没有什么本质差别,网络产业经济学也没有独立出来的必要。

从企业和消费者这一微观层面来看,网络经济是指信息网络对企业生产者行为和消费者消费行为的影响。网络经济环境下,企业通过信息化不仅在生产、销售等经营方式上发生了改变,在管理方式上也发生了重大变化。在许多重大变化之中,企业在形态上变得"扁平了",在雇佣与薪酬关系上更"灵活了",在运营速度上"敏捷了",在形象上不仅"虚拟"而且时常"失踪了"。总之,企业越来越不像企业了。同样,网络经济环境下,作为计算机网络用户的需求、消费行为也较传统经济大为不同,并且还存在相当大的风险。因此,当代网络经济使用传统微观经济学理论已经难以完美解释,必须对之进行扬弃。

网络经济的上述三个层面是相互联系的,网络企业出现了,网络产业发展了，网络市场形成了，于是，表现为全新经济形态的网络经济系统也就必然水到渠成了（如图 2-10 所示）。

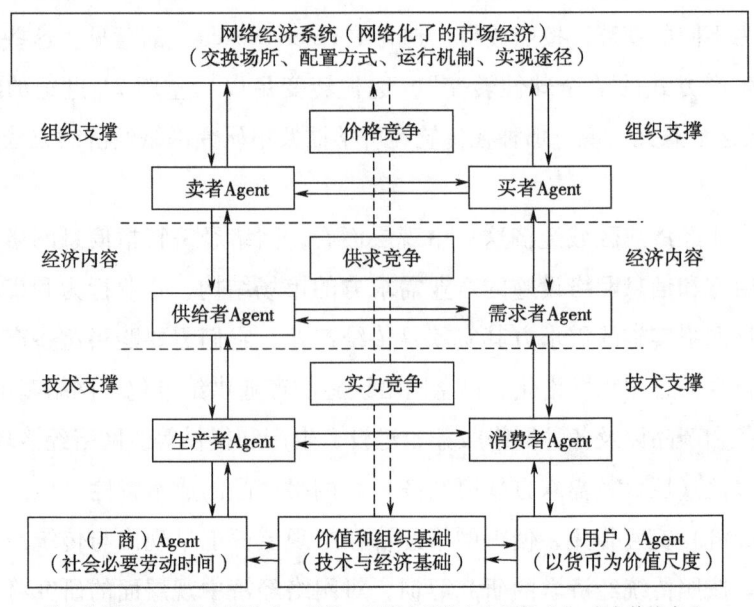

图 2-10　网络经济系统（技术网络和经济网络的契合体）

2.3.2　网络自组织性与网络企业自增长性

2.3.2.1　自组织性①是企业技术网络的基本特征

企业的技术网络一般是指自主计算机（Autonomic Computer）网络，其中自主计算机可以理解为具有自主性的计算机智能体。而所谓计算机网络，就是利用通信设备和线路将地理位置不同的、功能独立的多个计算机系统互联起来，以功能完善的网络软件（即网络通信协议、信息交换方式及网络操作

---

① 一般来说，组织是指系统内的有序结构或这种有序结构的形成过程。德国理论物理学家 H. Haken 认为，从组织的进化形式来看，可以把它分为两类：他组织和自组织。如果一个系统靠外部指令而形成组织，就是他组织；如果不存在外部指令，系统按照相互默契的某种规则，各尽其责而又协调地、自动地形成有序结构，就是自组织。自组织现象无论在自然界还是在人类社会中都普遍存在。一个系统自组织功能愈强，保持和产生新功能的能力也就愈强。

系统等）实现网络中资源共享和信息传递的系统。[①] 计算机网络的技术支持为通讯技术和计算机技术，每一个相应节点都具有自主性，即每一个特定节点都可以不受某中心（首脑）节点的控制。例如，作为每一个节点的 PC 机使每一个人的独立性和自主性都得到了支持。

所谓自组织（Self-Organizing），从学理上讲，是指一个系统在内在机制的驱动下，自行从简单向复杂、从粗糙向细致方向发展，不断提高自身复杂度和精细度的过程。[②] 技术网络也可以看作一个包含若干个自主实体（如自主计算机）的系统，并且这个系统具有特定的结构和功能。具备特定的结构，意味着这些系统内部的各个自主节点以一种特定的方法进行组织，而且相互之间通过特定的方式进行交互；具备某种功能，说明整个系统可以达到某种特定的目标。因此，技术网络是在系统范围内具有适应能力的结构，并且组织节点间具有简单的局部交互的功能，具备自组织性。

当前，技术网络的重要载体——通信系统和计算机网络都呈现出自组织特性。一个例子是：IPv4 地址的 DHCP 自动分配和 IPv6 地址的自动配置。类似地，移动自组织网络中使用了分布式的自动配置技术来处理由于节点的移动特性而造成的网络合并和分离。TCP 协议实现了一种分布式的处理网络拥塞的自适应机制，表现出一定的自组织特征，以少量的信息（局部的分组丢失率信息）实现控制，也说明了非集中式控制的有效性和可扩展性。网络错误恢复中的自组织主要目的在于设计以自组织方式运行的通信协议，实现在链路和节点失效时网络的"自修复"和"自稳定"。在新型通信网络中，自组织的特性显得尤为突出。自组织通信模式结合无线通信方式形成了移动自组织网络和无线传感器网络，结合有线通信方式形成了自组织覆盖网络。

---

① 顾红. 网络工程的规划和设计［M］. 北京：科学出版社，1993.
② 这是系统论的观点。另外，从热力学的观点来说，"自组织"是指一个系统通过与外界交换物质、能量和信息而不断地降低自身的熵含量，提高其有序度的过程；从统计力学的观点来说，"自组织"是指一个系统自发地从最可几状态（所谓最可几状态，就是指系统所有可能出现的状态中出现概率最大的状态）向几率较低的方向迁移的过程；从进化论的观点来说，"自组织"是指一个系统在"遗传"、"变异"和"优胜劣汰"机制的作用下，其组织结构和运行模式不断地自我完善，从而不断提高其对环境的适应能力的过程。

并非所有的系统都具有自组织性。耗散结构理论①（1967年由伊里亚·普利高津创建）认为，一个远离平衡的开放系统，通过不断与外界交换物质和能量，在外界条件变化达到一定阈值时，就可能从原来的无序状态转变为一种在时空上或功能上有序的状态。一个系统能够实现自组织而形成耗散结构，必须满足三个条件：其一，系统开放，系统只要充分开放，就有可能驱使系统远离平衡态；其二，系统远离平衡态；其三，系统内部具有强烈的非线性作用；其四，涨落是系统形成耗散结构的源动力，系统通过涨落达到有序。其中，非线性正反馈对于导致涨落放大有着决定性意义，对系统演化具有建设性作用。

理解技术网络，不仅要理解其各个组成部分，还要了解它们之间的关系和相互作用，并从中寻找系统的规律性。这就是说，技术网络具有所谓的系统性（也称整体性）。与整体性相关的是系统的有机关联性、动态性、有序性和预决性。其中，整体性是核心。有机关联性主要包括两方面的内容：一方面是系统内部诸要素之间的有机关联；另一方面是系统同外部环境的有机关联。这就使得系统具有开放的性质，即所谓开放性。动态性强调的是时间上的变化：一方面，系统内部的结构，其分布位置不是固定不变，而是随着时间变化的；另一方面，如果讲系统的开放性质、有机关联性，强调的是系统同外界物质、能量、信息的关联、交换，动态性强调的就是这种物质、能量、信息的存在状态。它们在系统中表现为一定的稳态，稳态是含有动态的一种运动状态。开放系统是系统处于动态的条件，动态是开放系统的必然表现。

企业技术网络作为一个相对独立的系统，其自组织性和开放性特征表现为企业内部与外部的信息化流程中。例如，企业资源管理流程（ERP）将参与企业生产过程的所有要素不仅全部聚集起来，而且全部描述下来，伴随着时间的推移，生产要素转化为产品的生产过程全部再现。然而，企业的生产要素不是来自企业内部，而是来自外部，企业的产品也不是供给企业内部，

---

① 自组织理论是20世纪60年代末期开始建立并发展起来的一种系统理论。它的研究对象主要是复杂自组织系统（生命系统、社会系统）的形成和发展机制问题，即在一定条件下，系统是如何自动地由无序走向有序、由低级有序走向高级有序的。它主要由三个部分组成：耗散结构理论（Dissipative Structure）、协同论（Synergertios）和突变论（Calastrophe Theory）。

而是供给企业外部，因此，ERP 作为一个内部管理系统，必定向外部开放：不仅向生产要素市场开放，而且向产品市场开放。于是，ERP 必定像供应链和客户链开放，并自组织成为一个业务流程网络。

2.3.2.2 自增长性是企业经济网络的基本特征

企业在本质上是一个独立的、具有自主性的、赢利性的经济组织。在网络经济背景下，企业的性质由于有了技术网络的支持，则表现为鲜明的自增长性。自增长性本是来自生物学的一个特性，是指生物体能够通过诸如自我识别、自我发展、自我恢复和进化等功能，使自己适应环境的变化，维持自己的生命并得以发展和完善。生物体的上述功能是通过传递两种生物信息实现的：一种为 DNA 类型信息，即基因信息，它是通过代与代的继承和进化而先天得到的；另一种是 BN 类型信息，是个体在后天通过学习获得的信息。这两种生物信息协调统一，使生物体能够适应复杂的、动态的生存环境。

网络经济背景下，资本增值的本性促使经济组织寻求网络技术支持以改进生产方式、管理模式和组织模式。其中，企业资源计划（ERP）、业务流程重组（BPR）是经济组织引入信息网络技术的成功典范。另外，在市场竞争日益激烈，环境复杂多变，企业静态的组织结构和运行机制难以适应的经济社会大背景下，近年又出现了一些与技术联姻的新型经济组织模式：

①分形工厂（fractal factory）。由具有自相似、自组织、可相对独立运转的单元"分形"（fractals）组成，其结构是动态的、开放的，具有很强的适应环境和自我发展的能力。分形工厂的动态组织结构由两部分组成：团队组织形成的面向流程的人的网络和支持项目组的快速响应的信息网络。

②仿生制造系统（biological manufacturing system，BMS）。该模式模拟生物器官的自组织、自愈、自增长与自进化等功能，以迅速响应市场需求并保护自然环境。

③自主分布制造系统（autonomous distributed manufacturing system，AOMS）。该模式由多个模块组成，每个模块都具有智能，各模块独立运行并通过信息网相互合作，形成虚拟的制造系统。

企业经济网络自增长性的速度和态势，从根本上说是受制于企业自主性的。因为即便是在网络企业状态下，企业依然是一个必须赢利的（亦即必须要完成资本增殖使命）的经济组织。资本增殖好比是企业自增长性的基因，它既规定了自增长的性质，也决定了自增长的向度和绩效。凡是违背这一规律的企业，必定没有任何前途。网络经济背景下，经济组织引进技术要谨慎，并非越先进越好。因为选择某种技术也意味着加入一个网络，要尽量选择将来有可能成为标准的网络，不能一味追求时髦。否则，一旦采用了某种无法成为标准的先进技术，而该技术又与现行标准不兼容，就会陷入深渊，遭受巨额经济损失。如果改换技术，转移成本很高；如果寻求与现有标准兼容，就得不断求助于技术供给方以寻求接入成为标准的网络，这同样会产生高额成本。在网络经济起始阶段，有多少大量"烧钱"的企业曾几何时又烟消云散了。

2.3.2.3 自组织性与自增长性决定网络企业迅速演化为企业网络

网络企业是一个典型的技术网络和经济网络的契合体，二者的契合点就是网络节点。而每一个节点都具有自主性。如上所说，这种自主性由于有了技术网络的支持——技术网络的每一个节点都具有自组织性，因此，不仅使每一个具有自主性的企业有了适应自己本性的物质基础，而且使每一个具有自增长性的企业迅速与其他企业链接而衍生出企业网络。换句话说，企业正由于已经演化成为具有自组织性、自增长性的网络企业，它才愈来愈彰显出"网络"的本性。当然，在这里，本书再次从学理的角度提出到底什么才是"网络"的问题，再次强调在第3章将全面展开对网络经济之微观基础——网络基元的探讨。

在本书的框架中，企业网络（网络组织）（见图2-11）首先是一个企业的集合。本书之所以既不用"网络产业"也不用"一般产业"的概念来表达这种集合，是因为在这个集合中的企业——不仅包括已经实现信息化和网络化的企业，而且还括尚未进行信息化和技术网络化的企业，即传统经济框架中的企业——或者说企业集合是一种强调具有"混合性质"的集合。这主要是由于网络经济是架构在传统工业经济与未来服务经济之间的过渡态，使得网络经济的微观载体——网络组织具有二重性态，呈现出亦此亦彼又非此非彼的特征。企业网络虽然不是网络产业，但它却是网络企业自组织、自增长并迅速发展成为网络产业的最肥沃的土壤。不仅如此，它还是传统企业乃至传统产业迅速实现信息化和网络化之最便利的平台。

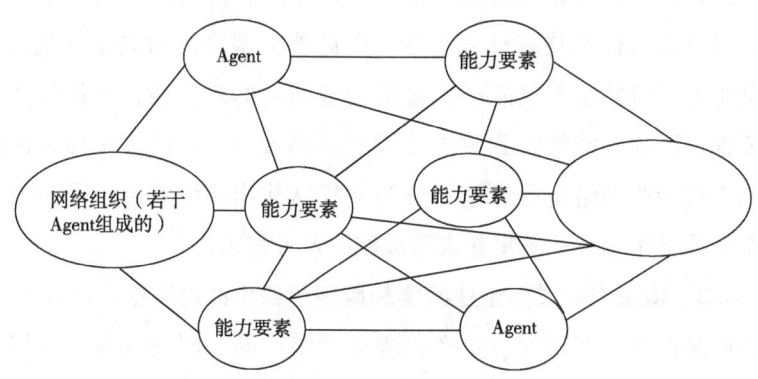

图 2-11 企业网络（网络组织）

网络组织本身是一个开放系统，有特定的结构，有共同的目标。网络组织节点表现为能力要素①、Agent、不同层级的网络组织。网络基元（Agent）可能是网络企业，可能是传统产业意义上的企业（可能已被信息化和网络化，可能没有，也有可能处在两极中的某一个阶段）；网络组织链路则可表现为不同层级授权形成的授权体系，可表现为各种显性和隐性的契约，可以表现为信任、承诺等社会资本。网络组织有一定的结构，这将在第5章中详细阐述。

2.3.3　网络联结性与网络产业互动性

2.3.3.1　联结性与互动性是自组织性与自增长性的外化形式

如果不是从孤立的、封闭的、静止的视角观察网络，而是从联系的、开放的、运动的视角看待网络，我们就会发现，企业网络的自组织性、自增长性、自主性就是它的联结性（外部性）、互动性（正负反馈）、利他性（消费转化资本）。如果从技术网络无限可连接的功能方面来看，作为网络企业之集合的网络产业便具有了鲜明的互动性。

网络经济背景下企业之间的互动性，与传统市场经济框架下企业之间的

---

① 能力要素指的是构成 Agent 的特定功能要素，它本身不具有自主性，加入哪个网络组织必须经过所在 Agent 的授权。详见第5章。

互动性有着许多不同之处：其一，这种互动性是建立在信息快速运动基础之上的，因此，互动速度是快捷的；其二，这种信息传递快捷的互动性是建立在计算机以及多媒体网络基础之上的，因此能够实现即时共享；其三，这种信息与网络的即时共享不仅能产生直接的或间接的外部性，而且能实现正反馈或负反馈，因此，能够收到更大范围的网络效应；其四，这种快速的互动性一方面会使一些网络企业像植物分蘖一样演化出许多节点，另一方面又会使网络企业像微生物一样聚集起来形成网络产业集群。

2.3.3.2　网络产业成为企业网络和网络组织中的发展极

所谓网络产业，即研发、生产或提供网络产品、网络设备、网络服务的企业之集合，是网络市场的供给者。一旦网络产业形成，它就会作为引领新经济形态的产业，在具有混合性质的企业网络中承担"发展极"的作用。在网络之各种特性的联合作用下，这些"发展极"再通过彼此之间的的链接、连接、联结而形成一个较之以前更大规模的网络，于是，此一个更大的网络与彼一个更大的网络又互动起来，形成更巨大之网络。如此这般，在这样的网络经济背景下，决定企业或产业发展的就不再是企业自身的性质或实力，而是网络，即一个什么性质的网络、以怎样速度运行的网络，以及有怎样接口的网络。

2.3.3.3　五种不同类型的跨国公司的网络组织

恩斯特（Ernst，1994）在整理全球经济中跨国公司网络组织的资料时发现，电子产业和汽车产业是跨国公司网络组织模式中最典型的网络组织或企业网络，而这种主导性产业网络（组织）中，大部分经济活动是围绕以下五种不同类型的网络相互联结的。这种网络联结同网络本身一样也具有二重性：既包括技术网络上的相互链接、连接、联结，也包括经济上的契约、合同、协定；而一旦联结起来，这个网络就会在更大、更快的时空范围内实现互动。

这五种网络具体为：

①供应商网络，需要制定包括主顾（核心公司）与中间生产投入之间的转包、原设备制造及原设计制造等协定[①]；

[①] 这里的协定是具有技术与经济二重性质的授权协定，其具体形式将在本书第4章阐释。

②生产者网络,需要制定包括所有共同生产者的协定——那种让彼此竞争的生产者能够将所有的生产要素,包括金融与人力资源汇集在一起,以扩大其产品内容和地理涵盖范围的协定;

③顾客网络,需要制定包括为制造厂与配送商、销售渠道、附加值再贩卖者,以及最终使用者的向前连锁(forward linkages),不论它是主要出口市场还是国内市场的约定和协定;

④标准结盟网络,制定由潜在的全球标准设定者促成,其目的是尽可能将最多的公司锁定在其专卖产品或界定标准内的约定和协定;

⑤技术合作网络,制定包括促成有助于获得产品设计及生产信息,促成联合生产与工艺开发,并分享原创的科学知识及研究发展成果的约定或协定。[①]

2.3.4 网络系统性与网络经济整体性

2.3.4.1 系统性与整体性——区别于传统市场经济形态的最基本特征

不论是从技术属性上看还是从经济属性上观察,不论是从企业的角度看还是从产业的角度看,网络本身都具有系统性。或者说,正是因为网络具有的系统性,它才具有自组织性、自增长性、自主性、相互联结性、互动性。网络的系统性决定了网络经济一开始就具有整体性。尽管这种整体性有不同层次,是一个相对的概念,但由此决定了网络经济是一种不同于传统市场经济的新形态,也决定了网络经济许多不同于传统市场经济的新特点。

从实际情况来看,一方面,网络经济起源于以信息产业和互联网产业为主的高新技术产业,但又高于这些产业;另一方面,在传统产业信息化和与日俱增的政务工作信息化、社会公共活动信息化、个人生活信息化需求的推动下,网络产业作为新兴产业迅猛发展。与此同时,经济、社会、个人的信息化进程迅速推进,企业的生产方式、治理结构、管理模式发生巨变,人们的生活、学习和工作方式也发生变革。这些变革推动经济、社会不断向前发展。

[①] 曼纽尔·卡斯特. 网络社会的崛起 [M]. 北京:社会科学文献出版社,2006:183 - 184. 根据本书内容略有改动。

2.3.4.2 网络经济是节约型经济——可持续发展的必要的经济形式

第一,网络经济能充分发挥信息资源对物质资源的替代作用。如虚拟交换前置,即以物质资源最优消耗为目的,建立物质资源最优消耗的激励约束机制,它以信息资源的交换部分地替代物质资源的交换,以信息成本的增加取代物质资源的无谓消耗,引导供应商和需求商实行订单生产和以需定产;消费者先订购后消费,把在生产之后发生的交易提前进行,在宏观上实现了社会经济流程再造。这样,既减少了总生产中非必要物质的流动和损耗,又缩短了社会总生产的时间。

第二,网络经济能大大降低交易成本。网络经济的发展和互联网的普及可以最大限度从时空上缩短各个经济主体之间的距离,极大地降低各个经济主体之间的信息不对称,从而使交易成本大大降低。

2.3.4.3 网络经济是直接经济——以信息不对称为赚钱路径的市场经济发生变形

网络经济背景下,信息技术网络的出现使得经济组织结构趋于扁平化,处于网络端点的生产者与消费者可以直接联系。因产销见面而使中间层次失去了存在的必要。当然,这并不排除因网络市场交易的复杂性而需要有各种专业经济人与信息服务中介企业的可能性。这种直接经济向工业时代的迂回经济提出了挑战,对传统经济方式构成了威胁。例如,网络经济环境下,在生产方面,生产过程由计算机全面控制,整个过程直接面向用户,用户的各种需要能够通过计算机网络进入各个生产环节,与工业时代相比提高了效率;在消费方面,从商场的间接销售变为网络上的直接购物,由原来的生产什么就消费什么转变为需要什么才生产什么,由于在生产与消费之间不存在任何中间环节,生产和消费之间的界限也开始变得模糊起来;在金融方面,延续了上千年的铸币、纸币等货币中介角色开始让位于电子货币,传统银行被网络银行所取代,银行的某些功能开始产生根本性转变,类似"支付宝""京东支付""微信支付"等平台逐渐植入经济生活;在企业管理方面,由依靠中层管理层转变为直接激励的虚拟领导,由金字塔式的管理结构演变为扁平式管理结构,近年来出现的区块链技术更是将引发传统经济中众多的中介平台弱化乃至消失。如果说支付宝、京东支付等解决了平台上商户和消费者之间的信任问题只是传统商业逻辑对信息网络技术的简单套用,那么,区块链将引起整个传统商业逻辑的重构。

2.3.4.4 网络经济是速度经济——学习型组织和创新型思维成为经济发展之必需

在网络经济的背景下,高新技术的发展日新月异,以此为基础的网络经济必须强调研究开发和教育培训。因为在技术创新的同时还要求制度创新、组织创新、管理创新和观念创新的配合。同时,网络经济的复杂性要求经济主体不仅要具备从无序中寻找有序的素质,还要具备有打破有序、重新创造新的有序的胆魄和能力,也即经济学家约瑟夫·熊彼特所讲的"创造性毁灭"。综上所述,网络经济一定是创新经济。

由于现代信息网络可用光速传输信息,加之大数据、云计算等技术引致的算力革命,以及人工智能、物联网等技术搭建的神经传导,网络经济实际上是以接近于实时的速度搜集、处理、传输、显示和应用大量的信息,网络化背景下经济节奏大大加快。这也就意味着产品和技术的生命周期越来越短,创新周期越来越缩短。尤其需要指出的是:由于具有巨大的网络外部性,"赢者通吃"的网络产品在市场中的竞争更为激烈,稍有疏忽,即使是昔日的龙头老大,也会很快被淘汰。

因此,在网络经济环境中,竞争越来越成为一种时间的竞争。网络经济是速度经济,网络经济的创新性和速度性决定了网络经济环境下研发的重要性;研发的高投入性和成本沉没性,要求网络经济环境下的融资方式呈现与传统经济不同的特点,即较大程度地依赖风险投资。

2.3.4.5 网络经济是全天候经济——有助于成立未来服务经济下的"自由人联合体"

由于信息网络每天24小时都在运转中,基于网络的经济活动很少受时间因素的制约,可以全天候连续运行。比如,网上商店可以全天经营,一天24小时、一年365天持续营业,网络市场几乎不受时间限制。这种跨越时间限制的网络市场对于工作繁忙、无暇购物的人来说有很大的吸引力。同时,基于互联网的经济活动,把空间因素的制约降低到最小限度。网络市场使世界各国经济的相互依存性空前加强,形成了一个全球化、一体化的市场。

马克思曾经在《共产党宣言》中指出:"代替那存在着阶级和阶级对立的资产阶级旧社会的,将是这样一个联合体,在那里,每个人的自由发展是一切人的自由发展的条件。"① 马克思关于"自由人联合体"和人的全面自由发展的阐述,预言了未来经济社会的目标。传统工业经济社会中,个人作为劳动要素只有受雇于资本,受雇于某个企业,从而获得某个职位,才能生存和发展。从雇员到雇主,再到各级政府,"失业"或"高失业率"都是一个棘手问题。因此,来自各方的努力往往是围绕着找到理想的职位、雇到合适的职员、创造就业岗位而展开。从这个角度看,各方都是不自由的,尤其是作为弱势群体的雇员一方,他们有可能必须到不喜欢的企业、在不喜欢的工作岗位上从事不喜欢的工作。这期间可能还得忍受潜在的失业威胁、日益恶化的交通状况、8小时工作制等的约束。而网络经济这种"全天候经济"最大限度地消除了时空障碍,将有助于人的自由劳动、自由休息、自由发展,使得个人逐渐拥有完全的自主性,最终由能量要素成长为独立的网络基元(Agent)②,自由地与其他网络基元(Agent)组成网络组织。这其实就是未来服务经济的微观载体——"自由人联合体"。

---

① 马克思,恩格斯. 马克思恩格斯选集 [M]. 2卷. 北京:人民出版社,1980:273.
② 详情可参见本书第3章和第5章相关内容。

第3章 网络经济的微观基础——网络基元 Agent

网络经济作为一种新的经济形态,从某种意义上可以直接表述为网络化了的市场经济形态或资本经济形态。然而,作为一种新的经济形态,网络经济的微观基础是什么?是虚拟企业还是网络企业?是企业网络还是网络企业?是网络产业还是跨国公司?由此还可以进一步追问——具有技术和经济二重属性的网络,其本质到底是什么?如果它是一种组织,即网络组织,那么如何理解企业网、局域网、城域网、国际互联网的构成要素、微观机制、运行机理?本章试图把具有技术与经济二重属性的 Agent 作为构成网络经济的基元(始基元素),并通过对其自组织性、自增长性、自主性、联结性、互动性、系统性的剖析,揭示其作为网络经济微观基础的必然性。显然,这种理论上的创新首先要借助研究方法上的创新。本书试图引进基元范畴分析方法为本章内容提供方法论的支持。

3.1 基元范畴及其在当代经济学中的运用[①]

3.1.1 基元与经济学对基元范畴的使用

基元本意是构成世界的基本元素。按照中国人民大学经济学院已故教授孟氧的观点,在经济学中使用基元的方法起始于马克思。对此,他在《经济学社会场论》[②]一书中不仅进行了较为详尽的论证,而且进行了具有现代意义的理解、加工和阐释。在此基础上,孟氧教授本人还采用类比方法,精细地

[①] 杨志. 石油经济学研究的科学方法与理论基础 [M] // 石油问题的政治经济学分析. 北京:石油工业出版社, 2009.
[②] 孟氧. 经济学社会场论 [M]. 北京:中国人民大学出版社, 1999.

处理了基元的复合模型和功能结构，并将其外延到微观社会场、宏观社会社会场以及统一社会场中相关问题的研究。根据中国人民大学经济学院杨志教授的考证①，孟氧教授使用基元类比方法研究经济问题，比基元论哲学工作者使用基元类比方法处理哲学问题大概一点也不晚，甚至还要早。但是，作为一个学术范畴，基元在20世纪80年代才出现在我国自主创新的可拓学及其理论基础基元论哲学中②；在那里，它作为一个基本范畴，承载的是与世界本源相当层次的存在，即物元、事元、关系元的统称，表征的是寓物、事、关系及其特征和量值于一个统一体的组织或框架。

3.1.2 当代可拓学与基元论哲学中的基元范畴

在可拓学和基元论哲学看来，作为一种对世界"始基"层面问题的抽象，界定基元范畴的意义在于：导引人们在认识世界和处理问题的时候，既考虑量，又考虑质，同时还考虑物（质）、事（物）、关系以及这三者之间的比重；更重要的是，引导人们一定要考虑到基元本身也是一个微观系统。不仅如此，由于构成基元系统的三个元素以及三个元素内部的结构都会变化，所以，它本身还是一个具有可变性的系统。因此，可拓学和基元论哲学不仅把基元当作该学术体系揭示客观事物本质、特征以及现象的核心范畴、基本范畴，还把它作为该理论体系的起点范畴。

综上所述，基元是一个由物元、事元、关系元三个基本元构成的复合系统，这种复合系统本身具有向外延伸的属性。因此，基元论哲学把它作为考察基元世界的逻辑起点，可拓学把它作为对矛盾世界进行可拓分析的逻辑起点。像杨志教授将基元作为石油经济学的核心范畴一样，本书将其作为深入而系统地研究网络经济问题的核心范畴。

---

① 孟氧对经济学社会场的研究起始于1981年，但他的专著《经济学社会场论》作为他15年研究经济学社会场的成果却在他去世两年后即1999年才由中国人民大学出版社出版。
② 可拓学的创始人是广东工学院的蔡文教授，2006年1月3日由中国科学院、中国工程院和国家自然科学基金委员会合办的《科学时报》发表题为"可拓学：智能化处理矛盾问题"的文章，对可拓学的科学意义以及发展前景给予了高度评价。

3.1.3 对基元范畴构成要素和内部结构的解说

基元作为一个范畴,是关于"物元""事元""关系元"之本质及其相互关系的理论抽象。

3.1.3.1 物元

物元,是关于承载质与量之信息的物质载体的概念;或者说,是关于构成客观世界基本元素的描述。可用有序的三元组表示:

$$R = (N, c, v)$$

其中,N 表示客观事物,c 表示属性的名称(亦称谓或描述),v 表示 N 关于 c 所取的量值,这三者称为 R,即物元的三要素,这个三元组称为关于物元本质属性的描述。[①] 而动态物元 $R(t) = \{N(t), c, v(t)\} = \{N(t), c, c[N(t)]\}$ 则描述了客观事物随时间的变化。

抽象出物元的本质属性,旨在表征:①物元与物元不仅包含着量的差异,而且包含着质上的差异,其量值 $v = c(N)$ 强调的是某事物的量与质交叉在一起的互动关系,这是在特定条件下质与量区别于其他基元的特有属性;②具有不同特征的物元构成物元世界,物元世界是充满矛盾的客观世界。总之,"物元"是关于"物,特征的名称,物关于该特征名的量值"的思维形式,它表征了人们描述客观物质时,既考虑量变又考虑质变的思维过程。

3.1.3.2 事元

事元,是表征处在一定时空框架中的"物元"的概念;或者说,是动态的物元,即把"物元"置入一定时空框架的描述。作为描述事情的基本元,可以称为一维事元,可用有序的三元组表示:

$$I = (d, h, u)$$

其中,d 为动词,h 为特征,包括支配对象、施动对象、时间、地点、程度、方式和工具等基本特征。如果动词 d 以 n 个特征 $h_1, h_2, \cdots h_n$ 和相应的量值 $u_1, u_2, \cdots u_n$ 描述,则以 n 维事元表示。一句话,作为表征运动中物质的概念,事元就是[动词,特征的名称,量值] $= (d, h, v) = I$。

---

① 蔡文. 物元分析 [M]. 广州:广东高教出版社,1987.

3.1.3.3 关系元

关系元,是对物与物、事与事及物与事的关系的理论抽象;或者说,是对物元与事元及其辨证关系的一种合乎逻辑的引申。从这个意义上说,所谓关系元,就是把关系词或关系符(简称关系名)、关系的属性名及相应的量值构成的有序三元组作为描述关系的基本元,亦称为一维关系元,可以记作:

$$Q = (s, a, z) = (关系名,关系的特征名,量值)$$

其中 Q 是一维关系元,它是 (s, a, z) 的函数,其中 s 为前项,a 为关系词,z 为后项;对关系元而言,它的基本特征名有:前项、后项、密切程度、维系工具、通道、方式、联系频率、地点等,即(前项,关系词,后项)= $(s, a, z) = Q$。

3.1.4 基元范畴表征的属性及其在联结与互动中的重要作用

3.1.4.1 基元范畴所表征的属性

(1) 属性或特征

从系统结构上看,属性是处在本质与现象之间的中间层,这个中间层具有那种亦此亦彼同时又非此非彼的二重性态和二重形态的特征,从这个意义上看,属性就是特征。前面提到的可拓学用"特征元"表征属性或特征的多样性:$M(c, v)$,由某事物之特征的名称 c 和相应的量值 v 组成,表征某物质之特征,并用 n 维物元来描述一个物质具有的众多的特征元 $M(c, v)$。

(2) 本质属性或本质特征

本质属性或本质特征是直接表征与客观事物本质相关的内在特征,是与本质紧密相联的内在规定,通常也被称作事物的固有属性、特有属性或本质特征。本质特征就是在本质层面上显现出来的某一事物区别于其他事物的特质与征兆。

(3) 现象属性或现象特征

它是与现象相关的属性的外在特征,是间接地或经过若干层次才表征本质的特征,它只是入门的"向导",因此也被叫做表象属性、表性属性或现象特征。现象特征就是在现象层面表现出来的某一事物区别于其他事物的特质与征兆。

(4) 属性具有链结和互动转换的功能

属性或者特征具有二重性，它们是既可以和其他事物相区别，也可以和其他事物相联系的中介。因此，无论是在人与自然之间还是在人与人之间的对话过程中，或者在人类模拟这种对话的系统构建中，属性或特征都具有重要的转换功能。因此，属性或特征是内在本质转化为外在形态的中间途径，在这个途径中充满着某种事物从本质到现象演变的中间态。

3.1.4.2 基元的外延性及其可拓性和共轭性

(1) 基元的外延性

外延性是一切能够与基元内涵相契合的客观对象的外部范围。具体地说，就是能够与物元、事元、关系元及其由这三个基本元构架的统一体相契合的所有的客观对象。基元内在属性即内涵的矛盾二重性决定了基元外延的矛盾二重性，而基元外延的二重性既存在于与三个基本元矛盾对立性相联系的可拓性之中，也存在于与三个基本元共居系统相关联的共轭性之中，这种矛盾二重性正是决定基元向外延伸的内在依据。

(2) 基元的可拓性

可拓性是基元的发散性、收敛性、可转换性、可传导性。具体地说，在一定条件下，任何基元都是可拓展的，拓展出来的对象又是可收敛的；同时，在一定的条件下，任何基元都是可转换的，转换出来的对象又是可传导的。发散性表征基元的差异性，基元世界的多样性；收敛性表明基元的同质性，基元世界的统一性；可转换性表征基元变化性，基元世界的动态性；可传导性表征基元系统的互动性，基元世界的串联性。基元可拓性的这些特征既符合基元本身固有的发展规律，也符合人类认识问题、解决矛盾问题的"发散—收敛"的思维发展规律。

(3) 基元的共轭性

共轭性是基元系统的共征性，即基元系统的共同属性。具体地说，共轭性表征的是基元本身共有的物质性、运动性（动态性或动态存在状况）、系统性和矛盾性特征，这个特征是基元系统本身具有的整体性、综合性特征。这个特征既符合基元以及基元世界本身的同一性，也符合从同一性角度认识基元、认识世界的统一性认识论，同时还符合用形式化、定量化的工具把具有差异性的本不相容的问题转化为相容问题，把原本对立的问题转化为共存问题，以及传导矛盾问题求解，提供了方法论上的依据。

3.1.4.3 对基元范畴的小结

第一，基元范畴表征了世界的本源即世界的构成要素，既是多样性与共同性的统一，也是对立性与和谐性的统一。

第二，与以往"始基"范畴侧重表征客观世界的矛盾性和斗争性不同，基元范畴侧重表征客观世界的统一性与和谐性。

第三，基元范畴表征的是处于相互关系中并与外部环境系统互动的诸事物之特征与量值的集合，这种集合实际上也是一个微观的、变动的、既发散又收敛的系统，这与 Agent 作为网络组织的细胞，既具有自组织性（变动）、自增长性（发散），又具有约束性（受制于协定）很像。

第四，基元作为一个系统是开放的，并具有整体性、可拓性、层次性、动态性等外部特征。

第五，基元还是一个可模拟、可操作的系统，是一个能够借助复杂建模方法，再现三个基本元及其相互关系的质、量、度以及特征和量值等要素构成的系统。

综上所述，基元具有普遍的方法论意义，因此把它移植到经济学领域是完全可行的。

3.2 运用基元论研究网络经济的意义

3.2.1 网络经济理论的现实状况

从网络经济研究的历史文献和现实资料来看，尽管以网络经济为题材的著作多如牛毛，但是到目前为止，对网络经济微观基础范畴的理论表述还是一个混沌的表象或模糊的一团。虽然学界已普遍认为，网络经济环境下，扁平化的网络正逐步取代科层式的企业，但对于"网络"本身，人们并没有从内涵和外延上真正界定清楚。在一般的表述中，"网络"既可以代表技术网络，也可以代表经济网络；既可以是企业内部网络，也可以是企业间网络；

既可以表征生产网络,也可以表征创新网络;既可以表征社会网络,也可以表征经济网络;既可以表征虚拟网络,也可以表征实体网络;既可以表征全球网络,也可以表征区域网络。而与"网络"相关的问题,既可能是自然禀赋问题,也可能是科学技术问题;既可能是网络产业问题,也可能是传统产业信息化问题;既可能是贸易问题,也可能是金融问题;既可能是网络管制问题,也可能是放松管制问题;既可以表述为经济问题,也可以表述为政治问题……总之,"网络"因其可以表征的事物和问题无处不在、无所不包,所以在概念上就成为一个"混沌的表象"或"模糊的一团"。

范畴是基本概念,是人的思维对客观事物一般本质的概括或抽象。从抽象层面上看,范畴作为反映某一客观事物本质属性的思维形式,列宁把它称为人们思维网上的"纽结";从现象层面上看,就像语文中的"词"是构成句子最小的"基本要素"一样,范畴是构成理论体系的最小"基本要素"。就范畴与理论体系之间的关系而言,范畴不仅是构成理论体系的基本元素,还是编织理论网络的"节点"。客观世界是充满差异性的,因而理论系统也是充满个性的。然而,像客观世界统一于物质和运动一样,每门理论系统或理论网络也统一于范畴与范畴之间的联系和运动。在当代,范畴作为对速变客观世界在人们思维中的映射形式,也会与时俱进地发生变化和变形,在这种变形的过程中,范畴自身与范畴和范畴之间的关系,既会相互排斥也会相互融通,它们在互相对立又互为中介、互相区别又互为转换的相互联系中,从不同的角度和层面描述着对运动着的客观世界的看法。没有范畴,不仅没有理论体系,甚至连最基本的叙述和推理也不能进行;没有范畴,人们所面对的客观世界就是混沌的表象,人们无法与它对话,人们之间也无法开展对它的对话。[①]

从学理的角度看,"网络"作为一个"混沌的表象"是不能作为学术范畴的。因为,作为一个范畴,一方面,它什么都是,或者说它的内涵无限;另一方面,它什么都不是,或者说它既没有揭示内涵也没有说明外延。所以,

---

① 杨志. 石油经济学研究的科学方法与理论基础 [M] // 石油问题的政治经济学分析. 北京: 石油工业出版社, 2009.

它实际上并没有承担作为范畴的使命,因为范畴是揭示本质的,而本质是单纯、简单的。显然,从构建网络经济学理论体系的角度来看,这种状况必须扭转,因为所谓的理论体系,不过是借助范畴进行逻辑推理的过程,或者说是借助逻辑表明范畴与范畴之间的内在联系。如果作为范畴的"网络"还是"混沌的表象""模糊一团",那么如何能够建立体系呢?

3.2.2 基元论与网络经济系统

的确,到现在为止,还没有发现学界有谁从经济学的特定视角(包括从其他社会学科的角度)回答"网络"作为一个经济学范畴到底意味着什么,即并没有人明确指出网络经济学的定义是什么,它的内涵是什么,它的外延又是什么;同时,也没有发现有谁把"网络问题"作为一系列范畴与范畴联系起来的复杂命题,进而去揭示它的构成要素是什么,要素与要素之间的相互联系是什么,以及它们相互联系的依据和机制又是什么。无须回避,我国对网络经济问题的研究一直处于现象描述阶段。

这种状况表明:当前研究网络经济及相关问题的一个首要任务,就是从"混沌表象"中抽象出一系列范畴(群、簇),以科学地表达"网络"范畴所内涵的抽象本质、所具有的中介特征、所表现的多重现实形态到底是什么。显而易见,借助基元论哲学和基元分析方法完成这个任务是可行的。因为从经济学的特定视角来看,在一个特定的时空条件下,网络是一个既有组织内容,又有技术内容和经济内容的因素,因此,它很符合关于经济基元要具有物元、事元、关系元这三元素的规定;同时,关于网络复杂多样的描述恰好说明网络基础本身既具有差异性与同一性相统一的品质,也具有可拓性(自组织、自增长性)与共轭性(联结性、互动性)相和谐的特征。

3.2.3 可拓学与网络经济学研究

网络经济微观基础及相关问题被表述为"模糊一团",也具有二重含义:一方面,表明当前对与网络经济相关问题的研究越来越多,并达到从无序向有序的转化之前的"团状"阶段;另一方面,预示网络经济微观基础问题研究已到达从无序之"模糊一团"向有序之"整体系统"转化的关节点,因而需要借助一个构架网络经济微观基础系统的方法。显然，这个方法应该能有助于学界搞清楚——构架网络经济微观基础系统的基本要素是什么，有哪几个种类，它们之间的内在联系是什么，它们借助什么机制将内涵向外伸延，以及借助什么样的系统功能最终演化成为一个有层次和有结构的系统。应该说，可拓学的研究方法完全有可能帮助我们搞清楚这些问题。

可拓学是在基元论哲学基础上逐渐发展成为一种观察或认识矛盾问题的思想方法、分析或解剖矛盾问题的技术模型以及解决或缓解矛盾的工艺工程。可拓学坚持把基元看作可拓信息的基础信息；可拓学模式坚持把变换看作变化信息，然后通过变换使矛盾问题转变为不矛盾问题。在可拓学的分析框架中，基元在与外部环境的相互影响和相互作用中，其可拓性和共轭性不仅会外延，而且在外延中逐步演化成一个复杂的系统，而这个系统本身也是可变化和可变换的。

3.2.4　Agent 与网络经济学的核心范畴

3.2.4.1　实践依据

网络经济活动不是抽象的而是具体的，不是零碎的而是全球化的。本书第1章和第2章的研究内容已经表明，在当今全球化的网络经济体系中，"网络"无论是在网络商品、网络商品价格、网络市场、网络信息、计算机网络中，还是在网络经济、网络组织、网络企业、网络产业、物流网络中，都扮演着重要角色，它已经成为当今国际分工和国际贸易体系无法或缺的生产方式和经济形态。然而，众所周知，网络及其相关问题本身是一个极其复杂的系统，这个系统与极其复杂的世界经济政治环境系统之间存在着超复杂的互动关系，而所有这些极其复杂的关系所表征的一切新特点、新问题，都始于网络本身所承载的新内容。因此，"网络"是人们在当今已信息化、全球化的经济活动中遇到的最大量、最普遍、最经常，从而也是最典型的问题——它是表征当今世界之"存在"、之"环境"的基本形态。因此，笔者把"网络"确定为构建本书的基本范畴是符合理论与实践相结合的学术原则的。

3.2.4.2　理论依据

网络经济学理论作为对经济活动的理论抽象，应该以能够承载网络经济活动中最大量、最经常、最普遍，从而最典型的新问题的范畴为逻辑主题。由于网络信息是全球化背景下各国经济活动中最基本的生产要素，它的生产、流通、分配和消费问题，以及与此密切相联系的世界经济结构及其变化等问题，不可能不是当今世界经济理论研究的主要课题。如果从更为广阔的经济学体系的视角去看，即无论是从政治经济学研究经济关系和利益关系的角度，还是从西方经济学主流学派研究如何进行稀缺资源选择和配置的角度去看，无论是从企业经济学、产业组织经济学、公共选择经济学的角度，还是从新制度经济学、新经济地理学、新贸易经济学的角度去看，网络所承载的多重层面的问题都可以纳入这些经济学研究的框架之中。因此，受其自身固有的本质属性的支配，"网络"不仅是一个可以从基元出发逐渐外延出庞大的网络经济理论体系的范畴，而且是一个可以与当代经济学理论体系各学科相互融通的理论枢纽。因此，把网络基元界定为当代自然与社会交错运动的大系统中的基元，以及反映这个系统内部结构和运动规律的经济学的构成基元，无论在理论上还是在实践上都是可行的。

3.2.4.3 对 Agent 作为网络基元的解说

网络基元是网络经济中具有始基意义的构成要素，是集物元、事元、关系元于一体，具有自然与社会二重属性的基本元素。网络基元便是第 2 章提到的作为构建网络经济微观基础的 Agent。换句话说，网络基元与 Agent 是等价的。

理解网络基元的内涵，需要从以下四个层面理解如下几个概念：①从自然与社会交错运动的二重角度理解全球化的世界经济活动；②从物质和能量与价值和价格的二重角度理解网络经济框架中的经济财富；③从物元、事元、关系元统一于一体的角度理解网络基元的内涵与外延；④网络基元是构成网络组织的最基本元素。

3.3 网络经济微观基础解说

一般说来，从学理的视角把握研究对象需要有三个层次：本质（要素、结构）、属性（层次、特征）、现象（表象、形态）。如果说本书前两章是从现象和属性层面对网络经济这一研究对象进行考察,那么本章特别是本节,则是从本质层面对网络经济进行解剖。本书独创性地将 Agent 定义为网络基元,并借助所引入的基元论方法,从物元、事元、关系元之三个维度对网络基元 Agent 进行剖析,目的在于揭示网络的本质以及同其属性与形态之间的内部关系与内在联系。需要指出的是,由于把基元论方法引进网络经济学研究,把 Agent 设定为网络基元,迄今为止在学界还没有相关研究,换句话说,把 Agent 设定为网络基元具有原创性,因而并不一定为学界所认同,在这里,本书不得不将本不属于理论叙述之必须的思维过程以及所借助的资料表述出来,以得到读者的理解与斧正。

3.3.1 关于 Agent 的一般评说

3.3.1.1 对 Agent 的语义辨析

从应用语言学或语义学角度分析经济范畴,是当代经济学方法中的一个重要分支,因为这种方法能够让研究者从语言或语义的演化中理解人们对这一话语所承载的客观事物演化的过程及其本质。Agent,在英文的语义上有二重含义:一方面,是一种信息技术或网络技术,即那种借助计算机网络而实现代理的技术;另一方面,是"代理人"。作为技术术语,是指代理智能体的含义;作为经济术语,是指委托代理中的代理人的含义。总之,Agent 的二重含义正好契合网络所具有的技术与经济的二重性。

3.3.1.2 技术框架中的 Agent

近年来,Agent 技术得到了空前的发展,由于这种技术正处在蓬勃发展时期,现阶段实在不好定义,正像对一个刚刚年满 18 岁的青年人不好对他做人的本质给出定义一样。然而,依然有人对 Agent 技术发表意见。

(1) 对 Agent 比较有影响力的定义

其一,大卫·莱恩(David M. Lane)和安格斯·莫发金(Angus G. Mcfadzean)认为,Agent 是一个具有控制问题求解机理的计算单元,它可以是一个机器人、专家系统、过程、模块或单元等[①]。其二,米歇尔·伍尔德里奇(Michael

---

[①] David M. Lane, Angus G. Mcfadzean. Distributed Problem Solving and Real-time mechanism in robot architectures, Engineering Applications of Artificail Intelligence, 1994, 7 (2), 105-117。

Wooldridge）和尼古拉斯·詹宁斯（Nicholas R. Jennings）认为，Agent 是拥有自治性、社交能力、响应性、主动性的系统[1]。其三，约夫·肖哈姆（Yoav Shoham）认为，一个状态包含了诸如信念（belief）、承诺（commitment）、决定（decision）和能力（capability）等精神状态（mental state）的实体便是 Agent[2]。其四，弗里曼（E. H. Freeman）针对一类特定应用领域对 Agent 做了更为详尽的定义：在一类称为约束满足的问题领域中，其中的元素可以非常自然地表示为相互作用的自主知识库，即 Agent。Agent 可用八元素来表示如下：

$$Agent = (m, k, a, I, 1, s, r, g)$$

其中每一组元分别表示方法、知识、属性、推理机制、语言、消息传送操作、消息接收协议和全局知识等功能成分，它们共同组成了 Agent[3]。Agent 是分布式人工智能的一个基本实体，将推理与知识表示相结合，具有知识、目标和能力，在一定环境下能独立自主的运行，作用于环境也受环境影响，且能不断地从环境中获取知识以提高自己的能力，是具有自主性、社会性、反应性和能动性的计算机硬件或软件系统。[4][5]

可以说，上述定义表明一个事实，定义者来自不同学科领域，拥有不同学术背景，并在不同学术框架下对 Agent 进行研究，因而从不同的视角给 Agent 以定义。其实，同样的情况也适用于翻译者。因此，Agent 拥有许多中文译名：智能体、智能软体、软机器人、自治体、主体等。正是基于此，本书将直接采用英文 Agent 而不采用其中文译名。然而，这并不妨碍我们从中文语义对 Agent 进行研究。这种研究使笔者发现，不管将 Agent 译成智能体、智能软体，还是译成软机器人、自治体、主体，其实，这些概念都已经表明 Agent 是一个拥有独立、自主的智能，并具有可拓、共轭之功能的技术单元、

---

[1] WOOLDRIDGE M, JENNING N R, Intelligent agents: theory and practice [J]. The Knowledge Engineering Review, 1995, 10 (2), 115 – 152。

[2] SHOHAM Y. Agent oriented programming [J]. Artificial Intelligence, 1993 (60), 51 – 92

[3] 姚郑，高文. 面向 Agent 的程序设计风范 [J]. 计算机科学, 1995, 22 (6): 7 – 11。

[4] 胡代平, 刘豹. 基于 Agent 的预测支持系统的设计 [J]. 管理科学学报, 1998, 4, 82 – 86。

[5] 刘炜, 陈俊杰. 一种基于 Agent 的智能元搜集引擎框架 [J]. 计算机工程于应用, 2005, 3: 137 – 138, 211。

物理实体、信息系统。

(2) 对 Agent 的几种分类

1996 年，海辛斯·恩瓦纳（Hyacinth S. Nwana）从不同视角出发，对 Agent 做了几种不同的分类。[①] 其一，流动性（mobility）。按照是否具有在某类网络中进行流动的能力，将 Agent 分为静止和流动。其二，思考性（deliberative）。按照是否基于知识表示和符号推理来规划和协调自身的行为，将 Agent 区分为思考型（deliberative）和反应型（reactive）。其三，展示特性（exhibit attribute）。根据 Agent 所具有的展示特性分类，可识别出理想 Agent 的基本特性至少有三类，包括自治性（autonomy）、学习性（learning）和合作性（cooperation）。其四，角色分类。按照 Agent 所扮演的角色，可将 Agent 分为信息服务、执行任务等。

(3) 基于 Agent 的建模思想

传统的科学研究途径主要是归纳与演绎。归纳是通过对观察数据（如调查数据）的研究发现各种模式，演绎则是在一系列假设公理的基础上推导逻辑结果。与之相对，基于 Agent 的建模仿真则被认为是现代科学研究的第三条途径。[②] 基于 Agent 的建模是以一系列假设公理为基础，根据一套严密而又明确定义的规则去研究模型中 Agent 之间的交互本质，所以它是一种"思想试验"的手段，目的在于为决策人员的直觉提供帮助。采用基于 Agent 的建模方法，通过对复杂系统中的基本元素及其之间交互的建模与仿真，可以将复杂系统的微观行为和宏观"涌现"现象有机地结合到一起，是一种自顶向下分析、自底向上综合的有效建模方式[③]。

(4) 对技术框架中 Agent 的评价

从前述网络经济系统模型（见图 2-10）可以看出，网络经济的发展趋势是参与的实体越来越多并越来越具有多样性：从制造商、供应商、客户的

---

① NWANA H S, Software agents: an overview [J]. The Knowledge Engineering Review, 1996, 11 (3), 205 – 244.

② ROBERT A, Advancing the Art of Simulatton in the Social Sciences [J]. Complexity Magazine, 1987, 3 (2).

③ 廖守亿, 戴金海. 复杂适应系统及基于 Agent 的建模与仿真方法 [J]. 系统仿真学报, 2004, 16 (1).

供应链、价值链式结构,到制造商、供应商、客户、竞争者、辅佐者的供应链网络、价值链网络相融合的经济网络式结构,再向产业集群、研究机构群、政府、服务机构群联结的区域创新网络结构演变。另外,在网络经济框架下,实体之间的资源流越来越丰富:从初期的物质流、资金流转向现在的物质流、资金流、知识流、信息流、技术流共存、发展的局面。因此,网络经济系统确实是一个超复杂的巨大系统。

网络(组织)作为网络经济的载体,是由若干个自主活性的节点,也即具有决策活性的智能体构成,所有智能体都具有自治性、可通信性、适应性和能动性特征,通过互相之间以及与环境之间的"流"的交互作用,网络组织不断演化,呈现出复杂适应系统特征。由于复杂适应系统的研究可以采用基于 Agent 的仿真方法[1],即建立复杂适应系统的模型并在模型上实验,本书认为该方法对研究网络经济内部的微观机制和运行机理可提供方法论意义上的借鉴。

3.3.1.3 市场经济框架中的 Agent

毫无疑问,传统市场经济的微观基础是企业。然而,网络经济是在世纪之交形成并发展起来的新的经济形态,这种新经济形态的微观经济体已经不是企业,而是一种表征新经济力量的作用者,即 Agent[2]。众所周知,Agent 的基本含义是"替代者""代理人",而在崛起的网络经济中,它被赋予了一种新的内涵——经济作用者。值得注意的是,作为经济作用者,Agent 承载和表现出来的生产力和竞争力既可以是跨国公司或国家的,也可以是由若干 Agent 联结与互动形成的网络的。Agent 之所以被视为网络经济框架中的微观基础力量,是因为它作为经济作用者,其使命就是发挥生产力和竞争力,而丝毫不去考虑它是公司的经济作用者,还是区域或国家的经济作用者。

曼纽尔·卡斯特认为[3],新经济之所以是信息化的经济,是因为在这种经

---

[1] 王正中. 基于演化的复杂系统建模与仿真研究 [J]. 系统仿真学报, 2003, 15 (7): 905 - 909.

[2] 曼纽尔·卡斯特在《网络社会的崛起》中也提到了 Agent, 并将之称为经济作用者。但是他说的 Agent 包括公司、区域或国家,而不是单指微观经济体,因此与本书所指不同,下面会对之进行重点评述。

[3] 曼纽尔·卡斯特. 网络社会的崛起 [M]. 北京: 社会科学文献出版社, 2006, 71.

济体内，单位或作用者（Agents）（不论公司、区域或国家）的生产力与竞争力，基本上是看它们能否有效生产、处理及应用以知识为基础的信息而定。之所以称为全球的，乃是因为生产、消费与流通等核心活动，以及它们的组成元素（资本、劳动、原料、管理、信息、技术、市场）是在全球尺度上组织起来的，并且若非直接进行，就是通过经济作用者之间连接的网络来达成。在此基础上，笔者进一步认为，网络经济环境下，特定企业并非天然就是 Agent（经济作用者），企业是否能够成为经济作用者，关键看它是否能够有效地组织生产、处理、应用以知识为基础的信息。网络经济环境下，Agents 成为生产、消费、流通等活动及其构成元素（资本、劳动、原料、管理、信息、技术、市场）的载体；在全球化框架下发挥配置要素、组织生产及经济活动的微观组织作用的，并不是跨国公司（包括企业）这些直接经营者，而是借助 Agents 联结的网络。因此，在这时，在这里，即在这个时空框架中，可以把 Agents 理解为"替代者"和"代理人"。不过，与传统市场经济中的"替代者"和"代理人"不同，它们首先必须是信息化、智能化、网络化的经济作用者，然后才能作为网络经济框架中的"替代者"和"代理人"而发挥作用。

在卡斯特那里[①]，网络经济之所以是以"网络"命名的，是因为在新的历史条件下，生产力的增进与竞争的持续都是在企业网络之间互动乃至全球网络中进行的；如果没有信息技术和网络技术提供的不可或缺的物质基础，就不会有以网络为基础的新的经济形态，包括网络组织形式。一句话，是信息、网络、智能等高新技术革命以及它们之间的历史扣连，才催生了一个全新而独特的网络经济系统。

从卡斯特上述观点中至少可以看出三个观点：第一，新经济形态的技术基础是网络——企业网络、区域网络、全球网络；第二，网络是由经济作用者（Agent）之间的联结和互动构成的；第三，Agent 代表公司、区域或国家。本书认为：第一点虽不能说是错误的，但在语义上有同义反复之嫌，同时也没有揭示出网络经济之微观基础的本质特征。因为从组织角度而言，企业、区域、世界均被表述为网络，再说网络是新经济的微观基础，既不科学也难

---

① 曼纽尔·卡斯特. 网络社会的崛起 [M]. 北京：社会科学文献出版社，2006：71.

以令人一目了然。相反，第二点和第三点，用 Agents——经济作用者来阐释网络经济之微观基础及其相互关系，既表现了网络经济微观基础之特征，也能彰显其本质。

3.3.1.4 作为基元的 Agent 本质上是一个"构造"——或"框架"或"组织"

在这里，笔者再次强调，基元作为基本元素，其本质不是一个元素，而是几个元素组成的一个"结构"、一个"框架"。只有这样理解基元，才能理解 Agent 作为网络基元，既能够自组织、自增长，也能够相互链接、连接、联结、互动；既具有自主性、可控性，又具有利他性、共生性。

何谓能够彰显网络基元 Agent 的构成要素呢？简单地说，它就是以"横""竖""点"为架构，以通信设备、通信线路、通信协议、信息交换方式、信息操作系统为架构要素，以经济信息和经济资源为共享和交换要素的一个框架性组织。所谓"横""竖"，从技术属性上看，就是支持经济信息流动的"通讯线路"，或者说是信息传递的"空间距离"；从经济属性上看，就是实现买者与卖者之间、供给者与需求者之间、生产者与消费者之间进行交换的"路径"，或者说是"市场距离"。所谓"点"，从技术属性上看，就是通信系统中的技术节点、可拓点、共轭点；从经济属性上看，就是买卖之成交点、供需之均衡点、厂家与客户之相切点。因此，从最抽象的意义上说，所谓网络基元 Agent——经济作用者，就是以通信技术和计算机技术为支持系统，以通讯协议和经济合同（协议）为经济活动之作用范围，具有搜集、存储、传递、分析、处理经济信息（流）之功能，并能对信息流和资源流（包括商品流、价值流、资本流、增殖流）实行智能化管理，以实现其全球化流动的微观组织。

3.3.2 网络基元 Agent 的特殊性

3.3.2.1 网络基元 Agent 的自我复制、自我繁殖

由于 Agent 在技术上能够作为自主节点，在经济上是能够发挥自主作用的经济作用者，Agent 作为网络基元，是构成网络经济系统的细胞，因而能够成为网络经济的微观基础。借用生物学的语言，细胞本身是生物体最基本的单位，细胞是自主、开放的系统，能与外部环境交换信息、能量和物质。细胞内部包括细胞膜、细胞质、细胞核等。而特定生物机体的形成就是由细胞到组织，再到器官，再到整个生物体的过程。细胞、组织、器官、生物体各个层级都具有活性，都具有新陈代谢的生命特征，都具有从生到死的生命特征。需要指出的是，网络基元 Agent 是一个干细胞，就像生物学意义上的干细胞在一定条件下可以直接进行"无性繁殖"，克隆出母体的复制品一样（如克隆羊多米），Agent 在一定条件下也会以"无性繁殖"的方式进行自我复制、自我繁殖；并且，正是有此特质，它才具有自组织性、自增长性、自主性、联结性、互动性等特征。

网络基元 Agent 自我演化之结果是形成不同层级的网络组织。图 3-1 形象地描述了网络基元 Agent 的自我演化，它既刻画出了 Agent 的自我复制、自我繁殖的特征（自组织、自增长等特征），又刻画出了其实现机制——不同层级的技术和经济上的授权构成的授权体系。关于此部分内容，本书将在稍后和第 4 章中详细阐发。

3.3.2.2 网络基元 Agent 可以有无数种具象形态

如果将 Agent 具化为企业，则 Agent 本身作为企业内部网络，作为基本单位，继而形成企业间网络，继而是整个经济体。如果将 Agent 具体化为自主计算机网络（可以理解为人工智能体），它所形成的各个层级的网络可以为不同层次的经济网络（如企业内部网络、企业间网络、网络经济整体）提供强大的技术支持。Agent 与有生命体征的细胞一样，是具有自主性、开放性和活性的系统，能与外部环境交换物质、能量和信息。

对于 Agents——经济作用者在市场经济框架中所表现出来的特征及其本质，迪肯在其《全球性转变——重塑 21 世纪的全球经济地图》一书中有很深刻的论述。他认为，伴随着"网络"这样一种新的生产方式的出现，一种新的经济组织形式——灵活企业网络——正在出现，其中几乎包含生产链所有的职能，除核心协调和控制智能外，都压缩成独立的企业，但它们的最终产品还是以旗舰企业的品牌销售。这些动态和灵活的企业网络囊括了独立企业之间的各种复杂关系，每一个企业都在一个协调网络发挥特定作用。这种网络比传统的转包、战略联盟以及一体化网络结构又前进了一大步。在一个灵活的网络中，特定生产和分配序列的所有方面——整个企业系统，而不是部

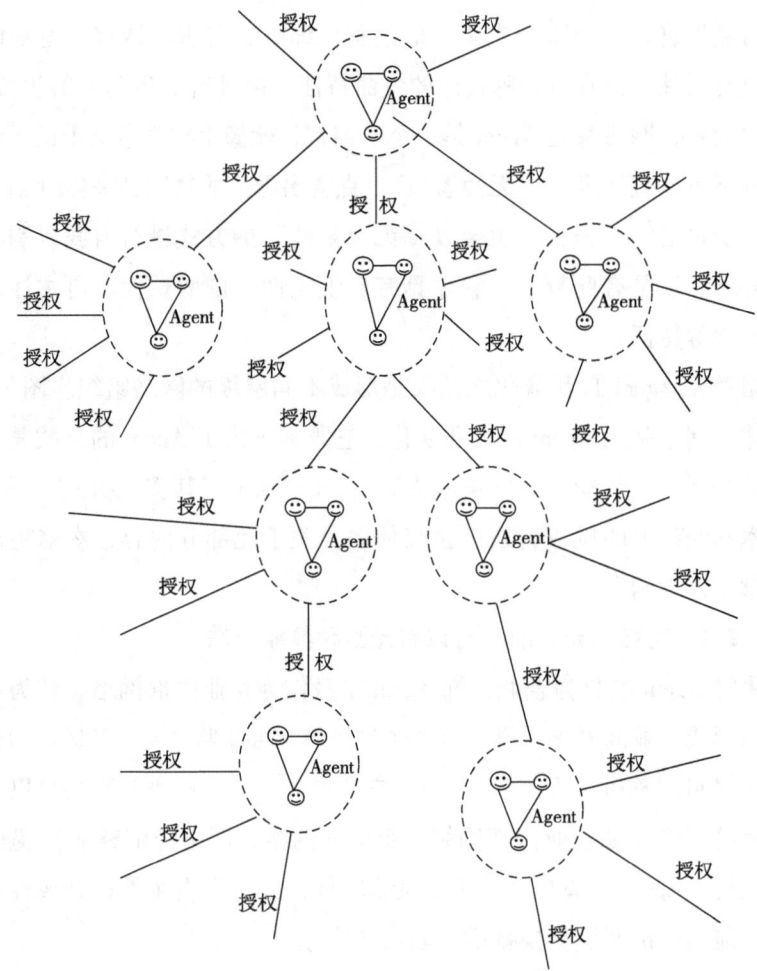

图 3-1 网络基元 Agent 的自我演化结构图

分系统——都被囊括在内。从组织上看,这个结构是相对"扁平"的、非等级的。这种灵活网络的核心在于其成员都是单独的企业,不具有共同产权。独立与半独立的企业之间以高度信任以及一些需要很长时间才能形成的东西为基础,建立了协作关系结构,但是这并不意味着网络中不存在权力差异,它们的确存在着。

迪肯还认为,跨国公司是嵌入在由许多其他企业组成的外部关系网络中的,这些企业包括跨国的和国内的、大型和小型的、公营的或私营的。

跨国公司可以被看作是一个"位于关系网络中心的密级网络"。换句话说,所谓的企业内部与外部的界限已经变得越来越模糊。通过这种相互连接,一个国家非常小的企业可以直接与全球生产网络相联接,而许多小企业通常只能服务于一个非常有限的地理区域。不同规模和类型的企业之间的这种相互联系,越来越多地跨越了国家界限,并创造了一套从地方到全球的地理网络关系。这些企业间关系也是编织全球经济所需的重要丝线。通过这种联系,组织之间以及全球经济不同单元之间的联系被传播开来。

3.3.2.3 网络基元 Agent 借助"协议"与"拓扑"实现互动与互连

在理论意义上,Agent 借助"无性繁殖",可以克隆趋于无限的 Agent。但在现实中,Agent 的"无性繁殖"会受到协议和拓扑的约束。[1] 换句话说,Agent 必须借助协议和拓扑才能组成不同层级的、更大、更复杂的网络系统;特别是从网络互连的角度看,协议和拓扑是 Agent 演化为 Agents 的关键因素。从技术角度而言,计算机网络(见图 3-2)的网络体系结构[2],其关键要素就是协议和拓扑。[3] 所谓协议,就是规则的集合,它规定了网络的不同部分是如何交互的,从而保证设备彼此之间能够通信。比如,网络源地址和目标地址的规则描述了发送的数据里应该包括的路由信息,以保证数据正确抵达指定的设备。协议的分类有许多,但在网络工业里基本分为两类协议:①低层协议。通常在 OSI 模型的物理层和数据链路层操作,这些协议规定网络的基本的物理和逻辑特征。②高层协议。通常在 OSI 模型的网络层和以上层操作,这些协议规定网络内部更复杂的逻辑结构。互联网通常是由高层协议实现的。协议与体系结构一样对所有厂商都是开放的。比如:①Xerox Network Systems

---

[1] 物理学家兼经济学家杰弗里·韦斯特(2018)在其著作《规模》中揭示了复杂世界的简单法则,该书认为,万物都按照一定的幂率实现自增长,但并不能无限增长,而是受到一定规模的限制。

[2] 计算机网络体系结构是指通讯系统的整体设计,它为网络硬件、软件、协议、存取控制和拓扑提供了标准。网络体系结构目前广泛采用的是国际标准化组织(ISO)在1979年提出的开放系统互联(OSI)的参考模型。OSI 模型用七个功能层次描述网络的结构,包括应用层、表示层、会话层、传输层、网络层、数据链路层和物理层。它的规范对所有厂商是开放的。此外,许多著名的计算机厂商都有自己基本的通讯结构,它保证自己生产的计算机彼此之间能够通讯。

[3] 近年兴起并具有燎原之势的区块链技术也离不开协议和拓扑。区块链技术由于能解决经济活动中各经济作用者之间的信任问题,将会与以互联网技术为代表的信息技术相结合,共同为网络经济提供更加完善的技术支持平台。

(XNS)协议是为微机局域网的实现设计的基本协议,它还便于局域网与主机之间的通信。②Transmission Control Protocol/Internet Protocol)(TCP/IP)是工业标准,它规定了一组高层协议。TCP/IP 协议在互联网协议里占据主导地位。而所谓拓扑,是指网络上的设备之间的连接形式。基本的局域网络拓扑类型包括:①总线拓扑[所有设备连接到干线电缆,干线电缆构成网络的总线,或中枢(backbone)];②星形拓扑[所有设备连接到一个中心点,此中心点称作网络的集线器(hub)];③环形拓扑[所有设备彼此串行连接,就像连成链一样,构成了一个回路或称作环(ring)]。实际的网络拓扑则可能是由这些基本拓扑类型混合构成的。①

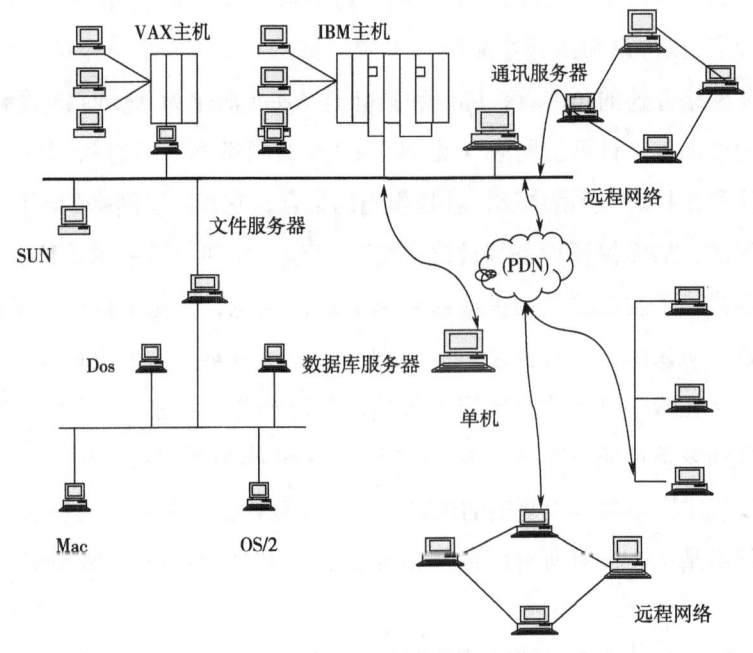

图 3-2　典型的计算机网络系统②

---

① 本段内容参考:顾红. 网络工程的规划和设计[M]. 北京:科学出版社,2012:2.
② 改编自:顾红. 网络工程的规划和设计[M]. 北京:科学出版社,2002:1:图1 综合计算体系结构.

从经济角度看，各种网络组织，其网络体系结构的关键要素也是协议和拓扑。经济视角的协议仍然是各种规则的集合，不仅包括网络系统内部各成员企业之间正式或非正式的合作协议，还包括国际组织、区域组织、国家政府、地区政府等机构制定的协议、协定等。而所谓经济视角的拓扑，实际上是指网络组织内部各个成员企业之间的相互关系，即网络结构（金字塔层级式、扁平非层级式或二者过渡态）。网络经济事实上就是由各种复杂的组织内和组织间网络，包括跨国公司网络、战略联盟网络、转包关系网络以及其他新组织形式的网络（如灵活虚拟企业网络等）构成的。网络内部企业合作的方式见图3-3。

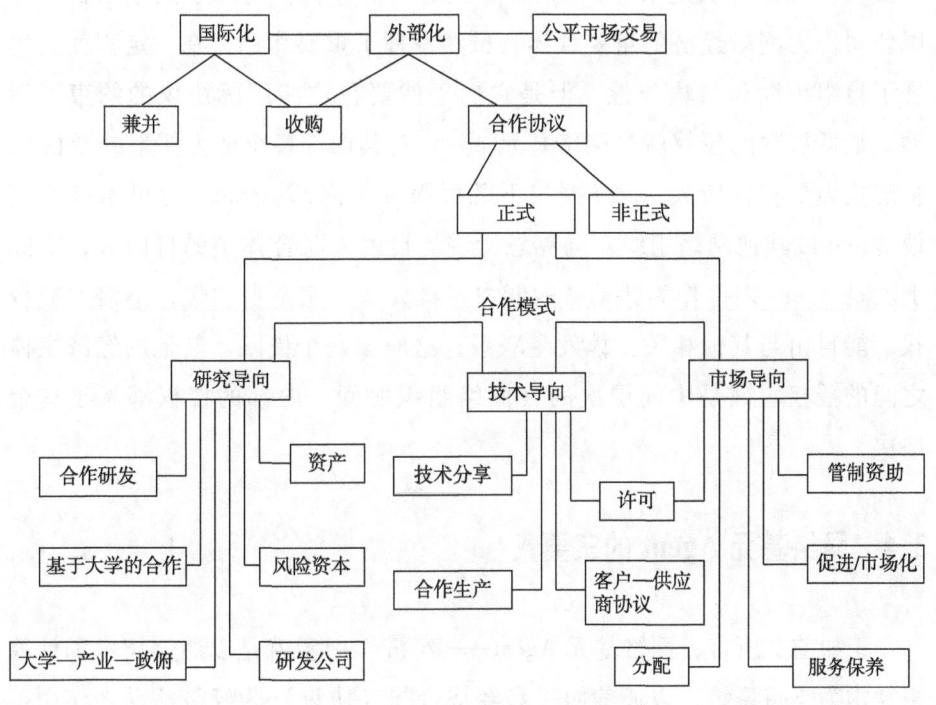

图3-3　企业间合作的类型[①]

---

① 彼得·迪肯. 全球性转变——重塑21世纪的全球经济地图 [M]. 北京：商务印书馆，2007：221.

尽管"虚拟企业"越来越成为人们关注的焦点，但不得不承认，至少在很长一段时间内，世界仍然没有变平，国家、跨国公司和各种国际组织、区域组织等力量仍然在起决定性的作用；网络经济大系统中，各个企业仍然有高低贵贱之分。经济协议和合同的种类有很多，并且分为不同层次，这就决定了按照这些框架协议连接起来的框架组织具有多种形态的拓扑。

网络经济条件下，最高层级的协议事实上是国家之间在世界范围内相互之间利益博弈的结果，从关贸总协定到 WTO 规则、乌拉圭协议、多哈回合框架协议等。事实上，类似气候变化方面的一些看似非经济领域的国际协议（如京都议定书等），只要有经济利益存在，也属于这个层面。跨国公司作为网络经济的重要载体，虽然发挥了重要作用，在一定程度上体现了自组织性和自增长性，但是它们仍然要在这些国际协议的约束下活动。最低层次的授权就是网络基元 Agent 对其内部各个能力要素的授权[①]，特定能力要素在所属 Agent 授权下既可服务于内部 Agent，也可服务于其他 Agent 或其他网络组织。马克思所讲的自由人联合体中的自由人，实际上就是 Agent 内部作为劳动者的能力要素具备了完全自主性，不需要被授权，能自由与其他相关主体发生联系，这应该是个极限。其他的经济主体之间的授权应该是中间层次的（网络组织之间、内部的授权都属于这个层次）。

3.4 网络基元 Agent 的三要素

正如前文所言，网络基元 Agent——经济作用者就是以通信技术和计算机技术为支持系统，以通信协议和经济合同（协议）为经济活动之作用范围，具有搜集、存储、传递、分析、处理经济信息（流）之功能，并能对信息流和资源流，包括商品流、价值流、资本流、增殖流，实行智能化管理，以实现其全球化流动的微观组织。从基元论出发，可以将网络基元

---

① 关于授权体系，本书在第 4 章将有详尽阐述。

Agent 进一步解构为 Agent 物元、Agent 事元、Agent 关系元，从而获得对网络经济更深入的理解。

3.4.1　Agent 物元

从基元哲学论的角度看，物元是对承载质与量信息的物质载体的称谓。笔者将 Agent 物元定义为技术网络，包括各种通信设备、通信线路和通信协议等，它是承载信息流、物流、商品流和货币流的载体，通过通信技术和计算机技术为经济组织的相关活动提供技术支持。[①] 如果将网络基元 Agent 具化为企业，我们可以从内联网、外联网和互联网的角度描述 Agent 物元。

企业内联网（Intranet）是指在互联网（Internet）的技术基础上，将传统的企业网与英特网相结合的新型企业内部网络。它是在传统的企业办公自动化系统和管理信息系统的基础上，采用英特网的 TCP/IP 协议标准以及 WWW 技术和设备，构筑或改建的企业内部互联网。内联网可以使企业充分有效地利用带宽，利用虚拟网迅速创建具有一定伸缩性的信息交流平台，企业内部员工通过这一平台可以进行有效的联机工作，共享数据和信息，相互协作、交流、讨论，便捷地共同完成某些特定的工作。内联网不仅提供了比传统的企业网络更加完善的服务，还可以提供 Web 信息服务应用以及连接数据库等其他应用服务，它既是具有独立体系的企业内联网络，又可以接入英特网，从而成为互联网络中的一部分。企业内联网（Intranet）是私有网络，通过防火墙与企业以外的网络相对隔离。内部与外部信息的沟通首先要经过防火墙授权，同时防火墙自身对入侵是免疫的。这样，内联网提供了一个相对封闭或是不平衡的单向网络环境。这个网络在企业内部是分层次开放的，内部拥有使用权限的人员访问内联网不受限制，但对于外来人员进入网络则有着严格的授权限制。内联网完全可

---

① Agent 物元作为技术支持网络，更严格地讲，应该包括各种交通设备、交通线路、交通协议、通信设备、通信线路和通信协议等，它是承载信息流、物流、商品流和货币流的载体，通过物流技术、通信技术和计算机技术为经济组织的相关活动提供技术支持。本书为了研究方便，暂将技术支持网络限定为计算机网络，未来的后续研究中将致力于解决此问题。

以根据企业的需要来控制。在网络内部，所有信息和人员实行分类管理，通过设定访问权限来保证安全。比如，对普通员工访问受保护的文件进行授权及鉴别，保证只有经过授权的人员才能接触某些信息；对受限制的敏感信息进行加密和接入管理等。

外联网（Extranet）是把互联网（Internet）技术应用于几个密切相关的企业之间的网络，这种介于公有和私有性质之间的网络可以归结为一个虚拟企业的内部网络，是 Intranet 的延伸和扩展。外联网首先是作为内联网的补充出现的，在存在安全问题和各自的内部网技术构造不相同时，作为紧密联系的相关企业常常需要一个交换，诸如采购订单之类信息的技术性和业务性的缓冲区，这种客观的需求和网络技术的发展共同催生了外联网（Extranet）。外联网被视为企业信息系统的一种新的应用形态，是企业之间为了满足安全交流、合作和商业需要而对英特网技术的使用。通过外联网，可以将交易地点、合作地点以及与本企业有业务往来的企业、相对稳定的客户等纳入企业信息系统中来。外联网采用防火墙等技术，将它与企业内联网上的重要资源隔离开，以保证企业内联网的安全，避免黑客的侵入。它允许企业的客户和贸易伙伴获得企业内联网上的一些重要信息，在保证企业内联网核心数据安全的同时，扩大了网络访问的范围。企业根据自身需要，可以对信息加以不同的处理，在外联网上与不同的企业或客户建立不同层次的信息交流。企业通过外联网，大大改善了与客户进行交流的速度和效率。公司客户可以在不同的地方很容易地连接到网上，通过安全确认后，在外联网上获得企业的产品信息，并可以同企业直接进行交流，以获得最新的价格信息。另外，企业的供货商、销售商通过外联网与企业连接，改善企业与其供应链、销售链的衔接及库存管理，完成产品的整个交易过程。因此，外联网是企业实现完整意义上的电子商务所必须的网络基础。

可见，基于 Intranet/Extranet 的企业链接主要表现为以下三种形式：在企业组织内部由内联网（Intranet）联结；在生产方、供应商、顾客之间由外联网（Extranet）联结；在企业组织、厂商、家庭和客户之间由互联网（Internet）联结。而所有这些形式的企业链接都是为了整合和促进物流、商流、信息流和资金流的高效、有序流动。网络经济实践中，企业资源计划系统（ERP）的顺利推行、网络组织（供应商网络、生产者网络、顾客网络、标准结盟网络和研发网络等形式）的成功运作、电子商务和电子市场的有效运行，都无法离开技术网络的支持。因此，作为网络基元的 Agent，其物元就是这些以各种形态存在的技术网络。

3.4.2 Agent 事元

由于事元是表征处在一定时空框架中"物元"的概念，或者说，是动态的物元，即把"物元"置入一定时空框架的描述，本书将 Agent 事元定义为有价值的数字信息流，它可以表征信息流，可以表征物流，可以表征资金流（虚拟货币），还可以表征商流等。如果将网络基元 Agent 具化为企业，我们可以从企业资源计划系统（ERP）、网络组织运作、电子商务运行等多角度描述 Agent 事元。

企业资源计划系统（ERP）就是为了适应当前网络经济时代的特征——顾客、竞争和变化，为整合企业内部和外部的所有资源，使用信息技术建立起来的面向供应链的管理工具（包括供应商和客户管理）。它是基于 Intranet/Internet、B/S（浏览器/服务器）体系结构的，用于实现信息流、物流、商流和资金流的管理集成软件系统。ERP 将企业管理从企业内部延伸到企业外部，把客户、生产商及供应商的资源整合在一起，形成一条实时供应链，并对供应链的所有环节进行高效管理，其间的各种数字信息流恰恰是 Agent 物元的动态表现形式。

网络经济条件下，企业为适应市场灵活性，快速满足顾客的个性化需求，生产方式逐渐转向横向一体化（Horizontal Integration）模式。在横向一体化模式中，核心企业从设计、制造直到销售，都是在更广阔的范围内选择优势企业，形成一个企业群体，这个群体在运行方式上构成了一条从供应商、制造商、分销商到最终用户的物流和信息流网络。这一庞大网络上的相邻企业都是一种供需关系，因此被称为供应商网络。企业通过外联网（Extranet），大大改善了与客户进行交流的速度和效率。公司客户可以在不同的地方很容易地连接到网上，通过安全确认后，在外联网上获得企业的产品信息，并且可以同企业直接进行交流，以获得最新的价格信息。这期间，企业技术网络中存在的各种数字信息流也是 Agent 物元在特定时空框架下的动态表现形式。

另外，企业的供货商、销售商通过外联网与企业连接，改善企业与其供应链、销售链的衔接及库存管理，完成产品的整个交易过程。因此，外联网是企业实现完整意义上的电子商务所必须的网络基础。电子商务中的任何一笔交易都包含四种基本的"流"，即信息流、商流、资金流、物流，这些数字信息流就是 Agent 物元在一定时空框架下的动态实现形式——Agent 事元。

所谓信息流，是伴随商流和物流的信息活动的总称，具体来讲，是为实现交易而在买卖双方之间进行的相关信息流动与交换。传统商务活动的信息流既包括商品信息的提供、促销行销、技术支持、售后服务等内容，也包括诸如询价单、报价单、付款通知单、转账通知单等商业贸易单证，甚至还包括交易双方的支付能力、支付信誉等。而在电子商务活动中，这些信息大都以电子数据形式表示，比较典型的就是各类网页页面。

至于所谓商流，《辞海》对商流的定义是：商流是物流的对称，是指商品流通过程中，随商品所有权转移而发生的商品价值运动的经济活动，如买卖方式、方法、洽谈、议价、结算、收付款等。具体而言，商流是指商品交易的一系列活动，包括贸易前的商品宣传、用户选择、双方的谈判磋商、交易中的规则确认（合同）、订货和发货过程、交易后的服务行为等。商流的功能主要为确认义务与责任，并赋予其法律效益。显然，商流是交易的关键环节，往往需要权威、公正的第三方监管机构（如工商局、商检部门、税务机关、海关等等）的参与。此外，在电子商务中，要想保证交易的安全可靠，还需要 CA 认证中心的介入。

所谓资金流，是指买卖双方达成交易协议后相关资金的转移过程，包括付款、转账、兑换、发票传递等。不论是传统商务还是电子商务，银行等金融部门的参与必不可少。电子商务过程中，金融部门凭借银行卡网络支付、网络银行资金转账等网络支持手段，为商务的便捷、高效运行提供了较以往更加有力的保证。

所谓物流，《辞海》对物流的定义为：物流是"商流"的对称，是指商品流通过程中,商品实体运动的经济活动,如商品运输、储藏、包装、分类等业务活动。在电子商务环境下,信息流、商流和资金流的处理都可以通过计算机和网络通信设备来实现。而物流作为电子商务四种流中最为特殊的一种,少数商品和服务可以直接通过网络传输的方式进行配送,如各种电子出版物、信息咨询服务、电子课件、电影、歌曲、游戏等。而对于大多数商品和服务来说,物流仍然要经过物理方式传输,但这并不意味着传统物流丝毫不受信息化的影响。相反,现代物流要求准确、及时获取物流信息,从而对物流过程进行监控。物流信息的有效使用不仅使物流的流动速度加快、准确率提高,还能有效地减少库存、缩短生产周期。该过程也常常需要第三方物流公司的参与。

3.4.3 Agent 关系元

正如前文所讲,关系元是对物与物、事与事及物与事之间关系的理论抽象,或者是对物元与事元及其辩证关系的一种合乎逻辑的引申。本书将 Agent 关系元界定为 Agent 物元与 Agent 事元及其辩证关系的拓展形式,它表征的是 Agent 物元和 Agent 事元承载的各种关系元素,即以技术网络作为支撑的虚拟网络空间中各种有价值的数字信息流(信息流、物流、商流、资金流)背后隐藏的各种交互关系,如买卖关系、供求关系、生产与消费关系、资本关系、金融关系、政治关系等。在网络经济实践中,戴尔提供 B2B、B2C,淘宝网、京东商城等作为虚拟市场(电子商务交易平台)提供 C2C,物美超市引入多点实现线上线下无缝切换等,这些虚拟空间中各种数字信息流的实质,就是买卖关系、供求关系等各种关系的集合。下面,我们用电子商务来说明 Agent 关系元。

电子商务作为虚拟空间中的交换形式,它本身也是一个系统,如图 3-4 所示。图 3-4 所示的电子商务系统结构中,主要涉及以下六个参与方:

所谓卖方,是指商品交易中拥有债权的一方,即商家。它可以根据客户发起的交易请求在网络上与买方交流。卖方端一般设置专门的 EC 服务器,它将在后台业务 MIS(管理信息系统)的配合下,处理网上来自买方的订单或

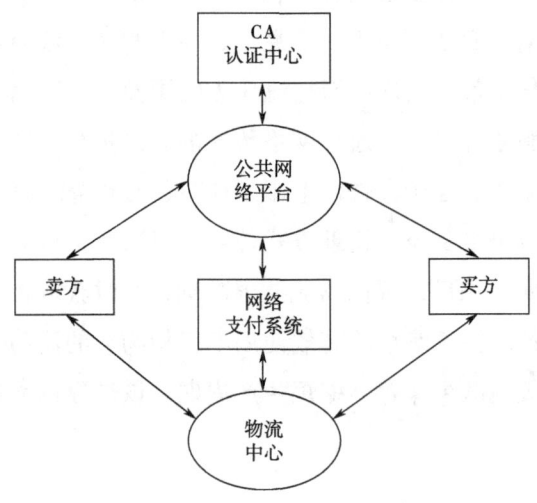

图 3-4 电子商务的构成要素

服务请求。

所谓买方,是指在网络上与其他的实体有商品交易关系,并存在未清偿的债权债务关系(一般是债务)的一方。客户应用自己拥有联网功能的计算机系统(如客户端 IE 浏览器)来发起商务请求。

所谓 CA 认证中心(CA 是英文 Certification Authority 的简称),是网上商务的准入者和市场的规范者,它与传统商务中工商局的作用有点类似,是基于互联网平台建立的一个公正、权威、独立的组织机构。它主要负责为通过互联网参与电子商务活动的各方(包括客户、商家、银行等)发放与维护数字证书,使网上交易的各方能互相确认身份,也提供数字签名等安全工具服务,从而保证电子商务的安全、有序进行。

所谓公共网络平台,是指为商务参与各方提供信息传递与交换服务的公共通信网络平台①。良好的公共网络平台离不开 Internet 连接服务提供商(ISP)和 Internet 应用服务提供商(ASP)等企业的努力,它直接支持电子商务中信息的快捷、稳定、准确的传递与交换。

---

① 这里主要指 Internet,EDI 网络是另一种类型。

所谓网络支付系统，是指为买卖双方提供由商品交易引起的资金流服务的第三方。网络支付系统通常由客户的开户银行、商家银行以及银行间的金融专用网络等组成。

所谓物流中心，是指为买卖双方提供商品物流服务的专门机构。随着物流社会化、专业化的发展，物流中心逐渐由商家自备的物流部门转变为第三方专业的物流公司。传统商务活动中，物流驱动资金流和信息流，因而物流是中心。而电子商务则强调信息流、资金流和物流的整合。其中，信息流引导物流和资金流，从而在一个更高的位置实现了对物流过程的监控。电子商务中信息流最为重要。通过信息流、资金流和物流的整合，电子商务不仅实现了价值交换的新模式，还实现了交易链的扁平化。可见，电子商务的本质是利用电子网络方式在客户、供应商和合作伙伴之间实现在线交易、相互协作和价值交换，其核心是通过控制信息流来实现整个商业活动，即对涉及的商流、资金流、物流等多种业务流进行处理、安全监控和管理。这样的价值交换模式更具有针对性，更有效率，更加个性化，符合社会的个性化发展趋势。

由于网络基元Agent是电子商务系统中的节点，Agent关系元势必涉及买卖关系、生产消费关系等。网络经济就是由Agent相互作用形成的网络大系统，承载着丰富的经济内容、组织内容和技术内容。Agent与Agent之间如何在组织保证和技术支持下从事特定的经济活动？这就涉及网络经济大系统的微观机制和运行机理（授权体系），而这正是本书接下来并主要在第4章中阐述的内容。这里我们先用图3-5来描述Agent关系元。

网络经济的逻辑：微观基础·运行机理·总图景

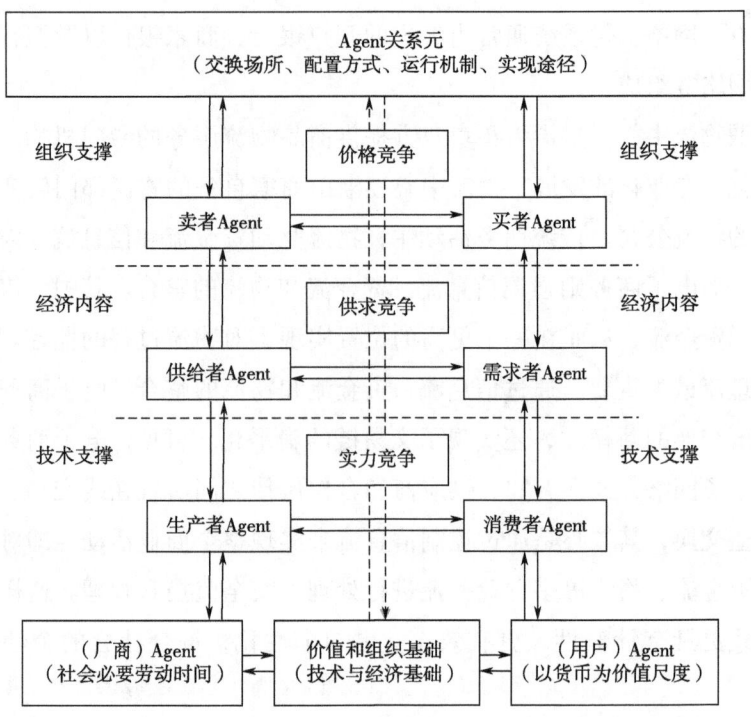

横向价值链+纵向供应链技术·组织·经济之网络左方网络产业+右方传统产业

图3-5 Agent 关系元（技术网络和经济网络的叠加）

左方表示网络数字技术供给方，包括卖者、供给者和生产者；右方为网络数字技术需求方，包括买者、需求者和消费者。

第 4 章 网络经济的运行机制——授权体系

网络经济的微观基础是网络基元 Agent。按照第 3 章关于 Agent 由物元、事元、关系元构成的观点，如果我们把技术网络（包括通信设备、通信线路和通信协议等）理解为物元，那么，我们就把技术上的授权体系理解为 Agent 提供技术支持的运行机制；如果我们把技术网络上承载的有价值的信息流（资讯流、物流、资金流、商流、能源流等）理解为事元，那么，我们则把经济上的授权体系理解为 Agent 实现委托代理的运行机制；如果我们把技术网络上承载的有价值的信息流背后的交互关系（买卖关系、供求关系、生产与消费关系、资本关系、金融关系、政治关系等）理解为关系元，那么，我们就把技术授权和经济授权的双重机制理解为 Agent 实现经济利益的运行机制。由于 Agent 作为干细胞或最小之生命体，具有自我复制、遗传、演化为同构同形的更大、更复杂的网络组织 Agents 的功能，其中不同层级、不同范围的技术授权以及背后起决定作用的利益授权（体系）便成为 Agent 演化为复杂网络的实现机制或微观运行机制。本章在第 3 章揭示网络经济的微观基础——网络基元 Agent 的基础上，重点阐述网络基元 Agent 演变成 Agents 的运动过程，从而揭秘网络经济从微观组织演化为宏观总图景的路径和机制。

4.1 技术网络的支持平台——技术协议和技术授权

由于网络经济是以网络技术为基础的市场经济的新形态，其运行与实现绝对离不开计算机技术网络的支持。从技术上看，在市场经济框架中，任何一种技术的创新与实现，既离不开后续技术的支持，也离不开后续资金的支持；计算机技术网络本身从设计之初就留有"充分的余地"，离不开技术协议的制定和遵守。另外，从技术上看，为了简化研究和设计的复杂性，无论是对计算机系统、计算机网络还是对某个具体的软件系统，人们都倾向于采用一种分层结构，所以，不仅特定层次需要遵循一定的协议或标准，而且相邻层次之间也需要通过某种形式的接口（interface）相互通信。请注意，"接口"本身就是一系列的通信协议。

4.1.1 计算机网络建立及其内含的协议和授权

1946年2月14日，世界上第一台现代电子计算机"埃尼阿克"（ENIAC）在美国宾夕法尼亚大学诞生。1957年，美国国防部成立了战略研究机构——高级研究计划署（Advanced Research Project Agency），简称阿帕（ARPA），它先后于1967年提出联网的构想并正确选择"分组交换"通信方式，于1968年在美国西海岸选择四个节点①进行试验，并于1969年联网成功，这就是阿帕网的诞生，它标志着人类社会正式进入了网络时代。1972年10月，国际网络工作组的文顿·瑟夫（Vint Cerf）与ARPA的鲍伯·卡恩（Bob Kahn）不约而同地想出一个"协议"（Protocol），后来经过完善，成为连接各个不同网络的网络规则，这就是TCP/IP协议。

1982年，美国国防部把TCP/IP协议作为网络标准，正式允许其他网络接入阿帕网（这本身就是授权）。出于安全性考虑，1983年，阿帕网被分成两部分，一部分专用于国防的军事网络（Milnet），余下的仍以阿帕网相称。以这个阿帕网为主体，与其他的网络互联而成的新网络称为互联网（Internet，早期被称为因特网）。由此，互联网正式诞生，虽然当时接在互联网的计算机仅约235台，但此后获得飞速发展，不仅造就了网络产业本身，而且对传统产业、传统工业经济以及人们的生活和消费产生了深远影响，网络经济逐渐形成并深化。

4.1.2 计算机硬件系统设计中的协议和授权

正如前文所述，计算机网络是由多台分布在不同地理位置上的、具有"自主"功能的计算机组成的系统。所谓的"自主"，是指这些计算机离开计

---

① 这四个节点分别是加州大学洛杉矶分校的网络测试中心（UCLA）、期坦福研究院（SRI）、加州大学桑塔芭芭拉分校（UCSB）和犹它大学（UTAH）。

算机网络之后也能独立地工作和运行。互联的计算机之间没有明确的主从关系，每台计算机都可以联网工作，也可以脱离网络独立工作。而作为计算机网络节点的自主计算机本身就是一个系统，它从设计之初就体现了分层结构思想，这也决定了它的运行和访问离不开协议和授权。

计算机系统可分为7个层次，各个层次之间的关系十分紧密——上层是下层功能的扩展，下层是上层的基础或平台。微程序级、机器指令系统级是计算机的电子线路与物理逻辑。图4-1形象地描述了计算机系统的层次结构，其中：第3级至第6级由软件实现，称为虚拟机；第0级和第1级属于计算机组成原理；第2级属于计算机系统结构；第3至第5级属于系统软件；第6级属于应用软件。它们之间有一定程度的交叉，如第3级必须依赖第4级和第5级来实现。

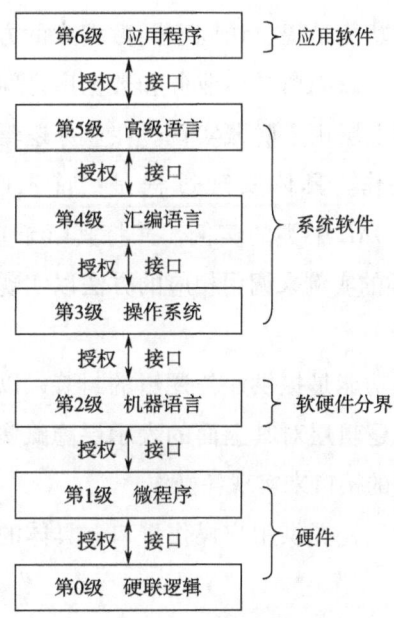

图4-1 自主计算机系统内部的授权体系

从越高的层次上看某个系统，系统对这个观察者的透明性就越高。例如，机器的指令系统和寄存器结构等硬件属性对汇编语言程序员而言是不透明的，而高级语言程序员在进行程序设计时无须关心这些底层细节，也就是说，上述硬件属性对他们是透明的①，他们只需在既定的平台上通过相应的接口，在相应协议或规则约束下从事自己的设计即可。当然，这也意味着平台的搭建者相对于使用者拥有一定的垄断特权（市场势力），平台的使用者必须经过授权，且在一定的权限范围内从事设计、使用等活动。例如微软，由于其在计算机操作系统方面的成功，获得了大量收益。

可见，正如图4-1所示，计算机系统的设计、构建和使用本身就涉及一系列协议和授权。

4.1.3 计算机软件系统设计中的协议和授权

软件系统设计的三层架构是将系统分为三层：数据访问层、业务逻辑层和表示层。分层封装的好处是分化复杂系统，提高系统的可维护性，使开发过程中的分工协作更加方便、快捷。

数据访问层的主要功能是提供访问不同数据库的方法的封装，也就是实现对数据库操作的封装，以隔离具体业务和数据库之间的联系。数据访问层处在系统的最底层，对上层用户隐藏实现。在业务逻辑层通过调用数据访问层的接口来完成其操作。具体实现过程是：首先通过 DALFactory 创建 SQLServerDAL 或 OracleDAL 中类的实例，并将其赋予它们的父类 IDAL（接口），然后通过 IDAL 类的实例来调用相应的方法以实现复杂的业务逻辑（面向对象技术）。

业务逻辑层的主要功能是提供业务逻辑的封装，以隔离用户操作的界面和具体业务逻辑。业务逻辑层对其上面的表示层隐藏实现，因而在表示层需要通过调用业务逻辑层的接口来实现各操作。

表示层即用户界面层，提供用户操作接口，具体的业务逻辑通过调用业务逻辑层的方法实现。

用户所能看到的只有他所操作的界面——表示层，其他各层对表示层都是隐藏实现的。这样做的好处在于，一方面提高了安全性，用户只能通过界

---

① 透明性的概念指的是本来存在的事物在某种条件下看起来好像不存在。层次性和透明性具有内在的联系。任何透明性都是一定程度的透明性，也就是说，透明性存在着程度上的差别。这种差别是由系统的层次性引起的。

面上的操作来进行业务,杜绝了违规操作的可能;另一方面,业务逻辑层和数据访问层的分离在一定程度上保证了系统的可扩展性。当新增一个业务逻辑或者某个已存在的业务逻辑发生改变时,数据访问层可能不需要改变;或者在更改数据库服务器时,业务逻辑层不需要有任何改变,只要更新数据访问层即可。可见,如图4-2所示,软件系统设计中也体现了协议和授权,即用户也需要经过授权才能在一定权限范围内通过接口(规则的集合)来使用(应用、修改等)软件。

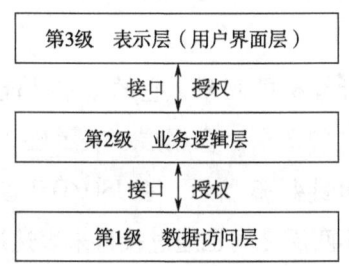

图 4-2 软件系统设计体现的授权

4.1.4 计算机网络系统设计中的协议和授权

为了减少计算机网络设计的复杂性,人们往往按功能将计算机网络划分为多个不同的功能层。在所有的网络中,每一层的目的都是向它的上一层提供一定的接口。网络中同等层次之间的通信规则就是该层次使用的协议,如有关第 N 层的通信规则的集合,就是第 N 层的协议。而同一计算机的不同功能层之间的通信规则称为接口(interface),在第 N 层和第 $(N+1)$ 层之间的接口称为 $N/(N+1)$ 层接口。总的来说,协议是不同机器同等层之间的通信约定,而接口是同一机器相邻层之间的通信约定。不同的网络,分层数量、各层的名称和功能以及协定的服务不同。

所谓分层设计方法,就是将整个网络通信功能划分为垂直的层次集合后,在通信过程中,下层将向上层隐蔽下层的实现细节。首先,层次划分需要确定层次的集合以及每层应完成的任务。划分时应按逻辑解构功能,并具有足够的层次,以使每层小到易于处理。同时层次也不能太多,以免产生难以负担的处理开销。计算机网络体系结构是对网络中的分层模型以及各层功能的精确定义。对网络体系结构的描述必须包括足够的信息，使实现者可以为每一功能层进行硬件设计或编写程序，并使之符合相关协议。"服务"（service）这个极普通的术语在计算机网络中无疑是一个极重要的概念。在网络体系结构中，服务就是网络中各层向其相邻上层提供的一组操作，是相邻两层之间的界面。由于网络分层结构特有的单向依赖关系，网络中相邻层之间的界面也是单向性的：下层是服务提供者，上层是服务用户；上层服务用户经服务提供者授权，可以在一定权限范围内从事相关活动。

计算机网络是自主计算机的互联，它的基本功能是网络通信。计算机网络体系结构分为相对独立的7层：应用层、表示层、会话层、传输层、网络层、链路层、物理层。如图4-3所示，在ISO/OSI参考模型中，不仅每层都有自己相应的协议，相邻两层之间也通过接口来表达通信协定。

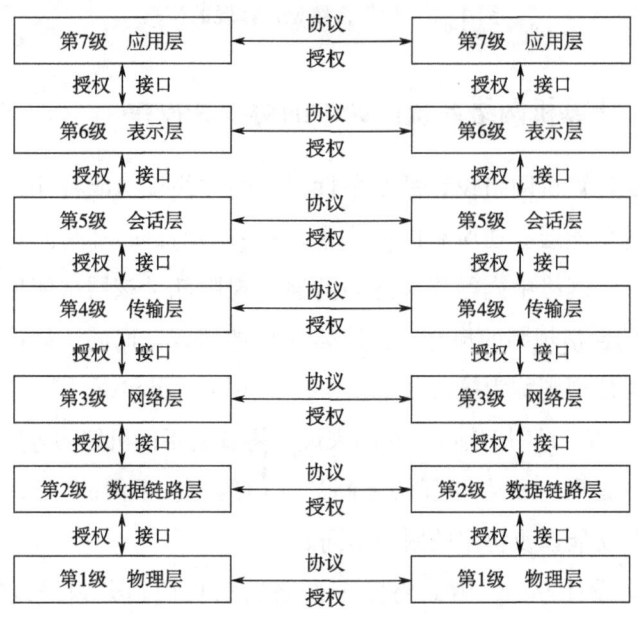

图4-3 ISO/OSI参考模型中的协议和授权

4.2 网络基元内含的授权与协议

作为网络经济微观基础的网络基元 Agent——经济作用者，就是以通信技术和计算机技术为支持系统，以通信协议和经济合同（协议）为经济活动的作用范围，具有搜集、存储、传递、分析、处理经济信息（流）的功能，并能对信息流和资源流，包括商品流、资讯流、价值流、资本流、增殖流，实行智能化管理，以实现其全球化流动的微观组织。Agent 可能是一个企业，可能是一个组织，也可能或可以是一个自然人。如果将网络基元 Agent 具化为企业，它本身就在局域网、广域网、城域网和互联网的支持下从事各种经济活动，它本身就内涵了技术授权和经济授权。

4.2.1 Agent 物元与技术协议和技术授权

所谓 Agent 物元，就是计算机技术网络，包括各种通信设备、通信线路和通信协议等，它是承载信息流、物流、商品流和货币流的载体，通过通信技术和计算机技术为经济组织的相关活动提供技术支持，其实现机制就是技术协议之下的技术授权。而从物元的角度理解授权体系，首先要理解协议[1]和拓扑[2]，因为它们是技术授权的社会形式。所谓技术授权，是指授予计算机网络用户、用户群、系统或某一进程的访问权限，它以用户各自的认证、请求的服务以及当前系统状态为前提。所谓技术协议，就是为了在计算机网络上实现某个或某些目标而设计的一系列规则。由此可见，技术授权的实质是以技术形式表现的人与人之间的经济关系和利益关系，因此也可以把技术授权理解为网络基元中关系元的初级形式。

4.2.1.1 局域网中的协议和授权

局域网（Local Area Network，LAN）一般应用在网络基元内部，它提供

---

[1] 协议是一系列技术规则的集合，它规定了 Agent 的各个物元（技术元素）是如何互连与互动，从而在交互作用下形成现实网络。

[2] 拓扑则是 Agent 各个节点之间的连接形式，它决定技术网络的具体形态，诸如网络的总线型、星型、环形等。

了一个相对封闭或是不平衡的单向网络环境。这个网络是分层次开放的，访问者必须经过授权且在一定权限范围内操作，否则系统会拒绝访问。正如第3章论及 Agent 物元、事元和关系元时我们已经讨论过的，企业资源计划系统（ERP）就是通过企业内联网（Intranet）和互联网（Internet）的技术支持，完美地将企业的管理从企业内部延伸到企业外部，把客户、生产商及供应商的资源整合在一起，形成一条实时供应链，并对供应链的所有环节进行高效管理。可见，局域网的运作离不开协议和授权，后者是前者的运行机制。

局域网通常使用广播式信道，而广播式信道的关键问题是如何协调控制多个站点对共享信道的同时访问，这就涉及信道分配策略。由于不同的分配策略将导致网络具有不同的性能，这就涉及局域网的介质访问控制（Medium Access Control，MAC）协议。该协议是局域网的灵魂，它的应用和遵守保证了局域网的安全有效运作。传统的局域网主要有以太网、令牌环网，这两种网络在数据传输率、物理层编码、帧格式、网络的管理与维护以及性能方面有很大的差异，适合不同的使用环境。当某个单位构建的网络要使用多种不同的局域网技术时，必须引入网桥设备，以使不同局域网上的用户能够相互通信。另外，光纤分布式数据接口①（FDDI）、快速以太网和千兆位以太网是目前比较典型的高速局域网。其中，快速以太网已大量使用在桌面系统，而 FDDI 和千兆位以太网则被大量用于校园网、园区网或企业网的主干上，它们各有优缺点。图4-4是一个典型的局域网模型。

4.2.1.2 广域网中的协议和授权

广域网（wide Area Network，WAN）通常跨接很大的物理范围，它能连接多个城市或国家，并能提供远距离通信，可用于支持多个 Agents 的跨区域经济活动。在网络经济实践中，企业在广域网的支持下可以将交易地点、合作地点以及与本企业有业务往来的企业、相对稳定的客户等纳入企业信息系统中来，形成供应链网络乃至价值链网络。因此，保证企业内联网核心数据安全和扩大网络访问范围就是其技术要求。通过采用防火墙等技术，广域网严格

---

① 光纤分布式数据接口是由美国国家标准化组织制定的在光缆上发送数字信号的一组协议。该协议包括四个子规范，介质访问控制（MAC）、物理层协议（PHY）、物理介质相关层（PMD）以及站管理（SMT）。这些子规范共同保证 FDDI 与上层协议和介质间无缝快速链接。

第4章 网络经济的运行机制——授权体系

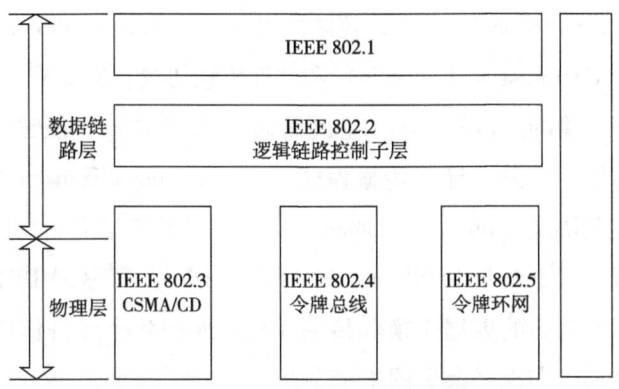

图 4-4　IEEE 802[①]局域网参考模型

界定了不同访问权限的授权体系，从而将自身与企业内联网上的重要资源隔离开，实现了既保证企业内联网的安全，又避免非法侵入的技术要求。

广域网和局域网一样，都位于网络底层（包括物理层、数据链路层和网络层），是作为局域网的补充出现的。由于紧密联系的相关企业各自的内部网技术构造并不一定相同，再加上安全问题的存在，常常需要进行交换（包括电路交换、分组交换等方式），其实现自然离不开协议的规范。[②]广域网内的交换机一般采用点到点之间的专用线路连接起来。广域网的组网方式有虚电路方式和数据报方式两种，分别对应面向连接和无连接两种网络服务模式。公共交换电话网络（Public Switched Telephone Network，简称 PSTN），是采用电路交换技术的模拟电话网；当 PSTN 用于计算机之间的数据通信时，在计算机两端要引入调制解调器[③]（英文名为 Modem）。Modem 的传输协议包括调制

---

① IEEE802 是美国电器与电子工程师协会制定的局域网技术标准的代码，下面还有若干子代码，分别表示不同技术的协议。如 IEEE802.1 为高层互联与管理协议，IEEE802.2 为逻辑链路控制协议，IEEE802.3 为以太网协议，IEEE802.4 为令牌总线协议，1IEEE802.5 为令牌环网协议等。

② 广域网常用的协议有：高级数据链路控制（HDLC），标准的链路层协议（ISO）；平衡型链路访问规程（LAPB），该协议能增强错误检测和更正；点到点协议（PPP），是有丰富功能的同异步链路层协议。

X.25：分组交换协议，定义了终端和分组交换网络的连接规则；帧中继（FR），是在 X.25 基础上发展起来的简洁高效的分组交换协议；语音数据共享的数字化链路（ISDN）。转引自 http://www.luyouqiwang.net/a/downloads/h3cnejiaocheng/2013/1011/897.html，略有变动。

③ 网络中计算机之间通过数字信号进行通信和沟通，但电话线只能传输模拟信号，调制解调器的功能就是负责实现数字信号与模拟信号的转换。

协议（Modulation Protocols）、差错控制协议（Error Control Protocols）、数据压缩协议（Data Compression Protocols）和文件传输协议。X.25[①]分组交换网是最早用于数据传输的广域网；帧中继网简化了 X.25 协议，能够以较低成本实现数字信息传输。另外，异步传输模式（Asynchronous Transfer Mode，ATM）协议和国际互联协议（Internet Protocol，IP）也日益广泛应用在广域网中。交换多兆数据服务（Switched Multimegabit Data Service，简称 SMDS），用于广域网上不同局域网之间的数据交换和传输，从而使得各个经济作用者相互之间的通信和交流得以实现（参见图 4-5）。

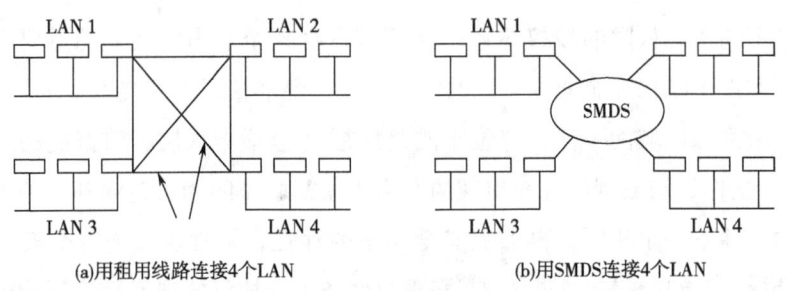

图 4-5　广域网参考模型

4.2.1.3　城域网中的协议和授权

城域网[②]，即 MAN（Metropolitan Area Network），是在整个城市内建设的大型网络，属于基础设施建设范畴，主要致力于满足政府机构、金融机构、事业单位、企业单位、个人用户等低廉、高速、安全上网从事相关活动的需求。前文所讲的局域网和广域网建设既要关注资源子网，又要关注通信子网，而城域网建设主要集中在通信子网上。城域网包括城市骨干网和城市接入网，提供核心层、汇聚层和接入层三个方面的服务。城域网以光纤为链路链接各

---

① 于 20 世纪 70 年代提出，目的是在 PSTN 的基础上提供面向连接的分组数据通信服务，使用的是面向连接的虚电路方式。X2.5 协议包括物理层协议、数据链路层协议和分组协议。

② 城域网的典型应用即为宽带城域网，就是在城市范围内，以 IP 和 ATM 电信技术为基础，以光纤作为传输媒介，集数据、语音、视频服务于一体的高带宽、多功能、多业务接入的多媒体通信网络。转引自百度百科，https://baike.baidu.com/item/%E5%9F%8E%E5%9F%9F%E7%BD%91/1119559?fr=aladdin。

个用户节点,实现网络内数据快速面向对象传输。ATM 技术和 IP 技术是城域网的核心技术,二者都依赖于相关协议来实现。

ATM(异步传输模式)交换采用异步时分复用技术,用户数据被组合成固定长度的分组,称为信元,并在 ATM 网中分时传送。基于 ATM 技术创建的城域网被称为 ATM 城域网。[1] ATM 交换支持不同的传输媒体,如双绞线、同轴电缆、单模/多模光纤,并提供不同的传输速率。可以组建不同规模的网络,如局域网(LAN)和广域网(WAN),同时支持数据、数字化语音/图像的传输。ATM 以信元为单位,并在信元中增加了可丢弃标识和优先级,且支持带宽预约,确保具有实时性要求的数据可以得到优先传送。同时,ATM 交换机简化差错控制和流控制的功能,使用具有时分交换结构和多级矩阵交换结构的硬件进行信息的存储和转发,减少节点处理延时,使得传输速率可以达到 1Gbit/s。

城域网涉及的协议大多位于数据链路层,有:10G 以太网标准(10 Gigabit Ethernet)[2];异步传输模式[3](ATM:Asynchronous Transfer Mode);分布式队列双总线(DQDB)[4];光纤分布式数据接口(FDDI:Fiber Distributed Data Interface);以太网数据传输速率为 1 000Mbps[5];交换式多兆位数据服务(SMDS:Switched Multimegabit Data Service);宽带无线 MAN 标准(IEEE 802.16:Broadband Wireless MAN Standard – WiMAX)等[6]。城域网参考模型如图 4-6 所示。

---

[1] 同理,基于 IP 技术创建的城域网通常被称为 IP 城域网。关于 IP 城域网,有兴趣的读者可自行查阅相关资料学习。

[2] 即 IEEE 802.3ae(Ethernet at data rate 10 Gbps – IEEE 802.3ae)。

[3] ATM(异步传输模式)交换采用异步时分复用技术,用户数据被组合成固定长度的分组,称为信元,并在 ATM 网中分时传送。ATM 交换支持不同的传输媒体,如双绞线、同轴电缆、单模/多模光纤,并提供不同的传输速率。可以组建不同规模的网络,如局域网(LAN)、广域网(WAN)和城域网(MAN),同时支持数据、数字化语音/图像的传输。ATM 以信元为单位,并在信元中增加了可丢弃标识和优先级,且支持带宽预约,确保具有实时性要求的数据可以得到优先传送。同时 ATM 交换机简化差错控制和流控制的功能,使用具有时分交换结构和多级矩阵交换结构的硬件进行信息的存储和转发,减少节点处理延时,使得传输速率可以达到 1Gbps。

[4] 即 IEEE 802.6(Distributed Queue Dual Bus Defined in IEEE 802.6)。

[5] IEEE 802.3z、802.3ab。

[6] 参见 http://blog.sina.com.cn/s/blog_49bdfddc0100055h.html。

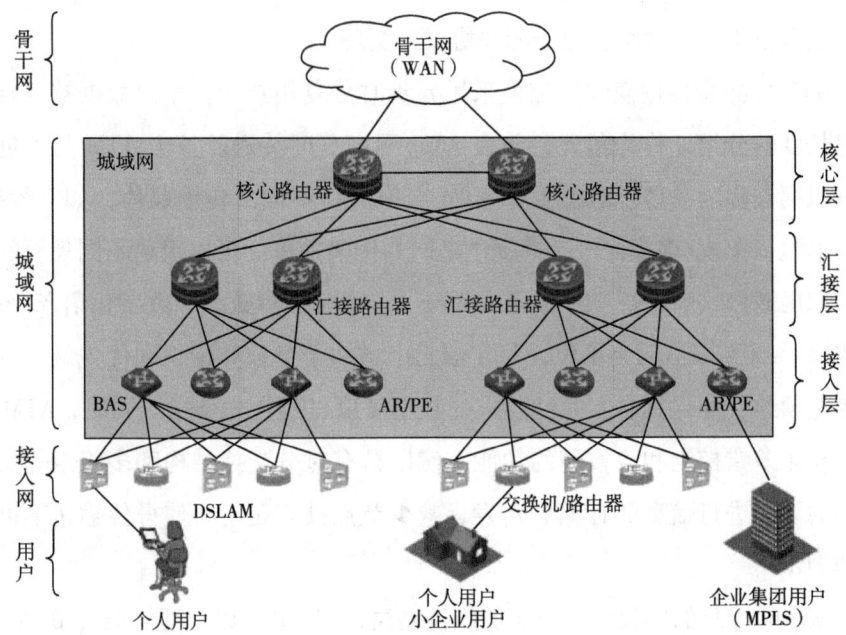

图4-6 城域网参考模型[①]

---

① 参见百度图库：https：//image.baidu.com/search/detail? ct = 503316480&z = 0&ipn = d&word = % E5% 9F% 8E% E5% 9F% 9F% E7% BD% 91&step_ word = &hs = 0&pn = 13&spn = 0&di = 137720&pi = 0&rn = 1&tn = baiduimagedetail&is = 0%2C0&istype = 0&ie = utf − 8&oe = utf − 8&in = &cl = 2&lm = − 1&st = undefined&cs = 314-5450236%2C3661381027&os = 3050133553%2C4217909598&simid = 4144152157%2C569672549&adpicid = 0&lpn = 0&ln = 1839&fr = &fmq = 1634178106817_ R&fm = &ic = undefined&s = undefined&hd = undefined&latest = undefined&copyright = undefined&se = &sme = &tab = 0&width = undefined&height = undefined&face = unde-fined&ist = &jit = &cg = &bdtype = 0&oriquery = &objurl = https%3A%2F%2Fgimg2. baidu. com%2Fimage_search%2Fsrc%3Dhttp%3A%2F%2F5b0988e595225. cdn. sohucs. com%2Fq_70%2Cc_ zoom%2Cw_ 640%2Fimages%2F20171212%2F7b9cd0e0a763461a9db3da81ac3234d3. jpeg%26refer%3Dhttp%3A%2F%2F5b0988e595225. cdn. sohucs. com%26app%3D2002%26size%3Df9999%26q%3Da80%26n%3D0%26g%3D0n%26fmt%3Djpeg%3Fsec%3D1636769978%26t%3Db715c9ff687d49262e859a8a2253e161&fromurl = ippr_ z2C% 24qAzdH3FAzdH3F4_ z% 26e3Bf5i7 _ z% 26e3Bv54AzdH3FwAzdH3Fdallc0aa9 _ 8aaanabd8&gsm = f&rpstart =0&rpnum =0&islist = &querylist = &nojc = undefined。

4.2.1.4 互联网中的协议和授权

如第 3 章所述，网络经济实践中，基于 Intranet/Extranet 的企业链接主要表现为以下三种形式：在企业组织内部由内联网（Intranet）联结；在生产方、供应商、顾客之间由外联网（Extranet）联结；在企业组织、厂商、家庭和客户之间由互联网（Internet）联结。可见，局域网和广域网的成功运作离不开互联网平台的支持。而所谓互联网，就是将各种物理网络局域网、高速局域网和广域网连接成一个无缝的整体，以隐藏所有底层网络，为用户提供一个统一、通用的服务界面。为了保证互联网的有效安全应用，不同级别用户的授权体系的设计依然是核心问题。这涉及网络互联技术，而 IP 协议就是这一技术的体现。

TCP/IP 模型提供了两个传输层协议：传输控制协议 TCP 和用户数据报协议 UDP。TCP 协议是一个可靠的面向连接的传输层协议，它将某结点的数据以字节流形式无差错投递到互联网的任何一台机器上。发送方的 TCP 将用户交来的字节流划分成独立的报文并交给互联网层进行发送，而接收方的 TCP 将接收的报文重新装配交给接收用户。TCP 同时处理有关流量控制的问题，以防止快速的发送方淹没慢速的接收方。用户数据报协议 UDP 是一个不可靠的、无连接的传输层协议，UDP 协议将可靠性问题交给应用程序解决。UDP 协议主要面向请求/应答式的交易型应用，一次交易往往只有一来一回两次报文交换，假如为此而建立连接和撤销连接，开销是相当大的。这种情况下，使用 UDP 就非常有效。另外，UDP 协议也应用于那些对可靠性要求不高，但要求网络的延迟较小的场合，如话音和视频数据的传送。IP、TCP 和 UDP 的关系如图 4-7 所示。

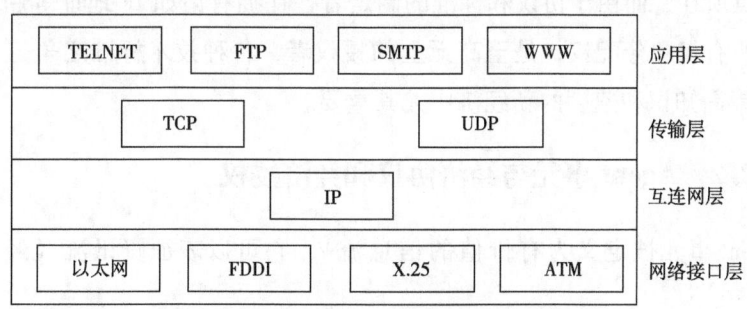

图 4-7　TCP/IP 模型各层使用的协议

TCP/IP 分层模型中有两大重要边界：一个是地址边界，它将 IP 逻辑地址与底层网络的硬件地址分开；一个是操作系统边界，它将网络应用与协议软件分开，如图 4-7 所示。TCP/IP 分层模型中存在一个地址上的边界，它将底层网络的物理地址与互联网层的 IP 地址分开。该边界出现在互联网层与网络接口层之间。互联网层和其上的各层均使用 IP 地址，网络接口层则使用各种物理网络的物理地址，即底层网络的硬件地址。TCP/IP 提供在两种地址之间进行映射的功能。划分地址边界的目的也是为了屏蔽底层物理网络的地址细节，以便使互联网软件在地址问题上显得简单而清晰，易于实现和理解。TCP/IP 的不同实现可能会导致 TCP/IP 软件在操作系统内的位置有所不同，但大部分 TCP/IP 的实现都类似于图 4-8 所示的情况。影响操作系统边界划分的最重要因素是协议的效率问题，在操作系统内部实现的协议软件，其数据传递的效率明显要高。

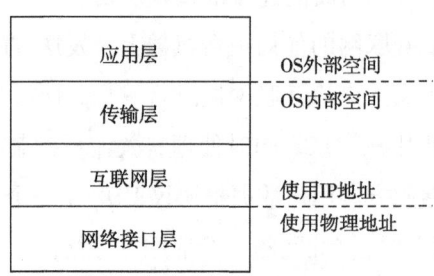

图 4-8　TCP/IP 模型的两大边界

游戏规则的制定者永远都比参与者拥有更多的政治、经济和文化特权。IP 地址是网络世界的重要稀缺资源，其所有权和使用权的争夺自然是网络经济的焦点所在，而由于协议和标准的制定者往往拥有诸如 IP 地址等新生稀缺资源的所有权和分配权，是至高无上的授权者，各种技术标准之争（网络之争）在崇尚知识和速度的新经济中尤其重要。

4.2.2　Agent 事元与经济协议和经济授权

Agent 事元被定义为有价值的信息流[①]，它可以表征资讯流（经济信息

[①] 在现代物理学中，物质、能量、信息是构成世界的三大要素，而物质和能量都是信息的载体，因此物质流［包括商品流（即物流）、能源流］、资金流都可以归结为信息流，而经济信息等则是资讯。

等），可以表征物质流（包括物流、能源流①），可以表征资金流（人民币、美元、英镑等），还可以表征商流等。Agent 事元作为信息流是矢量，有方向有大小，之所以如此，主要是由于各个相关经济主体之间存在内在的委托代理关系，进而导致授权的对象、性质和内容有相应的规定，这种规定一般以契约的形式存在。而契约的形式也是多种多样的，主要有两大类，一种是隐性契约，一种是显性契约。在网络经济实践中，协议和合同也是常见的描述授权对象、性质和内容的规定，它们都属于契约。契约、协议和合同都属于经济协议的范畴，是授权的依据，而授权的形式和内容都要受到前者的制约。

4.2.2.1 经济作用者（Agent 或 Agents）与交易费用和委托代理相关的授权

内部化交易机制、外部化市场安排和动态联盟三者间谁优谁劣，如何进行权衡和选择呢？威廉姆森提出，在竞争环境中，最佳管理机制或组织机制的选择是以最可能低成本管理的效率来决定的，而网络组织可视为有效的交易方式之一。该观点认为，关于知识资产的交易机制，由于其特殊性、业务的复杂性，偏爱企业内部交易机制，因为它在协调不同的经济活动时耗费的资金较少；而对大量生产与销售的商品和劳务，却以外部的市场安排更为适合。网络组织介乎两者之间，在某些市场成本十分敏感的行业里，既不能实施内部化，又不能建立与研究及开发活动的复杂性不相适应的松散关系，网络组织就成了最佳选择方案。再者，当组织间的交易费用高于组织内部的交易费用时，组织间就趋向于通过契约联结成一个松散的整体，把组织间的交易费用内部化。

委托代理理论认为，委托代理关系是一种契约关系，委托代理就是指委托人授权给代理人来为委托人的利益从事某项活动。委托人和代理人可以指一个人，也可以指一个组织。委托代理理论的焦点在于委托人和代理人之间的契约和从委托人角度如何使契约执行得更有效的方法上。经济学的依据是，委托代理理论假定，组织中的行为人都是效用最大化者，他们追求个人利益最大化而非组织利益最大化。在网络经济背景下，经济主体（经济作用者

---

① 能源流包括石油、煤炭等。

Agent 或者 Agents）在 Agent 物元（计算机网络）的技术支持下，呈现了许多不同于传统企业或者企业集团的新特点，如模块化、模块化基础上的集成和再集成等。但其本身内涵的委托代理关系仍然不变。一方面，委托代理理论可以对网络基元 Agent 作为代理人的管理者和作为委托人的股东之间的关系，以及作为委托人的上级和代理人的下级之间的关系进行组织行为的解释；另一方面，委托代理理论也可以为网络组织（经济作用者 Agents）内部的平台架构者与成员企业之间的关系进行组织行为的解释。网络组织（经济作用者）内部的发起企业（或主导企业）要事先设计框架性协议（规则），它们以契约、协议或经济合同或合约的形式存在，具有一定的法律效力。只有符合一定的资格标准的企业才能进入网络组织，成员企业必须遵守这些协议或规则，必须经过授权并在一定权限范围内才能从事各种活动。经济作用者 Agent 或 Agents 内部的授权体现在以契约、协议或经济合同为依据，即授权的性质、内容和形式都受到契约、协议或经济合同的制约。

4.2.2.2 经济协议及其各种形式——契约、协议、合同和信用

经济作用者从事经济活动不可避免地会涉及制定、签订经济协议，本书将经济协议界定为从事经济活动的一方或多方之间制定的规则。经济协议的表现形式多种多样，包括契约、协议、合同和信用。所谓契约，就是市场交易双方或多方之间基于各自的利益要求所达成的一种协议。订立契约的各方是自主自愿的，订立契约的目的是为满足各自的需要，通过契约，双方各自让渡了自己的部分产品或所有权，同时又从对方得到了自己所需要的东西。因此，契约是双方之间的一种合意。契约包括两种，即显性契约和隐性契约。其中，显性契约的缔结是为了降低市场利益主体的交易成本，契约内容得以履行的基本保证是相关的法律、法规；隐性契约无法明确地写入契约，是因为契约的签订成本太高，企业能否兑现隐性契约要求权取决于企业的信用。显性契约是基本契约，契约内容强调满足利益主体基本物质利益要求，其存在具有普遍性；而隐性契约是衍生契约，侧重于满足利益主体的精神利益要求，其存在具有相对特殊性。显性契约具有静态性、离散性，不注重利益主体缔约能力的动态变化；隐性契约具有动态性与连续性，认为利益主体会由于外界与自身条件的变化而改变对企业的利益要求权。隐性契约与显性契约在条件满足

第4章 网络经济的运行机制——授权体系

时可以相互转化，其中，隐性契约转化为显性契约更具有现实意义。

从网络基元 Agent——经济作用者 Agent 的角度看，显性契约（正式契约、有形契约）体现在经济作用者内部，诸如劳动合同、经济合同、委托合同等，而隐性契约（非正式、无形契约）则表现为类似企业文化等企业内部认同的一些共识（为大多数成员默认的、认同的）。显性契约一般具有法律效力，可能有书面、电子数字形式（包括图像、文字、声音、信息等）；隐性契约一般不具有法律效力，其存在形式可能是书面的、电子数字形式（包括图像、文字、声音等）、口头的，甚至可以是存在于人们头脑意识中的共识。有学者认为，如果从契约性质的角度来看，显性契约说明了企业为什么产生，而隐性契约则解释了企业为什么发展或倒闭。

经济协议是指机关、企事业单位、社会团体或个人相互之间为了某个经济问题，或者合作办理某项事情，经过共同协商后，订立的共同遵守和执行的条文。关于经济协议，这是比较常见的定义。但笔者认为此定义过于狭窄，关于这点下文有讨论。关于合同的概念，《合同法》第二条规定：合同是平等主体之间设立、变更、终止民事权利义务关系的协议。关于经济合同，从内涵上看，是指平等民事主体的法人、其他经济组织，个体工商户、农村承包经营户相互之间，为实现一定的经济目的，明确相互权利义务关系而订立的合同。二者区别是：合同有违约责任的规定，协议书没有；经济合同有《合同法》作为依据，协议书暂时没有具体法规规定；协议书比合同应用范围广，项目往往比合同项目要大，内容不如合同具体。因此，协议书签订以后，往往还要分项签订一些专门合同。实践中，合同可以以不同的名称出现，如合同、合同书、协议、协议书，名字并不重要，关键是看其内容。

经济协议和经济合同事实上属于契约的范畴，其外延表现为经济授权，因此这三者在经济和司法实践中有时甚至被认为是通用的。但笔者认为这三者也有不同点，它们涵盖范围的大小和具有的法律效力不同。契约的存在形式可以是默认、口头、电子数字（包括图像、文字、声音、信息等）、书面等，除了默认和口头契约无法律效力外，其余均有法律效力；经济协议的存在形式可能是书面、口头或电子数字，口头协议无法律效力，书面和电子数字协议都有法律效力；经济合同一般以书面或电子数字形式存在，都具有法律效力。一言以蔽之，在涵盖范围上，契约＞协议＞合同。另外，三者的不同还表现在，经济和经济法理论中，用契约表述的多些，经济和经济法实践中三种表述都有。

关于信用，《辞海》解释为两种含义：一是指有条件地让渡商品或货币，是价值运动的一种特殊形式，有商业信用、消费信用和国家信用；二是指遵守诺言，从而取得别人的信任。由此可见，信用是一个有着广泛外延和深厚内涵的概念。可见，广义的信用涉及人们的相互关系、行为、伦理与道德，包括经济信用、契约信用和伦理（道德）信用。这种意义上的信用既属于经济范畴，又属于道德范畴。作为狭义信用的借贷行为，是以偿还为条件的付出，偿还性是信用的基本特征。现代市场经济本质上是信用经济，这些信用关系相互交织在一起，成为联结所有经济活动主体和一切经济环节的纽带。网络经济背景下，契约、协议、合同和信用，尤其是信用，与信用水平和等级是紧密相连的，现代信用制度的最高等级是"一诺千金"，"个人签字"便生效，但是这在发展中国家是不行的，具有法律效力的才是最可靠的契约。因此，信用社会的建设、道德（商业道德）和文化（网络文化、网络道德等）的建设就显得格外重要。

4.2.2.3　经济授权及其各种形式（法律形式、契约形式、信用形式）

由于经济授权是经济协议、契约、合同和信用的外延，经济授权的内容和存在形式便是由它所依据的协议、契约、合同或信用的内容和形式决定，关键是"内容"。一般情况下，后者要对授权人、被授权人，是否授权，是否完全授权即授权的界限等相关复杂情况做出规定。由于契约和协议的存在形式有默认（认同、共识、信任）、口头、书面、电子数字等，其相应的外延——经济授权也具有相对应的信用形式、口头形式、书面形式和电子数字形式。其中，书面形式和电子数字形式具有法律效力，而以信用形式和口头形式存在的授权一般无法律效力。经济授权按照其存在形态，包括法律形式（如经济合同）、契约形式（如隐含契约）、信用形式（如商业信用）。

以委托合同为依据的授权行为是经济和司法实践中一种典型的授权行为。其中授权行为是委托代理的基础；而由于委托代理中的权利义务关系又具体反映在委托合同中，委托合同往往是授权的依据。委托合同是一种双方法律行为，必须基于双方的意思表示一致才能成立，即委托方愿意授权，受托方愿意接受。需要注意的是，委托合同一般只解决双方的权利义务问题，并不当然解决代理权问题。如果委托合同中有专门的授权条款，明确规定了代理事项、权限、期间等内容，则可不必另行授权，自委托合同签订生效之时，代理人即取得代理权。如果委托合同中并无明确授权的意思表示，只规定了其他权利义务事项，则不能认为受托人已取得代理权。委托合同一般包括以下条款：①委托人和受托人的姓名或名称、法人代表、法定地址；②委托事项；③代理权限；④代理期间；⑤对代理权行使的要求与限制；⑥委托人的权利与义务；⑦受托人的权利与义务；⑧代理费用（佣金）的计算标准、支付办法；⑨违约责任。

委托授权在经济和司法实践中也很常见。所谓委托授权，是指委托人（被代理人）向受托人（代理人）授予代理权的意思表示。换言之，委托人将其愿意授予受托人代理权的内心意思通过一定的形式表达出来，这一行为就是委托授权行为。委托授权是一种单方的民事法律行为，即以委托人单方的意思表示为成立要件，只要委托人做出了这一意思表示，受托人即取得了代理权，授权的法律效果随之产生。委托授权可以采用书面形式，也可以采用口头形式，但法律规定用书面形式的，则应当用书面形式（见《民法典》第165条）。授权委托书一般只解决代理权是否形成的问题。实践中，为防止纠纷的发生，最好的办法是在出具授权委托书的同时，由委托人和受托人签订一份委托合同，详细规定双方的权利义务。

经济授权也可以采用信用的形式。经济越发展，债权债务关系越紧密，信用越成为经济正常运转的必要条件，一旦遭到侵害，就易引发债务危机、信用危机和经济危机。从这个意义上说，现代市场经济实质上是信用经济。人类社会自出现商品交换后，经济领域的信用关系也就相伴而行。当以物易物的交易进化到以货币为媒介的商品交易之后，随着商品赊销和货币借贷行为的逐渐普遍化，经济信用更成为了社会信用的代名词。现代市场经济中的信用形式和信用工具丰富多样，而所有信用形式的采用和信用工具的使用都是建立在信用提供者和使用者相互信任的基础之上，信用成为市场经济正常运行必不可少的要素。因此，市场经济也可称作信用经济。但作为信用本身，尤其是广义的信用方式的授权本身不具有法律效力，比较难以控制，完全依靠社会的道德规范。

4.2.3 Agent 关系元与经济运行目标的实现

所谓 Agent 关系元，就是技术网络上承载的有价值信息流背后的交互关系（买卖关系、供求关系、生产与消费关系、资本关系、金融关系、政治关系等），其本质表现为利益关系。Agent 关系元的微观实现机制就是技术授权和经济授权的双重机制，其本质是追逐自身利益实现，追逐超额剩余价值——资本。经济授权同技术授权的关系就如同手心和手背，是同一个事物的两面[①]；而决定技术授权范围的利益授权体系则是关系元。Agent 借助授权互连互动形成各种不同层级的网络，并借助更大范围的授权互连互动，互联成更大范围的网络大系统；其中，不同层级、不同范围的技术授权以及背后起决定作用的利益授权（体系），便成为 Agent 演化为复杂网络的实现机制或微观运行机制。

4.2.3.1 技术授权系统是实现经济授权体系的物质基础和实现形式（物元）

网络经济背景下，网络基元 Agent 的经济活动和利益目标是基于计算机网络工作平台实现的，其所涉及的经济授权体系必然依靠计算机网络提供的技术授权系统来实现。也就是说，技术授权系统是实现经济授权体系的物质基础和实现形式（物元）。如 AAA 模型是被用来智能化地控制访问计算机网络资源，强制执行某些措施，审计使用情况以及向付费服务提供必要的信息。这些整合过程对于有效实现网络管理和安全是非常重要的。还有人将 AAA 与审计（auditing）相结合，因此又称为 AAAA。

认证是指确认终端用户或设备（如主机、服务器、交换机、路由器等）所宣称的身份的过程。认证是通过提供身份和凭证来完成的。此处的凭证是各种各样的，如密码、一次性令牌、数字证书及电话号码（呼叫方/被呼叫方）。授权是指授予用户、用户群、系统或某一进程的访问权限，它以用户各自的认证、请求的服务以及当前系统状态为前提。授权基于一定的限制，如

---

① 无论是经济授权，还是技术授权，都是一个过程，包括两个阶段：其一是先确定自身潜在合作方的资质标准，其二是认证、授权、评估。

白天限制、物理位置限制或反对相同用户多次登录的限制等。授权决定了授予用户服务的特征。如包括了各种服务，但又不限于 IP 地址过滤、地址分配、路径分配、QoS①/差分服务、带宽控制/流量管理、特定终点的强制隧道、以及加密术。计费是指创建哪个用户或执行什么特定行为的方法，如跟踪用户链接、日志系统用户等。计费信息可能用于实现管理、规划、计量或其他目标。实时计费（Real–time accounting）是指计费信息与资源消耗并发传送的方式；分批计费（Batch accounting）是指计费信息在随后传送之后才被保存的方式。在计费中，通常收集的信息包括用户身份、提供服务的性质、服务开始和结束的时间（见图 4–9）。

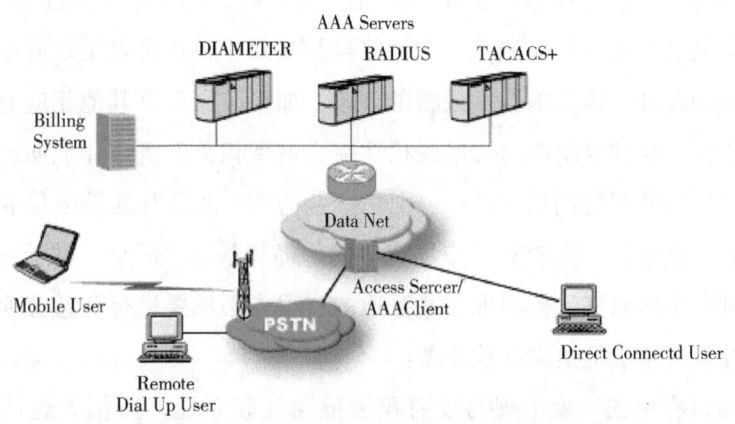

图 4–9　认证、授权和计费模型

资料来源：http：//www.networkdictionary.cn/Networking/AAA.php.

审计是指对一个组织、系统、进程、项目或产品的评估。实施审计主要是为了确定信息的有效性和可靠性，以及提供系统内部控制评估。

为了实现 AAA（AAAA）结构中的目标，多种相关技术和协议已被定义。下面例举的是其中一部分：

CHAP：挑战握手认证协议；

DIAMETER 协议：为替代 RADIUS 而制定的协议；

EAP：扩展认证协议；

---

① 即服务质量控制模型（Quality of Service，QoS）。

Kerberos：计算机网络授权（认证）协议；

MS‐CHAP（MD4①）：微软—握手差别协议；

PAP：密码认证协议；

PEAP：受保护的扩展认证协议；

RADIUS：远程用户拨入认证系统；

TACACS/TACACS+：终端访问控制器访问控制系统。

4.2.3.2 经济授权是技术授权的利益基础和动力机制（事元）

经济授权是技术授权的利益基础和动力机制，这就意味着如果某技术授权无利可图，经济主体根本就不会对此产生兴趣，也就不会从经济上授权，更谈不上从技术上授权。当然，在网络经济实践中，也会发生政府出面进行干预，强制经济主体实施技术授权的现象，如果政府没有其他相应有效的配套措施出台，这种强制性的技术授权往往会遭到相关经济主体或明或暗的抵制而难产。以典型的网络产业——电信产业为例，互联互通是电信业的基本行规，是打破垄断、形成有效市场竞争的前提和基础。但是，对于互联互通各方的利益主体而言，在实现互联互通的过程中必然要进行利益交换和市场博弈，在竞合基础上达成利益共赢。

此前，在中国一度出现的政府积极推动互联互通，而相关经济和利益主体一再制造麻烦，出现"互联互通不畅"的胶着状态，即"表面联，暗地里拆"，给接受跨网服务的消费者带来了联而不通、通而不畅、畅而不长的损失。但电信运营商也有话讲，如中国电信认为是扭曲的本地网接续费使运营商制定背离成本的用户资费，从而造成电信市场无序竞争，因此，本地网接续费不能补偿本地网的网间通话接续成本是引发互联互通不畅问题的主要原因；中国移动有关人士则认为，目前我国移动与固定网络之间互联互通时，移动运营商需向固网运营商交纳相应网间结算费用，但反过来，固网运营商却无须向移动运营商支付网间结算费用，这基本上没有考虑运营商的成本问题。

---

① MD4 是麻省理工学院教授罗纳德·李维斯特（Ronald L. Rivest）于 1990 年设计的一种信息摘要算法。

可见，电信网络互联互通问题的焦点不是技术授权的实现问题，而是网间结算费用问题。如果不制定合理并被各个经济主体认同的网间结算规则和结算标准，使得它们追求到自己认为应得的经济利益，各个电信网络的互联互通问题是无法从根本上解决的。这也充分说明了经济授权是利益授权的利益基础和动力机制，它直接决定了经济作用者 Agents 的繁衍和复制，直接影响到 Agents 的成长。

4.2.3.3 技术授权与经济授权交互运动是网络基元演化发展的社会形式（关系元）

前面反复强调，Agent 关系元是技术网络上承载的有价值信息流背后的交互关系（如买卖关系、供求关系、生产与消费关系、资本关系、金融关系、政治关系等），究其实质就是利益关系。不难看出，网络基元 Agent 的真正目的是实现经济利益，也就是追逐超额利润——资本，其从事的所有经济或非经济活动都是围绕这一目标开展的。在这一过程中，多个网络基元 Agent 为了实现共赢，会结合成网络组织——多个经济作用者的集合 Agents，它内在的实现机制就是通过 Agent 物元承载的技术授权实现技术支持，通过 Agent 事元承载的经济授权实现委托代理，通过 Agent 关系元承载的技术授权和经济授权的双重机制，也就是其背后的利益授权实现经济利益。

可见，网络组织 Agents 实际上就是网络经济的一种现实的生产方式，而其实现机制——技术授权与经济授权交互运动，就是网络基元演化发展为网络组织的社会形式。就其抽象意义或细胞意义上说，它（网络组织）与网络基元 Agent 同构同形，但在现实意义上，它是 Agent 作为关系元的表现形式。需要指出的是，这里讲的生产方式是广义的，是指如何配置资源、如何生产、如何经营、如何分配等，即经济活动的运行机制。在现实生活中，这种经济机制是通过"组织"来实现的。"组织"包括产权组织、经营组织、生产组织、流通组织。而在现实生活中，网络组织正是网络经济背景下的这样一种"组织"，与传统组织不一样的是，它以 Agent 为微观基础，以信息网络为联系纽带，以授权体系为运行机制，以模块化为联合机制，以集成和再集成为运作方式，所以它是现实的生产方式。而由于网络组织是网络经济下的网络化生产方式——网络经济的承担者，所以网络组织也被称作网络经济的载体。

4.3 网络组织中的授权和协议

网络基元 Agent 可以被看作干细胞，即生命体之最小形式，与别的细胞不同，干细胞具有自我复制、自我增长、自我繁衍成为更大更复杂之生命体的功能。网络基元 Agent 作为干细胞，其内在的自我复制、自我增长、自我繁衍的实现机制就是授权体系。Agent 借助授权互连互动，形成各种不同层级的网络，并借助更大范围的授权互连互动，形成更大范围的网络大系统；其中，不同层级、不同范围的技术授权以及背后起决定作用的利益授权体系便成为 Agent 演化成为复杂网络的实现机制或微观运行机制。在这个生长过程中，网络基元中内含的授权和协议作为一种"复制"或"遗传"，会在"演化"中在许多具体网络中显现或体现出来。这种"复制""遗传""演化"在时间系统中表现为网络基元成长为各种具象网络的轨迹；从空间上看，则是第 5 章将要讨论的网络总图景中一定要涉及的"经济地图"，亦即彼得·迪肯所说的生产方式的全球性转变——重塑世界（或区域）经济地理的过程及其范围。①

4.3.1 网络基元 Agent 内部的委托代理和授权

现代企业内部所有的雇佣关系（以雇佣合同的形式存在，具有法律效力）都存在某种形式的委托代理关系，企业组织中的个体被分成两组：委托人和代理人（见图 4-10）。从组织顶层的董事会到组织底层的成员，委托人授权代理人为委托人的利益从事某项活动。除了董事会，组织中有许多双重角色的扮演者，总经理（CEO）既是各部门经理的委托人又是董事会的代理人。现代市场经济中，股份制公司充分地体现了委托代理关系，即资本所有者和企业最高决策者之间的关系。股份制公司中，委托人设计一个契约，采用提供工作条件、报酬、福利等方法，吸引和激励代理人，并对代理人的行为进

---

① 这部分将在第 5 章详细阐述。

行监督和约束，使其各方面能力的发挥达到最佳水平，从而使委托人自己的效用目标达到最大化。网络经济背景下，传统的金字塔式的科层组织逐渐扁平化，但是这并不意味着等级完全消失，只不过是中间层级日益减少了，上下级之间的授权依然存在并且依旧重要。

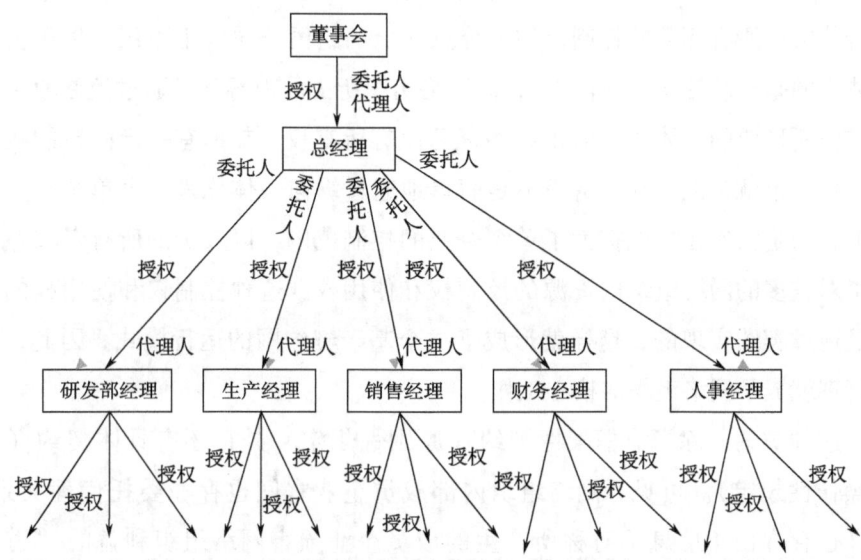

图 4-10　网络基元 Agent 系统内部的委托代理和授权

4.3.2　网络组织中的委托代理和授权

R. H. 科斯（Ronald H. Coase）认为，当其他因素不变，市场的交易费用较高时，企业倾向于通过将交易活动内部化，以降低交易费用并增加收益。[①] 内部化理论是纵向一体化理论的主要渊源。而网络经济背景下，市场需求动态多变，一个企业要在短时间内拥有产品的各项技术、知识、能力往往是不可能的，很难独自响应市场机遇，由此产生了企业能力、资源、知识的有限性，即单个企业满足顾客个性化需求的能力、资源、知识的有限性。网络组织正是克服这种能力、资源、知识的有限性的一种制度安排。可以认为，由

---

① R. H. 科斯. 论生产的制度结构（企业的性质）[M]. 上海：上海三联书店，1994：4-5.

一个企业独立地生产出一个完整产品的现象将成为历史。集中于核心能力、实现企业间的能力分工、相互借助核心能力、实现虚拟一体化将成为一种必然。

网络组织也体现了"内部化"的倾向。只不过传统意义上的内部化是通过所有权关系的扩张、兼并、收购或者创建所形成的深层次的一体化来加强对价值链中所有环节的控制，如传统意义上的跨国公司（上下级、母子公司间体现的是行政意义上的授权）；而网络组织所讲的内部化是通过控制权关系的扩张所形成的一体化，对于某些资源没有所有权，却拥有一定的控制权和使用权。也就是说，网络组织不是简单地通过纵向一体化来扩大单个企业的规模，而是实实在在地扩大了单个企业的控制范围，以较少的所有者权益实现了对较多的网络组织内资源的控制权和使用权，这种控制权和使用权的取得是通过契约实现的，这样就形成了一个基于契约网的运行模式。因此，契约管理就成了网络组织的核心工作。

这种契约，除了有框架性契约（原则性规定）外，还有具体契约（具体操作性规定）。可见，网络组织内部成员企业之间也存在委托代理关系，同样也存在由于信息不对称所产生的成员企业损害网络组织利益的"道德风险"和"逆向选择"行为。因此，网络组织的架构者需要事先制定具有法律效力的契约性框架协议，以规定、约束、激励和监督成员企业在一定的权限范围内活动，如有成员背叛网络组织，还有相应的惩罚措施；而对于具体契约，则需要给予操作者较大的灵活性和自主性。由于具体契约是动态变化的，所以又称为动态契约或动态合同。图4-11是一个简单的网络组织的委托代理和授权体系结构图，其中，网络平台架构者是委托方，成员企业是代理人。代理人在委托方授权下从事活动。但现实中的网络组织动态多变，从事多种具体的经济项目，其结构要比这个复杂得多，当然授权体系也更复杂。

这种契约除了有形契约外，还有无形契约。即使是松散联合的动态联盟，成员企业间的联合关系也长期存在，只是在契约关系的形式上，在有项目的时候表现为有形契约关系，而在无项目的时候则表现为无形契约的关系。所以，动态联盟就是一种在有项目时，通过有形契约关系组织起来

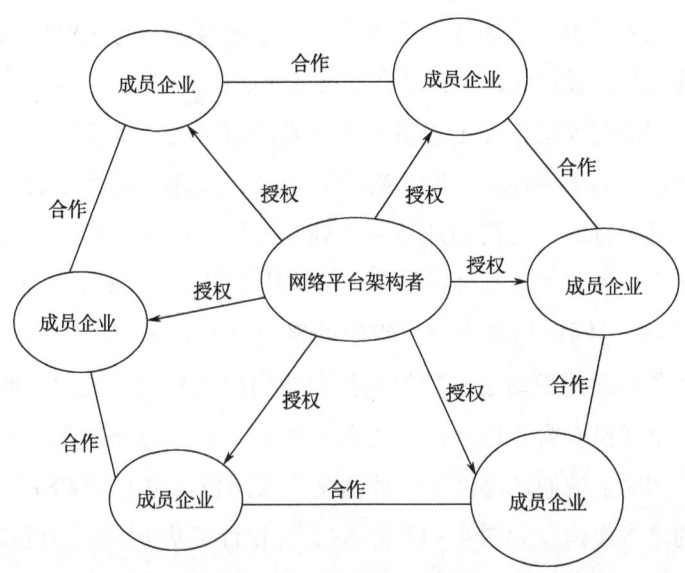

图 4-11　一个简单的网络组织的委托代理和授权体系

进行合作，在没有项目时通过无形契约组织起来进行合作，共同参与市场竞争的长期合作的企业联合体。所谓无形契约，是指这样一种关系，企业之间没有签订契约，但在企业之间存在一些文化、人际关系等方面的共同价值观和相互认同感，通过这种认同，企业之间在组织层面和个人层面上都存在心理上的合作倾向和友谊，这种合作的倾向与友谊又进一步形成一种习惯，进而上升为一种超企业的文化。在这种超企业文化之下，企业自觉遵守共同的默契和约束，具有超企业的行为规范，也称超企业心理契约。

4.3.3　网络组织运行模拟——双重授权体系

在网络经济背景下，网络组织的运作要求各个成员企业针对特定任务实现大规模的协同工作与资源共享，因而必须提高参与机构间的互联能力。这就要求在经济上和技术上实现成员企业能跨越不同的参与机构来访问计算机系统和数据对象，但是出于法律约束和自身保护措施等方面的考虑，除非在一些特定领域（如科学计算）内或是借助强制性的行政干预，否则实现这样的互联是不可能的。实际上，网络组织参与者往往在事前处于互不信任的状态。此外,由于市场需求动态多变,各项目的参与企业以及参与企业中实际操作人员的数量和角色都处在动态变化之中。

网络组织的有效运作需要经济法和技术的双重支持和保证。一方面,需要制定网络组织的框架性协议和动态具体协议,以建立经济和法律意义上的授权体系;另一方面,还需要从技术上建立高效、可行的访问控制机制来保障参与者之间的资源共享及协同工作。关于技术实现,已经有不少相关成果。如邵学军等[①]在《网格计算中虚拟组织的授权机制》一文中认为,虚拟组织中的授权服务必须能够动态、高效地处理访问控制规则的变化,此外,在应用系统中,上述授权服务还必须建立在一些相对成熟的分布式系统安全基础架构之上;同时,他们还提供了一种基于门限闭包、ACL 和 PKI 的认证授权服务系统的基本架构(如图 4-12 所示),并设计了基于 PKI 的虚拟组织的复杂授权工作协议(见图 4-13)。

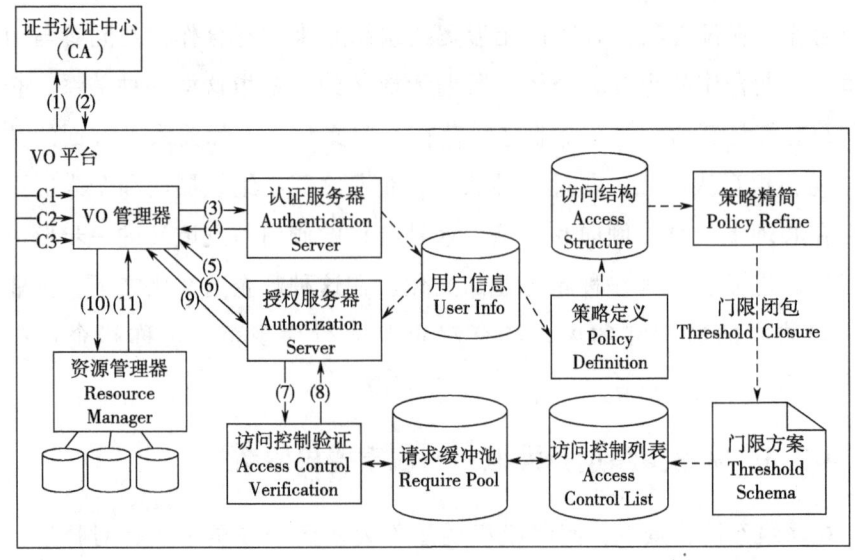

图 4-12　虚拟组织授权服务系统基本架构

---

① 邵学军. 网格计算中虚拟组织的授权机制 [J]. 系统工程与电子技术,1 (31).

4.4 网络经济实践中网络组织的实现形式

网络经济实践中,网络组织的具体实现形式有:转包关系网络,战略联盟网络,虚拟企业(或称灵活企业网络)和共生网络。其中,组织网络的节点就是网络基元 Agent——经济作用者,它是以通信技术和计算机技术为支持系统,以通信协议和经济合同(协议)为经济活动之作用范围,具有搜集、存储、传递、分析、处理经济信息(流)之功能,并能对信息流和资源流,包括商品流、价值流、资本流、增殖流,实行智能化管理,以实现其全球化流动的微观组织,其中的组织网络链条就是协议和规则支持下的授权体系。

网络经济实践中网络组织形成的轨迹可以描述如下:多个网络基元 Agent 在计算机网络技术平台、物流技术平台和金融服务支持平台的支持下,依靠协议支持和保证下的授权体系互连互动形成网络,即多个 Agents 组成的系统,其中的授权体系就是这些网络的运行机制。

4.4.1 转包关系网络

转包是介于完全内部制造和市场公平交易之间的一种中间生产方式。图4-13描绘了转包关系网络的授权体系。通常,发出订货命令的企业被看作"核心企业",完成订单的企业被看作"转包者"。[①] 转包分为两大类,即贸易转包和产业转包。如核心企业是生产性企业,它既可以从事产业转包,也可以从事贸易转包;而如果是零售或批发企业,则只能从事贸易转包。核心企业不仅为转包商提供原材料、设备、金融、技术、设计等支持,还对最终产品的市场化或生产计划负责。核心企业通过契约协议在一定程度上控制了转包商,并成功地转嫁了风险和部分成本;而后者并无任何保障,在市场萎缩时随时都会被牺牲掉。可见,二者地位极其不平等。但是转包商也有自主性和自增长性,如果利用契机发展自己,也有机会从代工企业发展成拥有自己

---

① 彼得·迪肯. 全球性转变——重塑21世纪的全球经济地图 [M]. 北京:商务印书馆,2007:216.

的独立知识产权和品牌的产品网络中的核心企业。现实经济中也不乏这样的例子,一些企业也实现了由代工企业起家,先变为山寨企业,再变为知名企业的神话。

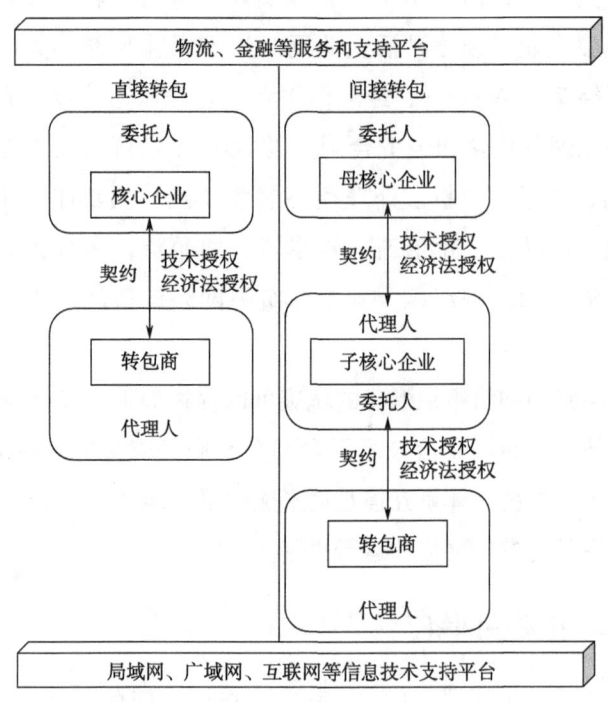

图 4-13 转包关系网络中的授权体系

4.4.2 战略联盟网络

所谓战略联盟网络,就是企业通过制定契约或协议寻求与其他多个企业合作以达到某个特定的战略目标的多个企业的集合。网络经济实践中,战略联盟合作领域主要有三个,即研究领域、技术领域或市场领域。图 4-14 是彼得·迪肯用来说明国际战略联盟合作关系的示意图,它不仅生动地说明了战略联盟网络形成的动因,还充分说明了契约协议依旧是网络的灵魂,这也意味着授权体系就是单个网络基元 Agent 发挥自组织性,自增长为战略联盟网络并成功运作的内在运行机制。

110

第4章 网络经济的运行机制——授权体系

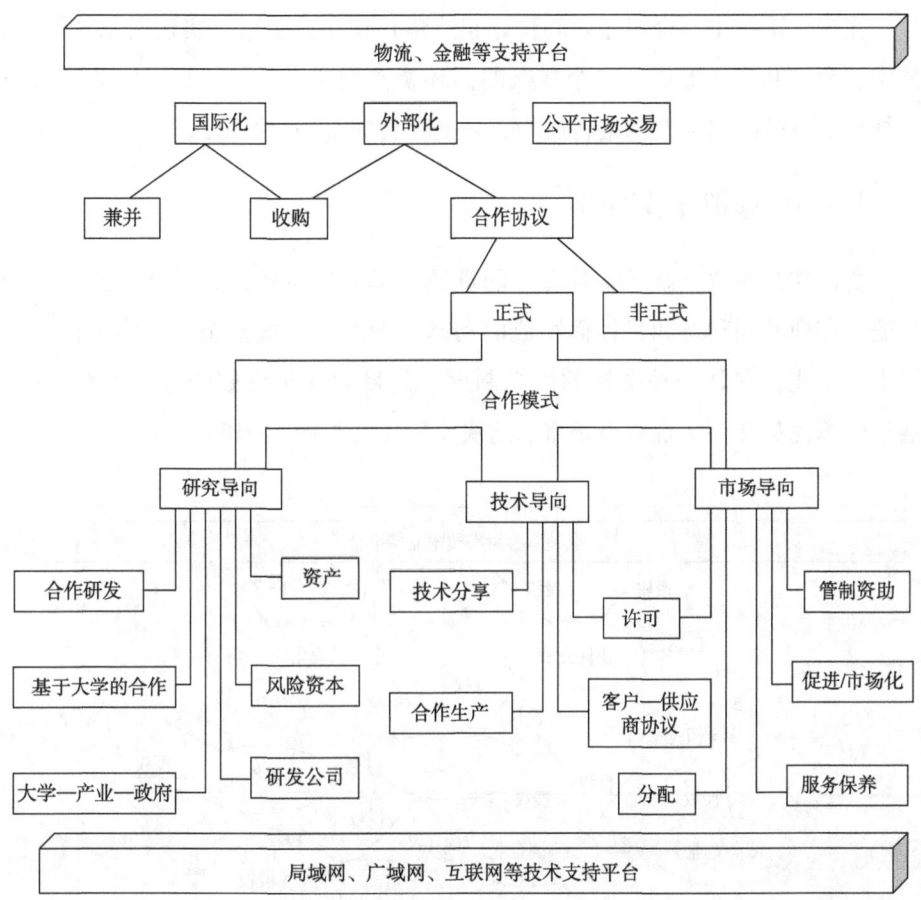

图 4-14　企业间合作的类型[①]

资料来源：改编自 Anderson, 1995: Figure 1.

另外，在当前提倡循环经济和节能减排的时代背景下，网络经济被赋予了新的内涵，即不仅强调用生态原则指导经济活动，用生态效益规范经济活动，还以"减量化、再利用、资源化"为基本原则，追求物质充分循环利用。逆向物流成为循环经济实现的重要环节，而企业要实施逆向物流，必须从供应链的视角来构建逆向物流系统，建立起包括制造商、零售商、回收商、再制造商、和消费者在内的"生产→流通→消费→再利用"的循环物流系统。

---

① 彼得·迪肯. 全球性转变：重塑21世纪的全球经济地图 [M]. 北京：商务印书馆，2007：221.

在这一系统中，众多企业间构建起战略合作伙伴关系，实现资源、信息、技术、利益共享，形成了一个复杂的循环物流网络系统。可见，以节能减排为战略目标的战略联盟网络将成为循环型社会的重要组织形式。

4.4.3 虚拟企业网络

所谓虚拟企业，就是指具有不同资源和优势的企业，为了及时把握市场机遇、实现共同利益和目标而结成的动态企业网络。虚拟企业不同于传统意义上的企业，它是一种全新的组织制度，其目的在于突破企业的固有界限，通过资源优势互补实现对市场需求的快速反应（见图4-15）。①

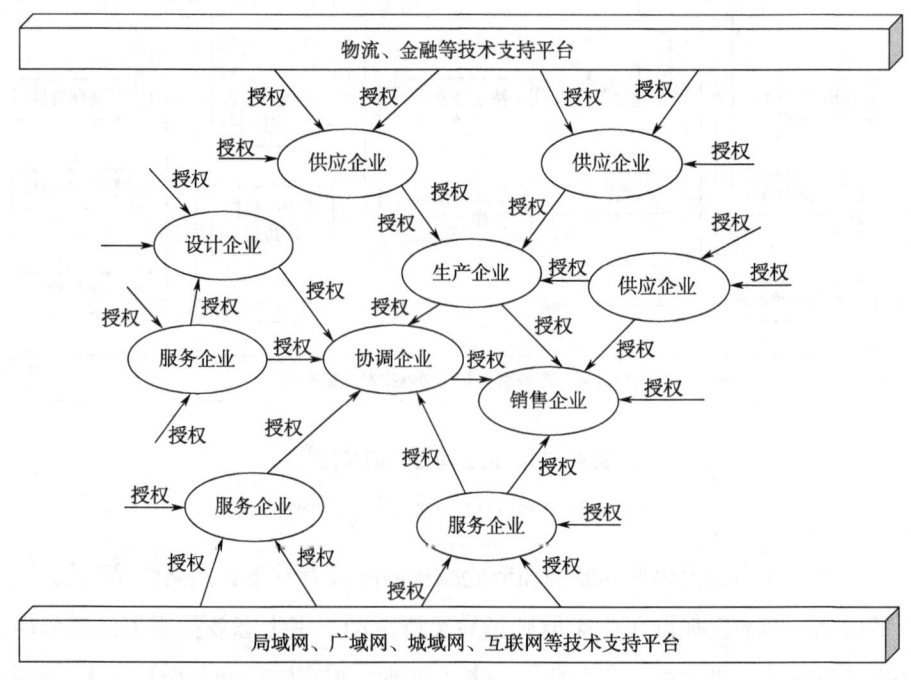

图4-15 虚拟企业网络授权体系

---

① 需要注意的是，虚拟企业、企业网络和网络组织并非完全一致。网络组织不仅包括企业网络，还包括社会网络。而企业网络是指处于企业与市场之间的中间性组织，它包括虚拟企业、企业集团、企业集群、战略联盟等形式（黄泰岩，1999；刘东，2003）。本书为了研究方便，对网络组织和企业网络不做严格意义上的区分。

一方面，虚拟企业中各成员企业通过契约相连（授权体系将多重委托代理关系连接在一起），具有企业的一体化性质；另一方面，虚拟企业的各成员企业的独立性依然存在，且它们结成的联盟随市场机遇的来去而迅速建立又迅速分离，类似于市场交易。可见，虚拟企业（企业网络）是介于企业和市场之间的一种企业组织制度。虚拟企业类似灵活企业网络，有人认为[①]，一种新的组织形式——灵活企业网络——正在出现，其中生产链所有的职能，除核心协调和控制职能外，都几乎压缩成独立企业，但它们的最终产品还是以旗舰企业的品牌销售。这些动态和灵活的企业网络囊括了独立企业之间的各种复杂关系，每一个企业都在一个协调网络中发挥特定作用。在一个灵活网络中，特定生产和分配序列的所有方面——整个企业系统而不是部分系统——都被囊括在内。虚拟企业网络结构相对扁平而非等级的，但权利差异依然存在。

4.4.4 共生网络

网络经济的新内涵——循环经济把生态学引入经济系统，强调企业内部、企业间、产业内部和产业间的共生，重视系统功能优化，主张建立共生网络。共生网络的实质就是成员企业之间通过相互交换副产品，从而达到既提高自身的生存能力和获利能力，又实现节能减排的目标。由于产业链内部上游企业的废弃物恰巧就是下游企业的原材料，这使得系统内部各个成员企业之间的依存度很高，整个网络的抗扰动性较弱。为了保证整个网络的有效运作，即网络安全，必须制定相应的契约来约束和指导成员企业的行为，授权体系自然就成为共生网络的运行机制。

目前，共生网络的实现形式有以下三种：①企业自身有一定的规模，从技术上和经济实力上可实现企业内部自身的循环网络。如美国杜邦、中国邯钢等。②不同经济单位（组织）由于追求经济利益而自发地相互协作形成的企业间和产业间的共生网络。如丹麦卡伦堡生态园、中国的曹妃淀循环经济

---

① 彼得·迪肯. 全球性转变——重塑21世纪的全球经济地图 [M]. 北京：商务印书馆，2007：222-223.

区。③政府强制性的参与协作,尤其是针对中小企业和不发达地区,建立区域性的产业共生循环网络(企业间网络)。目前,我国正在创建的一批循环经济示范项目,如广西贵港生态工业园区、广东南海生态工业园区、内蒙古包头生态工业园区、湖南长沙黄兴生态工业园区等。①

由于共生网络在强调系统内部闭循环的同时,忽视了与外部环境物质、能量和信息的交换,按照系统论的观点,这将降低该系统的生存和发展能力,一旦外界环境发生变化,比如,赖以生存的资源枯竭或者该产业本身衰落,就会使该共生网络面临生存危机。并且,建立共生网络本身前期投入非常大,而且绝大部分是沉没成本,具有典型的网络产业高固定成本、低边际成本的特征。这就提醒我们,在网络经济实践中,创建生态园等共生网络时,不能一味追求时髦,一定要充分论证,对于已经在建或建好运营的共生网络,一定要居安思危,时时注意与外部经济、社会环境保持物质、能量和信息交换,也就是通过学习保持的自身生存能力和发展能力。

4.4.5 网络组织实例说明

戴尔公司以具有自主知识产权的"戴尔"品牌计算机为核心,通过一系列契约和协议与外部的专业零部件生产商等合作伙伴建立了新型的企业组织形式——戴尔网络。当24小时订货系统接到顾客的订单后,计算机网络中心自动分解并传输到各网络成员的信息网站,成员企业零部件制造商按顾客要求在规定的时间生产出来,并立即通过联邦快递到离用户最近的戴尔分部,组装成顾客定制的计算机。戴尔的成功在于自己独特的"定制化营销"模式,在于网络成员企业间的协同效应。

耐克也是一个成功的网络组织典范,它依靠契约和协议成功地控制了成员企业的运营,获得了高额经济回报。其运作模式如图4-16所示:

---

① 杨志,徐岭. 论循环经济与网络经济的内在联系 [J]. 黑龙江社会科学,2009 (2): 57.

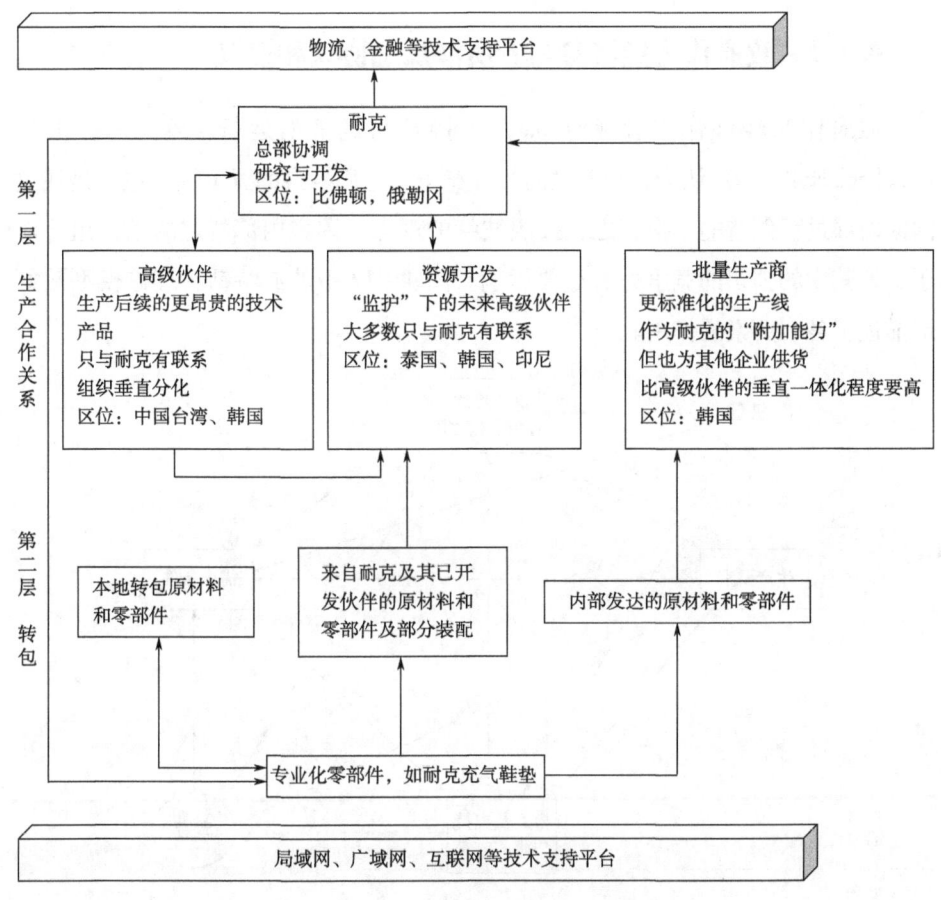

图 4-16 耐克网络[①]

4.5 网络经济参与者、监管者、合作平台搭建者的协议和授权

网络经济背景下,世界远远没有"变平",政府作为经济的参与者、监管者和合作平台的搭建者依然发挥着重要作用。在未来相当长的时期内,政府颁布的各种法律、法规、政策、协定等对网络经济主体——网络组织的自主性和自增长性仍将产生重要和深远的影响。

[①] 转引自彼得·迪肯.全球性转变:重塑21世纪的全球经济地图[M].北京:商务印书馆,2007:224. 作者根据本书内容作了相应改动。

4.5.1 政府作为经济参与者所涉及的协议和授权

政府作为经济作用者（Agents）直接参与经济的运行。迈克尔·波特（Michael E. Porter）认为，国家之间相互竞争，它们各自的竞争优势主要是通过国家内部过程创造的。换言之，按照波特的观点，国家内部特定的条件组合对于身处其中的公司的竞争力有重要影响。图4-17中的波特钻石理论模型较好地描述了各个要素的作用。

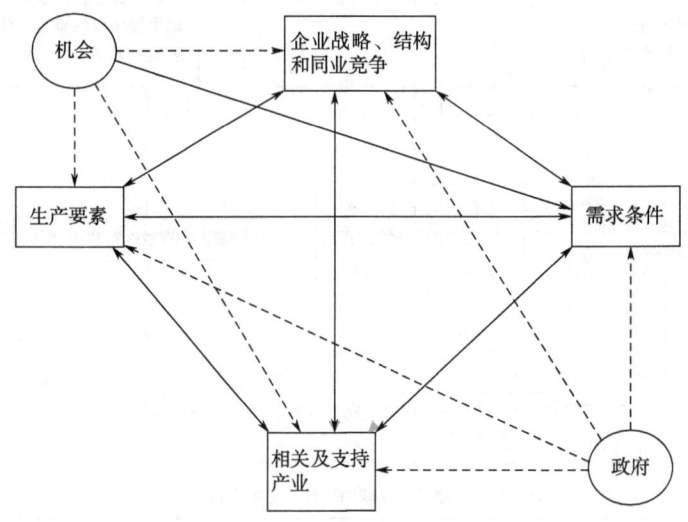

图4-17 波特钻石理论模型[①]

钻石模型是由美国哈佛商学院著名的战略管理学家迈克尔·波特提出的，用于分析一个国家某种产业为什么会在国际上有较强的竞争力。波特认为，决定一个国家某种产业竞争力的有四个因素：

①生产要素——包括人力资源、天然资源、知识资源、资本资源、基础设施。

②需求条件——主要是本国市场的需求。

③相关产业和支持产业的表现——这些产业和相关上游产业是否有国际竞争力。

---

① 基于 Porter, 1990: ch30。

④企业的战略、结构,经济对手的表现。

波特认为,这四个要素具有双向作用,形成钻石体系。在四大要素之外,还存在两大变数:政府与机会。机会是无法控制的,政府政策的影响是不可漠视的。政府通过制定相关政策法规来影响生产要素,需求条件,相关产业和支持产业的表现,企业的战略、结构及经济对手的表现等四个因素的整体竞争力,从而提升企业的竞争力。可见,政府作为经济参与者,在网络经济背景下不仅不能退出,还需要发挥更积极的作用。

4.5.2 政府作为经济监管者的协议和授权

网络经济背景下,市场失灵仍然主要表现在公共产品(public goods)、外部性(externality)、垄断(monopoly)(包括人为垄断和自然垄断)和信息不对称(information asymmetry)等方面。当市场自身资源配置的基础作用弱化时,市场失灵就发生了,这时政府规制就成为必须。市场经济条件下,政府干预大致分为宏观调控和微观规制两个方面,其机制就是通过制定各种政策、法规和条例来实现对网络经济主体的监管。

4.5.2.1 宏观调控:制度设计与制度安排

宏观调控通常是指中央政府利用财政政策、货币政策等手段来平抑经济周期,促进宏观经济平稳运行。这属于间接干预,对国家经济活动的分配和再分配具有极为重要的意义。其中,财政政策主要由提高或降低企业或个人税收的政策以及确定政府支出水平和支出对象的政策组成,而货币政策的目标是影响国内货币供给量以及加快或减慢货币流通速度。

在经济学中,"宏观调控"几乎可与"国家干预""政府调节"等通用,政府为弥补市场缺陷对国民经济进行调节(adjustment)和控制(control)的各种措施都可归纳为宏观调控。而在法学中,宏观调控表现为一个个具体的制度设计和制度安排,这种制度设计和制度安排体现为一套权威性高的法律规范和稳定性强的政策手段。

法律规范和政策手段往往涉及有关宏观经济和社会综合目标的实现。如果从法学的角度来下定义的话,那么,宏观调控指的是在一个特定的经济和社会发展时段,特别是在市场失灵时,中央政府从社会公共利益出发,为实现宏观经济和社会变量的基本均衡与经济社会结构的优化,引导国民经济持续、健康、协调发展而采取的调控手段。

4.5.2.2 微观规制:经济规制与社会规制

微观规制是指在市场经济条件下,政府(或规制机构)利用国家强制权,依据有关法律法规、规章制度对微观经济主体(个人、企业、行业及社会团体)进行直接的经济、社会控制或干预,其规范目标是克服包括微观经济无效率(自然垄断、外部性、公共品、信息不对称)与社会不公平的市场失灵,实现社会福利的最大化。政府是规制政策的主体,制定规制政策的有立法机关、政府行政机关和司法机关。微观规制的客体是个人、企业、行业和社会团体等特定的经济主体。

微观规制不是政府直接介入微观经济主体的经营,而是给微观经济主体的活动确立规则。政府可以依据微观规制的法律法规制裁违规经营的市场经济主体,但是不能代替市场经济主体进行经营,更不能介入市场经济主体内部活动,直接干预市场主体的经营决策、投资和管理等事务。

微观规制主要分为两类:一是经济规制,二是社会规制。经济规制是政府依据法律法规,对市场经济主体的市场准入、市场运营、市场退出,既定数量产品和服务的价格、质量、交易方式和条件等经济活动进行规制,以限制不公平竞争,纠正市场失灵,维护市场经济竞争秩序。社会规制是对涉及生产、消费和交易过程中的安全、健康、卫生、环保、信息提供、社会保障等社会行为进行规制,以协调社会成员的利益,增进社会福利,维护社会的公平和稳定。微观规制政策的目标是:反垄断,维护市场竞争效率;价格合理化;个人收入均等化;治理污染,保护生态环境;等等。

微观经济规制的方法主要有:①价格规制,对关系国计民生的产品或服务确定最高限价,对过度竞争产品或服务规定最低保护价;②规定市场经济主体进入或退出市场的条件;③监管市场经济主体的运营;④数量管制,在政府规定的价格水平上,限定企业等经济主体应该提供的产品和服务的数量;⑤质量控制,政府确定产品或服务的质量标准,以保证产品的质量和消费者的安全;⑥反垄断措施,限制垄断企业的规模和利润率、分拆规模过大的垄断企业等;⑦制定环境保护标准,以减少污染,促进经济长期可持续发展。

4.5.3 政府作为合作平台搭建者涉及的协议和授权

政府（包括国家层面和地方层面）为了实现某个时期本地域的经济、福利等战略目标，提升本地企业的国际竞争力，往往会寻求同其他地区或国家合作。其实现路径就是建立区域经济发展联盟，为了规范和引导联盟成员的行为，政府作为合作平台的搭建者会制定框架性协议和具体协议。区域经济发展联盟的运作机制就是通过授权体系实现互连互动，实现共赢。可见，任何相关地域的网络经济主体——Agents 的经济行为都在被约束的范围内，它们都必须经过授权并且在一定的权限范围内从事经济活动。

4.5.3.1 国际层面（世界性的，世贸组织）的合作平台涉及的协议和授权

1947 年，关贸总协定（GATT）建立，它在当时是一个临时性框架，其目标就是通过制定一系列规则，消除关税壁垒和其他贸易歧视，从而促进自由贸易。1995 年，世界贸易组织（WTO）成立，取代了关贸总协定。到 2003 年为止，WTO 成员已经扩展到 139 个，还有 30 个国家正在申请加入。目前，90%以上的世界贸易都是在世界贸易组织的框架内进行的。WTO 在多边贸易合作方面主张以规则为导向，而非以成果为导向（如市场份额、贸易额等）。WTO 的根本性基础为"非歧视原则"，具体包括两个方面：①最惠国原则：两个成员国之间达成的贸易让步必须同样适用于其他成员，即所有成员享受同等待遇，它是"关贸总协定的支柱之一"，并且"无条件使用，仅有以下情况例外：一些成员国组成自由贸易区或组成关税同盟，或给予发展中国家的市场准入；②国民待遇原则：进口产品享受与当地产品同等的待遇。

4.5.3.2 区域层面（国家之间）合作平台涉及的协议和授权

网络经济实践中，一国为达到特定的经济和福利目标，往往会寻求与其他国家建立区域经济集团。区域经济集团的运行机制是以特惠贸易协定（PTAs）为依据，通过资格认证和授权体系，将贸易和投资等限定在网络内部，网络外的企业基本被拒之门外。其中的特惠贸易协定就是指各国同意为网络内部其他成员提供优惠的市场准入——主要是通过关税削减，至少最初是这样。因此，"特惠贸易"具有双重性，即成员间商业自由化，却歧视第三方。也即，区域集团相当于一个网络，通过为自己的生产商创造巨大的市场

来获得贸易规模的益处,并且保护网络内成员(至少是部分地)免受外部竞争。

区域集团对世界贸易格局产生了重要影响,呈现了区域经济一体化的态势。当前,区域经济一体化的类型主要有以下几种:一是自由贸易区,成员国之间通过协定消除贸易限制,但对非成员国仍维持各自的贸易政策;二是关税同盟,各个成员国之间实施自由贸易,同时对非成员国建立统一的对外贸易政策,而且允许生产要素(资本、劳动力等)在成员国之间自由流动;三是经济同盟,这是区域经济一体化的最高形式,但并未达到全面的政治同盟。在经济同盟中,不仅要消除内部贸易障碍,实施统一对外关税,允许生产要素自由流动,而且经济政策要在更广泛的层次上协调统一,并服从于超国家机构的控制。

目前比较重要的区域集团有以下几个:①欧盟,这是迄今世界上发展程度最高、结构最复杂的区域经济集团。统一欧洲法案提出要消除三组主要的障碍,即物质障碍、技术障碍和财政障碍,还有金融服务的自由化,公共采购的开放以及其他措施。这种内部自由化和解除管制被认为会给欧盟整体、各个成员国以及那些成功利用这些变化的公司创造出良性循环、增长循环;②北美自由贸易区,这也是比较重要的区域集团,其核心协议体系——北美自由贸易协定的主要条款有:一般性条款(降低关税、取消投资限制、进入推出规定、政府采购、争端解决等);具体部门条款:农业、汽车工业、能源、金融服务、纺织业、卡车运输业、附加协定(有关环境和劳动标准的)和其他安排。③东盟自由贸易协定(AFTA),它涉及10个国家和地区,包括新加坡、马来西亚、泰国、印度尼西亚、菲律宾、文莱等。这些国家在政治经济结构和经济发展水平上有着极大的差异。东盟并没有一个宪章或者宪法,或任何其他有关联盟建立、基本结构和职能的法律工具。东盟的建立是基于曼谷声明,只确立了目标、基本原则和最小机构组成。原则之一是对国家主权和自主的充分尊重,大多决策是基于东盟的传统,通过磋商达成一致。东盟解决争端是基于非正式机制,而西方偏好的是司法途径,基于明确的原则和约束力。东盟在刺激经济活动上取得的成功很有限。

可见,区域集团网络内部需要一个契约体系,作为具有法律效力的正式机制来约束成员企业（成员国）的行为，否则，区域联盟网络的功能会受到严重制约。

4.5.3.3 国内各地区间合作平台所涉及的协议和授权

一国内部某几个地理上临近的地区（可以表现为区县或城市或省份）之间，在政府主导下，为了实现共赢，也会出现经济一体化趋势，成立地区战略联盟。地区战略联盟也是一个合作网络平台，需要构架网络协议和授权体系，以确保网络运行的安全和有效。

以我国为例，珠江三角洲、长江三角洲、京津冀环渤海地区这三个大城市群就可以理解为地区战略联盟。它们的合作取得了很大成效，发展迅速。

长江三角洲地区是以上海为中心的 16 个城市群战略网络，网络内部通过协定，打破了贸易壁垒，统一了市场，并共享城市信用体系。另外，建立区域性行业协会、联合成立发展研究中心、联合召开大型招商引资活动也是网络平台为成员提供的服务。

泛珠三角区域包括福建、江西、湖南、广东、广西、海南、四川、贵州、云南九个省区和香港、澳门两个特别行政区（简称"9+2"）。《泛珠三角区域合作框架协议》是 2004 年 6 月 3 日在广州正式签署的，其目的是推动合作事项的落实。该协议的内容包括合作宗旨、合作原则、合作要求、合作领域、合作机制、论坛安排等。

京津冀鼎力筑起"第三极"。京津政府曾宣布了八条战略合作措施。这八条措施是：共同构造、形成高新技术产业链，增创产业新优势；共同实施差异化竞争战略，增创竞争新优势；共同打造一体化流通市场，增创市场新优势；共同加强高校、科研机构合作，增创科研新优势；共同促进环境协调发展，增创生态新优势；共同加强城市基础设施建设和管理，增创交通新优势；共同创新区域利益分配机制，增创财政新优势；共同建立各园区政府间合作、协调机制，增创合作新优势。迄今为止，京津冀政府方面仍未就区域全面合作签署协议，因此，京津冀形成区域战略联盟还有很长的路要走。

4.6 关于授权体系的总结

网络经济作为新经济形态，较之传统工业经济，既有传承又有创新。其传承主要表现在它仍然隶属于资本主义生产方式，其本性仍然是资本试图突破时空限制追逐超额剩余价值、追逐利润，表现为经济特权（专利技术处置权等）的不平等依然存在，表现为作为经济监管者的政府依然发挥着重要作用；其创新主要表现在资本在技术网络的推动下，通过不断扬弃，日益形成异质资本的网络结合体——资本网络。这就意味着网络基元 Agent 演变为更大更复杂的网络 Agents 的进程，不仅受到自身固有和复制的授权机制（包括技术的和经济的）的主导，还受到所生存的环境——社会网络中其他因素（本章仅探讨政府）授权机制的制约。因此，没有技术的、经济的、政府的授权体系，就不可能有网络经济。

4.6.1 网络基元的演化与价值网的形成

4.6.1.1 网络基元的本性：追逐利润

网络基元 Agent 是网络经济的微观基础，它作为网络经济的细胞，与传统经济的细胞——企业组织一样，仍然是资本主义生产方式的承担者，其本性仍然是追逐超额利润——资本。并且，在技术网络平台的支持下，资本突破时空界限，寻求在全世界范围内配置资源、实现增值这一进程逐渐在广度和深度上推进。网络基元 Agent 作为一个开放的系统，不断地与外界交换物质、能量和信息，实现自增长。这种自增长不仅体现为 Agent 自身规模的增长，还体现为 Agent 与其他纵向或横向的 Agent 互连互动形成的网络的增长。

4.6.1.2 网络基元的二重性态：产业组织与产业集群

由于网络经济是处于传统工业经济到未来服务经济的过渡形态，网络基元 Agent 的集群也必然具有二重性态，即网络组织 Agents 可能处于企业科层组织与虚拟灵活企业（完全扁平化）之间的任何一种形态。但即使这样，笔者认为，权益资本的特权——授权体系依然存在并将持续很长时间。在网络经济实践中，网络基元 Agent 在纵向上可通过前向或后向扩展形成供应链网络，如电信产业、互联网产业、电力产业、铁路产业、航运产业等，它们通常被人们称为产业组织。如果这些产业还在空间上表现出聚集的特征，就是所谓的产业集群。如果这些产业不仅表现为空间聚集，还表现为循环经济提倡的闭环循环的特征，就是所谓的共生网络。值得一提的是，共生网络已经表现出了一定的价值网特征。

供应链[1][2][3]网络是由供应商、制造商、分销商（或配送中心）、零售商、运输商等一系列企业组成的供需网络，是跨越企业中多个职能部门活动的集合，它包括从订单的发送和获取、原材料的获得、产品的制造，到产品分配、发送给销售商及最终用户的整个过程。供应链是以需求预测来推动信息、材料、资金等各种资源在供应链中按序流动，完成订单——交货的流程，它把整条"链"看成一个集成组织，通过"链"上各个企业之间的合作和分工，使"链"上的物流、信息流、资金流合理化和优化，从而降低交易成本和保持供应的可靠性，提高整条"链"的竞争能力[4]。

4.6.1.3 网络基元的多种现象形态：价值网和供应商群

随着市场环境的变化，各行各业的经济作用者面临"卖方市场"向"买方市场"的转型，经典的经营理念"利润来自市场份额的扩张和产品数量的增长"已经出现危机，许多继续推行市场份额和数量增长战略的企业和公司的运营都进入无利润区，利润源随着客户的变动而转移，现在的利润是与客户保持同步变化的企业相伴而行，而不是伴随着产量同步增长的企业。所以，经济作用者 Agents 开始逐步转向以客户为中心的思维，改变事业设计，将传统的供应链网络转变为价值网[5]。价值网是一种以顾客为中心、包含顾客/公司/供应商/竞争者/互补者间的合作、信息交流活动强有力的高业绩交互式网

---

[1] Lee H. L., Billington C. Material management in decentralized supply chains [J]. Operations Research, 1993, 41 (5)：835 – 847.

[2] Lee H. L. Global supply chain management：challenge and responses in the Asia – pacific region [D]. Stanford University, 1995.

[3] 赵林度. 供应链与物流管理理论与实务 [M]. 北京：机械工业出版社，2003.

[4] 刘丽文. 供应链管理思想及其理论和方法的发展过程 [J]. 管理科学学报，2003, 6 (2)：81 – 88.

[5] Adrian Slywotzky, David J. Morrison. The Profit Zone [M]. CITIC Publishing House. 1998.

络。① 在价值网中，网络的中心是顾客，环绕在顾客之外的是公司，最外圈则是供应商群。经营活动由顾客开始，用需求拉动系统，以客户的真实需求激活整张网，信息、资本以及物流的路径与不同顾客群的服务需求和优先权相连，为满足顾客的实际需要进行生产，将顾客日益增加的苛刻要求与灵活及有效率、低成本的制造相连接；利用数字信息快速配送产品，避开代价高昂的分销层；将合作的供应商连接在一起，以便交付个性化生产解决方案；将运营设计提升到战略高度，适应不断发生的变化。

4.6.2 价值网与异质资本网络的实现机制

4.6.2.1 网络基元的个体差异与异质资本网络的形成

网络经济实践中，经济作用者 Agents 存在个体差异，它们以多种形态存在，既可能表现为简单的供应链、价值链，也可能表现为复杂的供应链网络，或更复杂的价值网络。随着网络经济的深化，价值网络的份量会逐渐增加。但在既定的时空框架内，这些不同形式的经济作用者 Agents 是共存的，它们还可以通过某种形式——比如互联网——发生某种连接，这就是复杂的网络经济大系统。如前所述，网络中存在的有价值的信息流可以分为三大类，即物质流、能量流和信息流。一方面，这些流是矢量，其流向和大小体现了不同经济主体之间的利益分割，而权益资本是关键的决定因素；另一方面，这些有价值的信息流会在运动中增值，按照马克思的观点，它们可以被称为资本。由于物质流、能量流和信息流分别涵盖许多具体形态的流，它们都是资本，且是异质的，由这些异质资本组成的网络就是异质资本网络。

4.6.2.2 作为超复杂系统的异质资本网络在本质上是权益网络

网络基元 Agent 是网络经济的微观基础，其自身不仅内含技术和经济的双重授权机制，而且作为干细胞还具有自增长、自繁衍为更大、自组织为更复杂的生命体——网络组织 Agents 的功能，其实现机制仍然是技术和经济的双重授权机制。无论哪一层面的授权行为，也无论经济授权还是技术授权，其本质都是利益授权，都隐藏着各种利益（生产、分配、交换和消费）关系。

---

① David Bovet, Joseph Martha, R. Kirk Kramer. Value Nets [M]. 北京，人民邮电出版社，2001.

这一方面充分说明了网络组织 Agents 就是网络经济的一种现实的生产方式，是网络经济生产方式的承担者，是网络经济的载体；另一方面也说明权益资本是异质资本网络中的焦点，是权力的象征。可见，权益资本成为静态授权体系中权力大小的决定因素。

4.6.2.3 人力资本在异质资本网络中的地位与作用

异质资本网络中有价值的信息——物质、能量和资讯之所以能够增值成为资本，就是因为人力资本作为可变资本，通过智力劳动，使这些作为生产资料的不变资本发生了增殖。可见，人力资本在异质资本网络中是最关键的资本，是创新和竞争力的源泉。网络经济是服务经济，是知识经济，是信息经济，更是速度经济和创新经济。经济作用者只有拥有高质量的人力资本，才会拥有自主知识产权的高端权益资本，才会在网络内部利益分割中占据有利地位；只有不断地使自身人力资本增值，使自己永葆创新活力，才会在激烈的竞争中立于不败之地。可见，人力资本成为动态授权体系中权力大小的决定因素。

4.6.2.4 政府既是国家或区域合作网络平台的搭建者，也是网络中的竞争者

如前所述，由于网络经济依然是资本主义生产方式，这就决定了经济和技术授权体系是异质资本网络的决定因素。但经济作用者 Agents 的地位并不像"世界是平的"所描述的那么乐观，它们不仅在经济授权和技术授权体系内部存在权力差异，其活动还受到网络经济的监管者——政府的制约。政府作为竞争者，会通过某种授权体系创造环境提升经济作用者的竞争力；政府作为经济监管者，会制定一系列的政策、条例和法规，从宏观上调控和从微观上通过授权体系规制经济主体的行为，政府作为合作平台的搭建者，会在国际、区域、地区三个层面通过制定一系列协议影响经济作用者 Agents 的行为。

4.6.3 授权体系的静态结构和动态变化

网络经济背景下，计算机网络作为技术支持平台，广泛地应用于网络基元内联网络（如 ERP）和外联网络（网络组织、供应链网络、价值网络等），通过技术授权，这种运行机制维持着经济网络的有效运行，保证了经济意义授权

的实现。这一方面说明技术网络是网络经济的技术基础，是网络经济区别于传统工业经济的重要特征；另一方面也说明，无论是技术授权还是经济授权，其背后隐藏的利益关系才是本质。此外，还有更重要的方面，是说明网络经济仍然是资本主义生产方式下的经济，经济作用者试图突破时空框架追逐资本的本性仍然不变。当然，在网络经济条件下，经济作用者追逐权益资本的行为并非无拘无束，还要受到作为经济监管者的政府授权体系的限制。

4.6.3.1 经济作用者 Agents 自身授权体系的静态结构和动态变化

需要强调的是，在网络经济背景下，无论技术领域、经济领域还是社会领域，"复杂"成为常态。这就使得许多事项都成为一个复杂的系统，使传统的线性思维和处理方法"心有余而力不足"，虽然人们不断寻求改进，但笔者认为，网络经济背景下，任何事项的处理都必须彻底摒弃"线性"思维模式和方法，转而采取一种全新的"复杂"方法，也就是熊彼特所讲的"创造性毁灭"。网络经济实践中，事实上已经有许多处理"复杂"事物的成功案例。比如，我们在第 5 章中将要重点阐述的模块化、集成和再集成，都是经济作用者 Agents （包括在设计、工艺、流程、制造、组织等方面）寻求变革并成功运作的方式和方法。

说到模块化方法，它作为应对复杂系统的方案，其实就是本章 4.1 部分谈到的分层构建方法。就设计而言，模块化的核心思想就是分层设计，下层对上层服务，上层只需通过下层事先设定的（授权）接口直接调用下面的服务即可，而无须知道下层的具体规则。当然，这也意味着，相对于较高层设计者，较低层的设计者就拥有特权，即权益资本。系统平台越低层的构建者，拥有的权益资本价值越高，权力也越大，在网络成员瓜分利益时，就拥有更多的话语权和实惠，通俗地讲，就是处在价值链的上游。就人力资本本身来说，其价值的高低决定了其在系统构建中所处的位置（职位高低或收益多少），而作为经济作用者 Agent 来说，其所拥有的人力资本价值的高低决定了它在异质资本网络中所处的位置，也就是它在授权体系系统中职位的高低（权益大小）。隐藏规则（较低层基础层）设计者相对于明显规则（较高层应用层）设计者的关系，就是总设计师和子模块设计师的关系。这样我们就可以推论出，授权系统内部权力系统是分层次的，有高低之分。

4.6.3.2 政府针对经济作用者的授权体系的静态结构和动态变化

政府是为社会服务的，当然这个社会也包括企业。但是政府主要是为社会中的公共事业服务，他们主要是"生产"公共产品。政府为了实现自身目标，也会通过制定各种法律、法规、条例、政策等影响经济作用者 Agents。[①] 政府参与的授权体系本身也是分层次的，如具体到对经济作用者 Agents 的影响，则不仅体现在层次高低上，还会体现在约束力的强弱上。

如前所述，政府作为竞争者，会通过一系列相应的授权体系——政策、规定等来提升经济作用者的竞争力；政府作为经济的监督者，也会从宏观调控和微观规制上制定一系列法律、法规、条例、政策、规定等指导和规制经济作用者 Agents。这本身就构成了一个庞大的授权体系。一般情况下，由全国、地区、城市、区县、村制定的协议在授权体系中的层次依次下降；政府作为合作平台的搭建者，会参与或主导制定国际、区域合作协议、地区合作协议，这三个层面的授权体系本身就是一个授权系统，是分层次的，一般情况下由国际、区域到地区，层次依次降低。就静态结构而言，所有这些授权体系共同构成一个复杂的网络系统，该网络系统不是平的，而是分层次的，有高有低；动态而言，其结构是变动的，不同授权主体的权力和位次是会发生变动的。

上述分析只是做了个最简化的说明。具体到网络经济实践中，情况则更加错综复杂，某个层面的协议对经济作用者的约束力不仅体现为自身在系统中所处的位置上，还体现在其本身的约束力（如正式协议比非正式协议约束力强，立法规定的比道德规范的约束力强，协议规定比信用约束力强）等变量的影响上。本书的研究仅限于把它们限定为：政府涉及的所有授权体系，共同构成了经济作用者 Agents 生存和发展的外部环境。鉴于经济作用者作为一个系统必须不断地与外界环境交换信息、能量和物质，适时变化才能适者生存，研究政府相关授权体系还是具有极其重要的理论意义和现实意义。

[①] 当然，政府自身的活动也受到技术网络的影响和改造。目前许多政府机构都在技术网络的支持下推行了电子政务。政府的活动也不可避免地会受到技术协议和技术授权的影响；政府某些活动，如政府购买，也会受到经济授权体系的制约。本书为了研究方便，暂不考虑这两个因素，以简化授权模型。

对此进一步的细化、深化，将作为本书的后续研究课题。

4.6.3.3 网络经济授权体系的静态结构和动态变化

从上述分析我们可以看出，网络经济下异质资本网络的形成、运作和发展离不开经济主体的技术和经济授权体系，也离不开政府的授权体系。前者作为网络经济的主体和载体，是网络经济授权体系系统中的主体；其他诸如政府参与或主导的授权体系，共同构成了经济作用者 Agents 的外部生存环境。无论从主体子系统还是从外部环境子系统来看，层级都是有高有低的，并且内部结构并非一成不变的。由于网络经济是创新经济、速度经济，其内部从来都不是静止的，而是动态变化的。

再具体到主体授权系统来看，经济授权体系和技术授权体系双重实现机制的背后隐藏的是资本和利益的追逐和争夺，其本质是利益分割，隐藏着各种利益（生产、分配、交换和消费）关系。由于权益资本的大小决定了异质资本网络中各个经济主体所处的位置，也就是说，是获取利益（资本）的凭证，这就充分说明了权益资本便是异质资本网络中的焦点，是权力的象征。可见，权益资本便成为静态授权体系结构中权力大小的决定因素。由于网络经济环境下人力资本的重要性，人力资本的争夺和增值成为影响异质资本网络中动态授权体系权力大小的决定因素。具体到环境子系统，本书认为，它也是从静态上看分层次的，动态上变化的。

总之，没有授权体系，包括技术的、经济的、政府的等，就不可能有网络经济。由于权益资本是资本网络的焦点，是权力的象征，而拥有创新能力的人力资本正是其创造者，所以网络经济又被称为知识经济、服务经济、后工业经济等。

第 5 章　网络经济的总图景

在第 4 章我们谈到，网络基元 Agent 作为网络经济的微观基础，作为干细胞，借助授权纵向或横向互连互动，形成更复杂的生命体——网络组织和复杂的异质资本网络——网络经济大系统，其实现机制就是授权体系。本章研究网络组织和网络经济宏观总图景的动态性、复杂性及其成因。借鉴生态学的观点，如果把网络基元 Agent 看作生命因子，那么网络组织和网络经济就是环境因子。作为环境或生态系统，网络组织和网络经济的演化就在于生命因子——网络基元的"基因突变"。考虑到环境因子的作用，作为网络基元 Agent，必须与时俱变，主动寻求"基因变异"或"基因突变"，寻求自我发展，提升自身能力要素的自主创新能力，不仅适应自然环境，还要力求在所在群体中居于有利位置。作为网络组织 Agents，则既要寻求较好适应自然环境，又要在整个生物群落中处于有利的位置。由于网络经济实践中，环境（包括自然环境和社会经济环境）复杂多变，网络组织作为复杂系统，必须灵活多变、寻求创新，不断实现由简单到复杂的演化。模块化、集成和再集成就是处理复杂事务的理想方法。

5.1　网络基元的"基因突变"与"能力要素"的成长和重构

网络基元 Agent 作为干细胞，同生物学意义上的细胞一样，也是由类似的功能互补的"细胞膜"、"细胞质"和"细胞核"组成，本书将它们称为"能力要素"。这些能力要素不仅内部会发生变化（包括渐变和突变），于外还能与其他能力要素重构、重组。而无论哪类变化，都会引致网络基元 Agent 的变化；如果变化是显著且有益的，就可以认为网络基元发生了"基因突变"，且表现为能力要素的成长与重构。

5.1.1 "能力要素"与"下一代企业"的基本单元

5.1.1.1 关于"下一代企业"的基本单元——能力要素

有学者提出,在"下一代企业"中存在一种基本单元,它们具有相对的独立性、自主性,能自主地参与企业内外部活动。瑞吉·德芙(Rich Dove)提出了"内部企业"概念,主要指"授权自制"的基本组织单元(Basic organized unit,BOU)[①]。模块化专家吉姆·克拉克(Jim Clark)、卡利斯·鲍德温(Karis Baldwin)、青木昌彦(Aoki Masahiko)、安藤晴彦(Haruhiko Ando)提出了企业内部组织模块化的理论主张[②],认为信息时代的企业是模块化企业,其构成的基本单元是模块化的,因而可以进行快速组装,以应对复杂性。

日本全能制造系统(Holonic Manufacturing System,HMS)提出建立一个高度分布的制造系统的体系结构,它由一系列既独立又协作的"标准化智能模块"——"全能体"(Holon)组成。Holon 在英文中的一般含义是"完整、完全的";在哲学中,叫"子整体',也表示实体内部功能完整的子实体。在日本全能制造系统(HMS)中,全能体的含义是全能的,整体可分解为局部;每个全能体都是既独立又相互协作的系统构造块;每个制造全能体可以转换、传送、存储、确认信息和物理对象。HMS 是按照整体—局部关系构造的,呈扁平网络结构。全能体可以根据目标和环境的变化进行组合,动态地调整组织结构,以最优配置高效完成生产任务:人是全能体的特殊选件,是大的全能体不可缺少的组成部分。[③]

保罗·基德(Paul T. Kidd)提出了敏捷企业"子整体"结构(Holonic Aichitecture)说,认为敏捷企业由子整体构成,子整体是自动而又合作的结构单位,它可以是人员、任务小组,技术子系统(Technological Sub-Systems),甚至是整个企业[④⑤]。

国际著名管理咨询顾问公司科尔尼在咨询实践中提出了其重大发现,基

[①] Rick Dove. 敏捷企业(上,下)[J]. 中国工程机械,1996(3,4):22-26;21-27.
[②] 青木昌彦,安藤晴彦. 模块时代:新产业的本质[M]. 周国荣,译. 上海:上海远东出版社,2003.
[③] 张旭梅,黄河,刘飞. 敏捷虚拟企业——21 世纪只领先企业的经营模式[M]. 北京:科学出版社,2003(3):59-69.
[④] Paul T. Kidd. Cheshire Henbury [OL]. http://www.CheshireHenbury.com.
[⑤] Paul T. Kidd. Agility Glossary of Terms [OL]. http://www.CheshireHenbury.com.

于"企业正被分解为越来越小的单位"的事实,他们把这种"越来越小的单位"定义为可以进行组合的"企业基因"。奥村宏则根据企业被分解为"越来越小的单位"的事实,认为"21世纪是大企业解体的世纪"①。管理学家彼德·德鲁克指出:"今后不会再有像 IBM 和 AT & T 这样的把所有必要技术和产品都集中于一身的大公司。"②

周和荣博士(2005)③认为,能力要素是敏捷企业的基本单元。能力要素是若干价值元素按照一定的方式聚集组合在一起形成的一种不可分的能力模块,这种能力模块通过其代理 Agent 与外部进行协作,从而能够敏捷地、自主地参与价值活动,并成为对产出有独特贡献的基本有机体。能力要素表示该有机体具有能够从事某种价值活动的资源的多少和性能的大小。

在吸收、借鉴前人研究成果的基础上,笔者认为,这种"下一代企业"的基本单元事实上就是构成网络基元 Agent 的特定功能资源单位。本书借鉴周和荣博士的观点,也将它们称为能力要素。这些能力要素具有模块化、集成化、可重塑、再集成等特点。能力要素对内可与其他能力要素一起集成为 Agent,形成 Agent 内部网络;对外可以与其他 Agent 能力要素、Agent、网络组织等集成形成特定网络组织,但前提是必须经过所属 Agent 的授权,因此,能力要素本身不具有完全自主性。

5.1.1.2 能力要素、网络基元与网络组织的关系

能力要素、网络基元 Agent、网络组织 Agents 都可以作为网络的节点,它们之间的联系和区别可以用图 5-1、图 5-2 和图 5-3 来形象地表示。

网络基元 Agent 与虚拟企业都由能力要素构成,从图形上看相似度很高,但二者并不相同。网络基元 Agent 是个独立法人组织,具有完全民事行为能力,各个能力要素之间是紧密联合,组织结构上相对稳定,存续时间较长;虚拟企业通常不是法人组织,不具备完全民事行为能力。

简单的虚拟企业往往是由来自不同 Agent 的特定能力要素组成,相互之间通常是互补合作关系,它们往往因为特定的任务到来而生,又因相应的任务完成或结束而解体。各个能力要素之间是松散联合,存续时间相对较短。

---

① 奥村宏. 21世纪的企业形态 [M]. 北京:中国计划出版社,2002.
② 彼德·德鲁克. 知识管理 [M]. 北京:中国人民大学出版社,1999.
③ 周和荣. 敏捷虚拟企业的外部化实现机制 [D]. 武汉:武汉理工大学,2005.

网络经济的逻辑：微观基础·运行机理·总图景

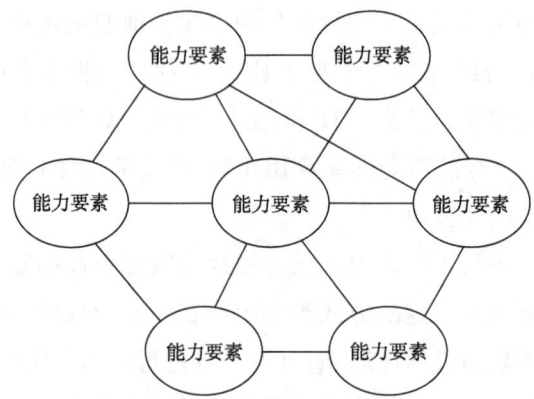

图 5-1　Agent 内部网络

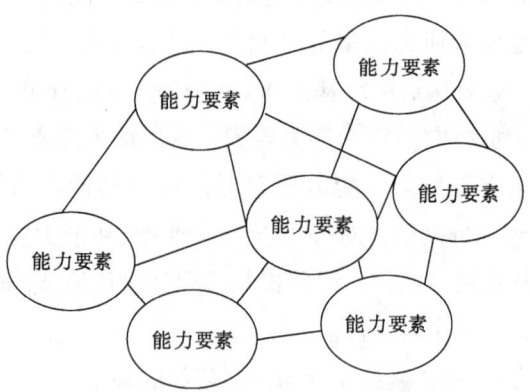

图 5-2　虚拟企业内部网络

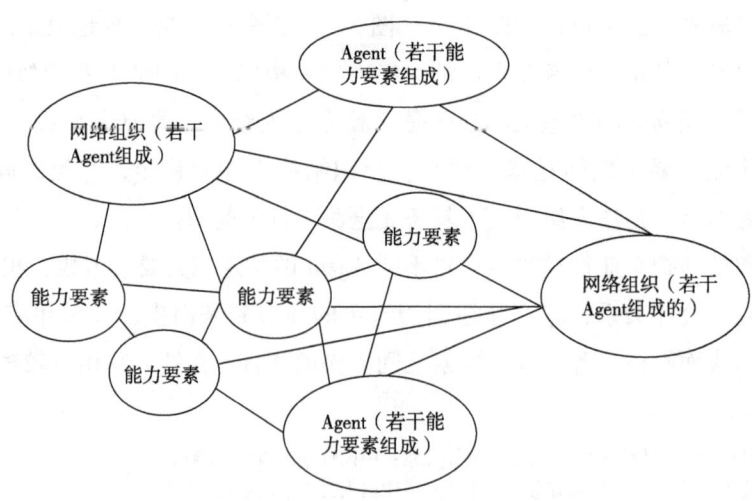

图 5-3　更大更复杂的虚拟企业（网络组织）

网络组织可以理解为更大更复杂的虚拟企业，内部不仅包括若干独立的网络基元 Agent，还包括若干来自不同网络基元 Agent 的能力要素，甚至是保持独立的能力要素（比如自由劳动者）。

值得注意的是，无论在简单的虚拟企业中，还是在复杂的网络组织中，相关能力要素并不完全从属于同一个网络基元 Agent，任一能力要素与外部发生联系时，都必须经过所在 Agent 授权。

5.1.1.3 经济作用者（Agent 或 Agents）的变化源于能力要素的凸起

网络经济实践中，网络组织虽形态各异，但基本上可以分为两大类，即有盟主的网络和无盟主的网络（也就是前文提到过的灵活企业）。图 5-4 是一个典型的无盟主的网络，图 5-5 是一个典型的有盟主的网络。由这两个图

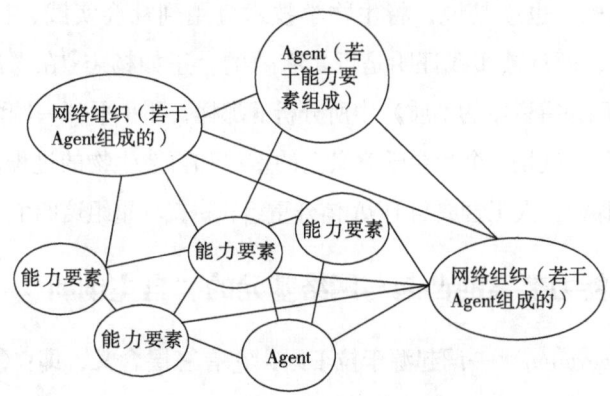

图 5-4 无盟主的网络

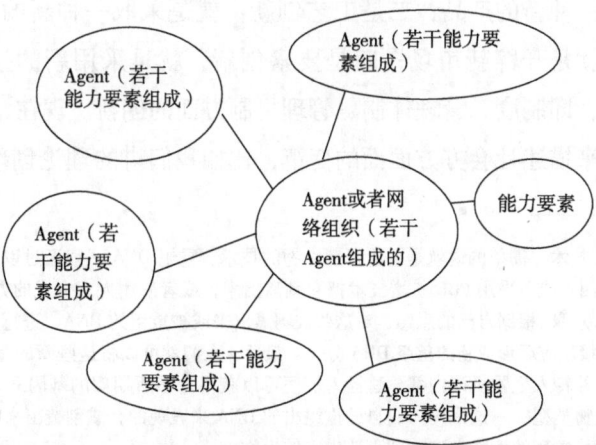

图 5-5 有盟主的网络组织

不难看出，网络节点可以是能力要素，可以是Agent，也可以是Agents。由于Agent本身由多个功能要素组成，Agents由若干个Agent组成（其中每一个Agent又由多个能力要素组成），可以得出结论：能力要素是网络组织的最小节点。

由于能力要素不仅内部会发生变化（包括渐变和突变），还能与外部其他能力要素重构、重组，而无论哪类变化，都会引致所在网络基元Agent发生变化，如果变化是显著且有益的，就可以认为网络基元发生了"基因突变"，且表现为能力要素的成长与重构。同样，能力要素的任何变化都会引致所在网络组织Agents的变化。换一个角度，由于网络经济市场需求复杂多变，为了适应环境的变化，网络基元Agent、网络组织Agents也会主动寻求、借鉴诸如现代生物科学技术中的重组基因工程技术[1]，实现内部某个或某些能力要素的创新，以实现更好的生存和发展的组织目标。也就是说，将生物学技术应用到社会实践、社会科学不仅完全是可行的，而且被实践证明是行之有效的。正如杨志[2]在《论资本的二重性——兼论我国公有资本的本质》中所分析的那样，邓小平"一国两制"的技术操作过程，实际上就是一个社会学意义上的重组和再造生物的过程，分别经历了剥离，提取、移植、人工合成与DNA体外重组，拼接和重组这四个工艺环节。

5.1.2 能力要素的凸起与网络基元的"自主创新"

创新（Innovation）一词起源于拉丁语，它有三层含义，即：①更新；②创造新的东西；③改变。熊彼特从企业的角度谈了五个方面的创新；一是产品创新，就是生产一种新的产品；二是工艺创新，就是采取一种新的生产方法；三是市场创新，就是开辟新市场；四是要素创新，就是采用新的生产要素；五，就是制度创新，即制度、管理体制、管理机制方面的创新。现在，"创新"这两个字几乎被用来描述社会方方面面的变革，比如我们讲的理论创新、制度创新、

---

[1] 重组DNA技术，简单的说就是再造新型生物的技术。重组DNA一般通过以下步骤：首先，对不同种类的生物基因，或者采用PCR扩增技术把它剥离出来，或者采用人工合成的方法进行DNA体外重组。然后，人们就可以根据自己的意愿，对这些被剥离出来或被重组的DNA，进行切割、拼接和再重组，使他们经过连接反应后形成新的重组DNA分子。最后，人们就可以将这些新的重组DNA分子转入适当的受体细胞，并转入生物机体内部，这样人们便可以获得自己所期望的基因来表现或创造出具有新的遗传特征的生物类型——这是用人们自己重组出的DNA来表现的，或创造出来的自然界本来不存在的、具有新的遗传类型的生物类型，即再造出来的生物。

[2] 参见：杨志. 论资本的二重性：兼论我国公有资本的本质 [M]. 北京：经济科学出版社，2002.

经营创新、技术创新、教育创新、分配创新等。什么是自主创新？简单地讲，就是该创新的主体是网络基元 Agent 或网络组织 Agents 自身，它们对创新成果具有处置权和收益权。网络经济实践中，经济作用者拥有了自主创新，就拥有了权益资本，就能够在授权体系中占据有利的位置，就能够在网络经济这个异质资本网络中分得更多的剩余价值——资本。

自主创新往往会使网络基元 Agent 内部某个或某几个能力要素的地位更为重要，更不可或缺，即处于"凸起"位置。这些"凸起"的能力要素就构成了网络基元 Agent 的核心竞争力。这种核心竞争力越强，网络基元 Agent 在网络组织中的地位就越高，控制外部资源的能力越强；在网络授权体系中的地位越高，权力越大，分得的利益也越多。网络经济实践中，无论是网络组织 Agents 要作为整体打造在网络经济系统中的核心竞争力还是网络基元 Agent 打造自身在网络组织中的核心竞争力，加大研发力量，不断寻求自主创新，使自身的能力要素"凸起"，都必须成为一种常态。如前面第 4 章图 4-15 谈到的耐克网络。耐克公司之所以较好地适应了网络经济，不仅牢牢地控制了数家代工企业，后者在利润极其微薄的情况下，仍然竞相为其服务，使其源源不断地获取丰厚的利润，秘诀就在于耐克公司始终把研发、把追求自主创新作为自己的首要任务。

5.1.3 "知识产权"与网络链路的"与时俱变"

所谓知识产权，就是通过从事智力创造性活动取得成果后依法享有的权利。从法律上讲，知识产权具有三种特征：其一是地域性，即除了签有国际公约或双边、多边协定外，依一国法律取得的权利只能在该国境内有效，受该国法律保护；其二是独占性或专有性，即只有权利人才能享有，他人不经权利人许可不得行使其权利；其三是时间性，各国法律对知识产权分别规定了一定期限，期满后权利自动终止。知识产权事实上是从法律上确认了自主创新者作为所有者拥有的财产权利，也就是法律保护他们作为知识产权授权方的地位以及因授权而获得的收益。由此可见，网络经济背景下，知识产权作为权益资本的地位是受法律保护的，知识产权的使用人或受让人只要与所有者签订相应的协议或合同，就必须在被授权后在规定的权限范围内活动，否则就会受到相应的惩罚。

网络组织中，能力要素、网络基元 Agent 和网络组织 Agents 都可以作为网络节点。那么，这些节点之间是如何联系的呢？本书认为，不同层级的授权体系是构架网络组织各个节点之间的链路，这在网络经济实践中表现为经济主体在授权体系的约束下，在一定权限范围内行使自己的权利，并履行自己的义务，如图5-6所示。需要注意的是，此处的经济主体只包括网络基元Agent、网络组织Agents，而不涵盖功能要素。功能要素的活动必须经过所在Agent的批准，也就是说，Agent是其功能要素的全权代理人。

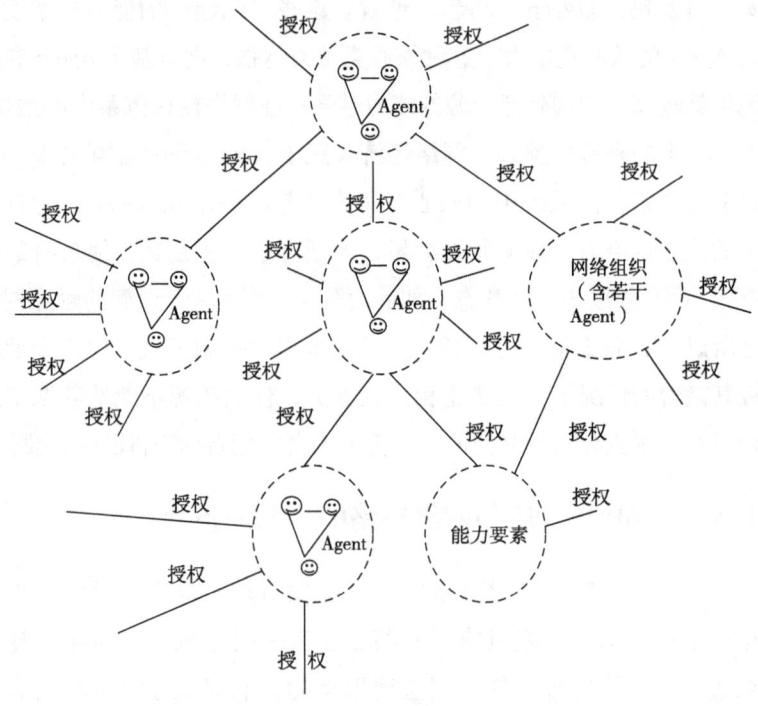

图5-6　授权体系是架构在网络节点之间的链路[①]

正如本书第2章所谈到的，网络经济是知识经济，是创新经济，是速度经济。由于市场需求复杂多变，产品生命周期越来越短，技术更迭越来越快，经济作用者Agents无论现在在授权体系中所处位置如何，都不能有半点懈怠，必须不断追求自主创新，以求成为知识产权的所有者。在这种动态变动中，网络组织本身的结构和形态也不断变化，而这正是缘于创新导致的特定节点——能力要素的凸起，从而引起了架构在网络组织节点之间的授权体系的

---

① ☺表示能力要素。

变化。可见，由于更多、更高级版本的知识产权不断涌现，授权体系与构架在组织网络节点之间的链路是动态变化的。

5.2 网络组织的自我演化与自我变异：发展过程中的渐变与突变

网络基元 Agent 经过模块化改造后，不仅其内部的能力要素都演变为 Agent 系统的子模块，而且网络基元 Agent 本身也可以作为子模块，与其他子模块一同集成为更大的网络组织系统。该网络组织并非一成不变，而是与时俱变、与时俱进的。当外部环境发生变化时，网络组织在自我演化的进程中既可能表现为渐变——遗传占主导地位，也可能表现为突变——变异占主导地位。网络组织的变迁源于网络基元内部的能力分组、基因重组，表现为网络组织内部基因图谱的变迁。由于基元内部基因重组导致的基元改变，就相当于组成系统的模块变了，这种变化如果足够大，以至于引起网络组织内部各个基元之间相对地位（各个基元相互之间的耦合度）的巨大变化，也就是授权体系内部力量对比的显著变化，网络组织就表现为"突变"，否则就表现为"渐变"。这就使得再集成后的网络组织具有了复杂性，表现出了各种各样不同的结构和形态，其外在表象就体现为有时候是"平"的，有时候是"新"的。

5.2.1 模块与网络组织

网络经济环境下，复杂是常态。网络组织作为复杂巨系统无疑是复杂的，我们可以借鉴前述第 4 章中涉及的计算机系统和计算机网络的分层设计思想，也就是所谓的模块设计思想。网络组织由许多子模块组成，这些子模块又由下一级子模块组成，以此类推。其中最小的模块就是能力要素。网络组织的复杂性就表现为诸种要素的解构与结构，这意味着：只要有一个"能力要素"模块发生变革，网络就发生变革，而由诸网络基元组成的模块也会发生变革。

5.2.1.1 模块化概述

所谓模块，是指一种具有相对独立功能的通用（或标准）单元，该标准单元作为子系统，可以和其他标准单元按照一定的规则相互联系，从而构成更加复杂的系统。通俗地讲，模块类似建筑积木，建筑师可以按照一定的规则设计出各种不同的房屋。模块体现的实际上就是分层设计的思想（计算机系统、计算机网络的构建就是实际应用的典范），因而模块本身对上层设计者而言往往是不"透明"的，仅仅表现为一种具有特定功能和输入、输出接口的"黑箱"，所以通常也被称作"隐性模块"。模块设计者通常只需知道模块的功能和输入、输出接口，就可用其构成系统，而不需要知道模块内部的详细结构，这样，较下层的设计者就可以将一些不确定性留给那些具有创新精神的上层专业设计人员去解决，从而解决网络经济背景下的非线性复杂问题和非决定论的不确定性问题。

分层设计的思想决定了复杂系统的设计师也处于不同层次，有等级之分，这就类似金字塔式的科层组织。按照模块设计者在系统设计中发挥作用的不同，可将其分为两大类：其一是模块总"设计师"，也称为模块设计者，即模块产品的"看得见的"信息——设计规则（如 TCP/IP 协议）——的设计者，他提出模块设计的结构、界面、实验规则等设计标准，对模块进行分解化；其二是模块工学"设计师"，即按照模块结构、界面、实验规则要求对某一具体模块进行设计的人员。需要注意的是，由于分层设计思想的存在，总设计师与工学设计师的划分也是相对的，某个子模块的总设计师仅仅是总模块的工学设计师。

由于"复杂"在网络经济中已经成为规律，传统经济社会在牛顿经典物理理论影响下产生并曾立下汗马功劳的决定论和线性思维正逐渐退出历史舞台。复杂系统的"复杂性"和"不确定性"决定了其处在有序和无序之混沌的边缘，其设计也必须是分层的，即设计者要根据"看得见（即明确规定）的设计规则"和"隐性设计规则"两种不同层面的设计规则来保证复杂系统既有传承（针对有序）又有创新（针对无序）。其中，"看得见（明确规定）的设计规则"又称作显性设计规则，是影响下一步决策的决策。它在系统设计之初必须确定三种规则：一是结构，即确定哪些模块是系统的构成要素，它们是怎样发挥作用的；二是界面，详细规定模块如何相互作用，模块相互之间的位置如何安排，模块之间如何联系（通信），如何交换信息等；三是标准，即检验模块是否符合设计原则及测定模块性能的具体试验规则。这三种规则其实就是模块的所谓"结构"、"界面"和"标准"。

所谓模块化，就是在信息技术革命的背景下，产业发展过程中逐步呈现出来的用于解决复杂系统问题的新的系统方法，它主要研究复杂系统的最佳分解与组合问题。模块化也是充分利用外部资源的有效方法，它使并行操作成为可能，并有利于对付事物的不确定性。通过把模块分解为子模块，设计者、制造者、供应商、客户都获得了很高的灵活性。模块化是有成本的，不是所有的系统都能进行低成本的模块化。就内容而言，模块化通常发生在研发、设计、生产、营销、服务以及企业组织等企业要素和过程；就产业而言，模块化通常发生在 IT 行业、制造业、金融服务业等所谓的易于"数码化"的行业。①

5.2.1.2 模块化方法学

如前所述，模块化设计规则包括显形设计规则和隐性设计规则，前者主要指具体模块的"结构""界面""标准"等设计的总要求，后者主要指具体模块的工学设计原则。模块化的实现原则不是具体的某种模块的工学设计原则，而是敏捷企业模块化总的指导原则——RRS 原则。RRS 原则被认为是敏捷系统（组织、产品、过程、设备等）的设计原则，具体见表 5-1②。

表 5-1　敏捷企业的模块化实现原则

RRS	设计准则
可重构性	封装集成的单元模块：强调系统中各单元之间的独立性和作为一个独立系统功能上的完整性； 置换兼容性：系统中的不同子系统采用标准化的、通用的接口； 辅助工具的可置换性：系统中的某个子系统可以方便地被置换而不改变其他子系统
可重用性	跨层次对话：授权工作小组内外的直接交流； 动态滞后联编：所有的各种联系、关系都被处理成临时的，不同对象之间直接、固定的联系方式确定越晚越好； 分布的控制机制和信息系统：各能力要素对局部的运作负责，全局共享的局部能力自治关系，动态规划的组织原则，开放式系统结构

---

① 青木昌彦，安藤晴彦. 模块时代：新产业的本质 [M]. 上海：远东出版社，2003.
② 周和荣. 敏捷企业及其运行机理研究 [D]. 武汉：武汉理工大学，2005：104.

续表

RRS	设计准则
可扩充性	伸缩范围：一个单元内的构成元素数目无限制，可以根据需要增加或减少； 冗余单元：一些复制的生产单元，以便在需要的时候可以迅速扩大企业的生产能力； 可扩展的框架体系结构：有一个开放式的集成环境和体系结构，保证企业原有系统和新系统的协调工作

5.2.1.3 模块与网络组织①

网络组织 Agents 模块化涉及的对象包括：各个能力要素（如组织型、人员型、设备型等），产品，产品过程。

第一，组织模块化。组织模块化是通过组织单元的模块分解化、标准化和组合化，满足组织模块"界面""结构""标准"的要求，实现组织单元 RRS 特性的过程。组织模块的"界面"主要是指组织单元内部各子单元模块之间以及与外部（前、后、左、右）组织之间的自治边界和信息交换接口。自治边界是通过责权利边界的明晰化，进而使之成为投入、产出关系明确的自治体实现的；在此基础上通过其代理 Agent 代理，就形成组织型能力要素。信息交换接口界定了信息传输的通道，包括密钥和防火墙等。

组织模块的"结构"主要是指组织单元内部各子模块的组合方式以及与外部（前、后、左、右）组织模块之间的结构方式。如前所述，敏捷企业组织模块之间是以网状的点到点连接和以简捷的科层结构连接形成的混合连接。组织模块的"标准"，即检验组织模块是否符合设计原则及测定组织模块性能的具体试验规则，主要指组织模块的 RRS 特性以及权利边界、责任边界、效率边界等。

第二，人员模块化。人员模块化是通过特定人员的模块标准化和组合化，满足人员模块"界面""结构""标准"的要求，实现人员模块 RRS 特性的过程。人员模块是一类比较特殊的模块，这种特殊性体现在：①人员模块化具有相对性。这种相对性体现为两个方面，一是只有那些知识、技能较高，对产出有特定价值的人员进行模块化才有实际意义，因为模块化是需要成本的；二是作为知识载体的人员要受到"知识包"的约束。"知识包"是对于

---

① 周和荣.敏捷企业及其运行机理研究［D］.武汉：武汉理工大学，2005：105－107.

某一工序或作业而言是不可分割的多种知识的集合。"知识包"的相对性决定了人员模块化的相对性，有一些业务在人员组织上是不能分割的，因而就不能进行模块化。②人员模块通常是组织模块的子模块，包含在组织模块内。③一些专家、技术人员通常是独立或相对独立的人员模块，他们与组织模块处于同等的地位。人员模块的"界面"是指人员的责、权、利自治边界和人机接口界面。责、权、利自治边界的明晰化也包括在某些情况下投入、产出等效率边界的明晰化，使其成为最基本的独立利润单位；在此基础上通过 Agent 授权，就形成人员功能要素。人机接口界面界定其信息传输的通道包括密钥和防火墙等。人员模块的结构，即人员能力要素间以及与组织型、设备型能力要素间的结构关系等。人员模块的"标准"，即检验人员模块是否符合设计原则及测定人员模块性能的具体试验规则。具体地说，包括检验人员能力要素是否具有特定的能力，责、权、利自治边界是否明晰，投入、产出等效率边界是非明晰，敏捷性能否满足要求等。

第三，设备模块化。设备模块化是通过设备的模块分解化、标准化和组合化，满足设备模块"界面""结构""标准"的要求，实现设备模块单元 RRS 特性的过程。设备模块的"界面"是指设备的功能边界、设备的物理联系方式、信息接口界面等。功能边界的明晰化使智能设备成为设备型的"自治体"，甚至也可能使之成为有投入、有产出的独立利润单位；在此基础上，通过其代理 Agent 代理，就形成设备型能力要素。信息、接口界面界定了信息、传输的通道包括密钥和防火墙等。设备模块的"结构"，即设备内部子模块的种类及相互间的位置关系等。设备模块的"标准"，即检验设备模块是否符合设计原则及测定设备模块性能的具体试验规则。

第四，产品模块化。产品模块化是通过产品的模块分解化、标准化和组合化，满足产品模块"界面""结构""标准"的要求，实现产品 RRS 特性的过程。产品模块的"界面"是指产品的功能边界和物理、信息接口界面。功能边界的明晰化，使产品模块成为功能单位；物理、信息接口界面界定了其物理连接方式、信息传输的通道等。产品模块的"结构"是指产品内部子模块的种类及相互间的结构关系。产品模块的"标准"，即检验产品模块是否符合设计原则以及测定产品模块性能的具体试验规则。

第五，产品过程模块化。产品过程模块化是通过产品过程的模块分解化、标准化和组合化，满足产品过程模块"界面""结构""标准"的要求，实现产品过程 RRS 特性的过程。一个产品过程模块实质上是一个独立或相对独立的产品过程单元。产品过程模块的"界面"，即产品过程的功能边界和物理、信息接口界面。功能边界的明晰化使产品过程模块成为功能单位，物理、信息接口界面界定了其物理连接界面、信息传输通道等。产品过程模块的"结构"，即产品过程内部子模块的种类及相互间的结构关系。产品过程模块的"标准"，即检验产品过程模块是否符合设计原则以及测定产品过程模块性能的具体试验规则。

5.2.2 集成与网络组织

5.2.2.1 集成单元[①]

集成单元即构成集成或集成关系的基本单位（基本要素），是形成集成体的基本物质条件。集成单元是相对于具体对象而言的，处在不同层次的集成单元，各有其不同的内容。也存在一些相对不可分的集成单元，如成组单元等，这些相对不可分的集成单元称为基本集成单元。集成单元的涉及概念包括：

①集成界面：即集成单元之间的接触方式和机制的总和，或者说是集成单元之间、集成体与环境之间物质、信息与能量传导的媒介、通道或载体。从不同的角度，集成界面可以分为：无形或有形、单一或多重、内在或外在、单介质界面与多介质界面等。对某一确定的集成关系而言，集成界面往往是多种形式的组合。在模块化条件下，模块的界面就是集成界面。

②集成模式：即集成单元之间相互联系的方式，既反映集成单元之间物质、信息交流关系，也反映集成单元之间能量互换关系。从集成的组织方式来看，集成体中存在单元集成、过程集成、系统集成三种组织形式。单元集成组织是处于同一层次的同类或异类集成单元，在一定的时空范围内为实现特定功能而集合成的集成组织。过程集成组织是集成单元按照某一有序过程集合而成的集成组织。系统集成组织是各种同类、异类集成单元在相同层次

---

① 周和荣，敏捷企业及其运行机理研究 [D]. 武汉：武汉理工大学，2005：115.

或不同层次上集合而成的整体系统组织。

③集成环境：即集成体的外在环境。集成体与环境间是通过集成界面来实现物质、信息和能量的交流，集成体一经形成，其环境也就确定了。集成环境对集成体有正面、反面和中性三种作用。

④集成度：由集成密度、集成维度和集成关联度等组成。集成密度反映了在一种集成关系中，集成单元数量的多少；集成维度反映了一种集成关系中，异类集成单元的数量；集成关联度则反映了集成单元之间的联系程度。一般而言，集成度越高的集成体，集成的效能也越高。

⑤集成场：即集成行为发生的空间范畴，它不是可见的三维空间，也不是通常的时空四维物理空间，而是一个既抽象又具体的横跨社会、自然、经济众多领域的空间，包括场元、基核和联结键。场元即构成集成场的元素；基核是集成场的形成基础，它通常是具有最大聚集力的场元；联结键即场元与场元之间、场元与基核之间的关系。

5.2.2.2 集成实现原理[①]

网络企业集成实现的基本路线是：在 Agent 内部功能要素集成、信息集成、过程集成、管理集成的基础上，实现与外部供应商、客户、伙伴间的能力要素集成、信息集成、过程集成、管理集成，组成敏捷虚拟企业集团（AVEs）、敏捷供应链（ASC）和敏捷虚拟企业（AVE），实现虚拟一体化，为敏捷企业的敏捷运行提供组织、人员、设备等能力要素以及信息、知识、过程等能力、资源基础。表 5-2 是根据集成的目的、集成场的特征和集成效应的不同，提出了敏捷企业集成实现的联合、互惠、互补、共生模式（即 ARCA 模式）。

表 5-2 敏捷企业集成实现的 ARCA 模式

集成模式	聚合重组型集成模式	互惠型集成模式	互补型集成模式	共生型集成模式
集成场	核心集成场	AVE 集成场	ASC 集成场	AVEs 集成场
集成对象	能力要素、技术、管理等	互惠型能力要素	互补型能力要素	基本竞争力量、其他利益相关者

---

① 周和荣. 敏捷企业及其运行机理研究 [D]. 武汉：武汉理工大学，2005：121-122.

续表

集成模式	聚合重组型集成模式	互惠型集成模式	互补型集成模式	共生型集成模式
场元	核心能力要素、必需能力要素	核心能力诉讼要素	核心能力要素	环境要素
联结键	使命型、流程型	技术、资源型	功能型	环境要素型
集成场特征	动态、开放、敏捷的扁平流程状	动态、开放、共享的虚拟网络状	动态、开放、敏捷的网链状	动态、开放、敏捷的、虚拟的网状
集成度	高	较高	较高	低
集成目的	形成敏捷竞争力和资源	形成 AVE 所需要的能力和资源	形成 ASC 所需要的能力和资源	形成 AVES 所需要的能力和资源

第一，聚合（aggregation）重组型集成模式，即敏捷企业及其能力要素为了优化自身的能力，经过内部要素的聚合重组而形成浑然一体的集成关系，在此基础上形成的集成场——敏捷企业及其能力要素发生质变。该模式通常发生在敏捷企业内部，通过聚合重组形成核心集成场。其联结键为使命型、简洁的科层联结型、流程型等，它们分别基于使命、简洁的科层关系、流程关系等形成联结。此模式的主要功能在于经过聚合重组，提高集成度，使核心能力要素、必需能力要素的功能倍增。另外，在 AVE 集成场也存在这种集成模式。

第二，互惠（reciprocal）型集成模式，即敏捷企业或其核心能力要素基于某种市场机遇，与其他同质的敏捷企业或其核心能力要素集成为互惠型的 AVE 集成场。这种敏捷虚拟的集成体是共享的，由集成它的主体所共有、共享；又是动态多变的，它随着机遇的捕获而形成，随着机遇的终结而解散。互惠型集成形成 AVE 集成场的联结链通常有两种：一种是技术型联结键，即技术原因导致其场元即核心能力之间的关联，具体包括工艺联结、流程联结、产品联结等，如虚拟设计、虚拟技术创新等；另一种是资源型联结键，即由于场元能力要素具有资源方面的共享性、互惠性、弥补性、增添性，相互关联而联结在一起的关系。

第三，互补（complemental）型集成模式，即敏捷企业的核心能力要素基于异质能力的互补，与客户、供应商等所形成的集成关系。这种集成关系形成 ASC 集成场，其集成场在形态上呈动态、开放、敏捷的网链状，集成度高；其联结键通常为功能型，即具有不同能力的敏捷企业或能力要素之间的联结所形成的集成关系。在传统企业中，企业的各种功能是相对完整和独立的，企业供需链之间联结强度很低，故属于弱联结。在敏捷企业条件下，由于其能力集中、不完整，相互间具有很强的功能互补性，因此，通过集成，功能之间的整合大大加强，尤其是在先进技术的支持下，各种功能的内在联系日益紧密并形成虚拟一体化。

第四，共生（accrete）型集成模式，即敏捷企业及其能力要素以某种物质或意识形态的非充分性互需关系为基础与其环境中的相关实体集成所形成的集成关系，它形成 AVEs 集成场，其场元为集成场中的非充分性互需关系的相关实体。其联结键为环境要素型，即各种社会的、经济的、文化的、自然的环境要素，这些环境要素通过直接的或虚拟的方式与敏捷企业的集成单元相互联结，互供需求（非充分性的），相伴相生。

5.2.2.3 集成与网络组织

网络组织集成是以集成论为指导，以网络化信息系统为基础，在内部能力要素、过程、管理等集成的基础上，实现与全球异地的客户、供应商、伙伴之间的虚拟一体化，形成工作组（work team，WT）、敏捷供应链（ASC）、敏捷虚拟企业（AVE）、敏捷虚拟企业集团（AVEs）等集成体，为敏捷地响应不确定性市场、实现市场机遇提供组织、人员、技术、管理等虚拟一体化支撑的过程和手段。

网络组织集成可分为内部集成和外部集成。内部集成是指敏捷企业内部能力要素之间的集成；外部集成是敏捷企业及其能力要素与外部客户、供应商、伙伴等能力实体之间的集成。内部集成形成职能项目组、任务项目组、敏捷企业，外部集成形成 ASC、AVE、AVEs 等不同规模、层次的有机体。按集成的对象，敏捷企业集成可分为能力要素集成、信息集成、过程集成和管理集成。①能力要素集成是敏捷企业内外部相关的能力要素（簇）（包括敏捷企业）之间的集成，包括组织能力要素间、人员能力要素间、设备能力要素间、组织与人员能力要素间、组织与设备能力要素间、人员与设备能力要素间六种具体的集成方式。按照能力要素集成的界面，可以分为人—人集成、机—机（机即设备）集成、人—机集成三种基本形式。能力要素集成是敏捷企业最基本的集成，其他各种集成一般建立在此基础之上。②信息集成是敏捷企业内部以及与外部供应商、客户、伙伴间的信息系统、信息流的集成。③过程集成是面向实现机遇/定制所要求的过程，对敏捷企业内外部相关的能力要素和信息流、工作流、物流、价值流进行集成，以形成一体化的过程组织和一体化的信息流、工作流、物流、价值流，其实质是形成面向机遇的能力要素网络（后面会进一步研究）。④管理集成是基于实现机遇的目标要求，为了有效地发挥敏捷企业、能力要素以及 WT、AVE、ASC、AVEs 等有机体的效能，以集成思想为指导，对管理思想、管理理论、管理方法、管理对象、管理功能（如采购、生产、销售、财务管理等）、管理手段、管理方式（计划、组织、协调、控制、激励、领导管理等）等进行一体化整合，以产生一种系统的、综合的、复合型的管理模式和方法的行为及过程的总称。管理集成是形成卓越的敏捷竞争力的重要手段。①

5.2.3　网络组织的动态演化

5.2.3.1　网络组织的动态方式——模块化、集成、再集成

网络组织的结构和形态经常处于变动中，其运动方式表现为模块化—集成—再集成—模块化—集成—再集成……如此循环往复。值得一提的是，在后续循环中，如果网络组织涉及的经济活动与以往没有较大不同，表现为已经有比较成熟的可重复使用的模块，模块化这一阶段就可以省略。而假如网络组织涉及的是比较新的项目或订单，则必须根据工作任务进行重新定位，确定能力要素、确定模块等工作。我们可以用一个简单的图形（如图 5-7）来描述网络组织的动态方式。

网络经济实践中，机遇驱动和订单驱动是两种常见的引致网络组织运动的因素。所谓机遇驱动，是指某经济作用者（Agent 或 Agents）根据自己的调查研究发现某个潜在的有利可图的市场需求机会，或者预测自身有自主知识

---

① 周和荣. 敏捷企业及其运行机理研究 [D]. 武汉：武汉理工大学，2005：117.

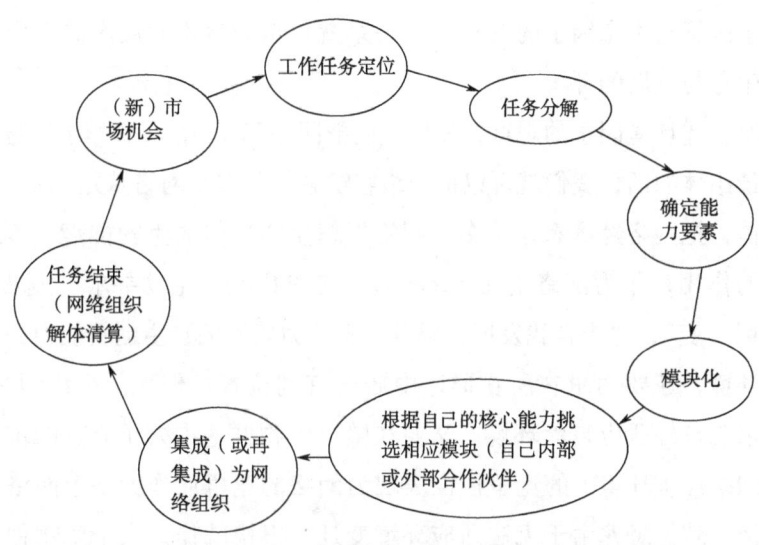

图 5-7　网络组织的动态方式

产权的专利（产品、技术等）具有潜在的社会应用需求，或者寻求到某项科学技术产业化的路径并有潜在巨大利益等时，作为网络发起人，迅速采取一系列行动，根据需要寻求合作伙伴组建网络组织的模式。所谓订单驱动模式，是指消费者根据自己的个性化需求在网上客户端填写订单，经济作用者根据客户订单上的要求为客户定制产品时，作为网络发起人，迅速采取一系列行动满足客户个性化需求的模式。如前面提到的戴尔公司采取的就是订单驱动模式。

5.2.3.2　网络组织动态演化的生态学解释

从生态学的角度看，一个生命或生物群体的发展环境，是由许多环境因子和生命因子构成的。所谓环境因子，指的是某个生命体外部的所有构成要素，例如气候、营养、水、土壤、海洋、大气、自然灾变，此外还有生物群体之间的相互作用等。所谓生态因子[①]，指的是个体生命与生物群体，局部生物种类与全部生物种类，微观生命现象与宏观生命现象等之间相互依存的关

[①] 生态因子与生命因子的联系与区别：生态因子是既包括生命因子也包括环境因子，并且这两个因子之间是互动的相对的关系，而生命因子是生态因子的一个要素。如果用生命因子描述网络基元，生态因子就可以描述众多网络基元以及它们彼此之间的关系。

系。环境因子与生态因子的互动及其关系就是承载着不同层次的生命生物形式共同生存与发展的环境。

借鉴上述环境因子的观点，如果我们把网络基元 Agent 看作干细胞，看作生命的最小体的话，我们就可以把网络组织看作是多个网络基元 Agent 组成的生物群体，把网络经济看作是多个网络组织生物群体的生物群落。考虑到环境因子的作用，作为网络基元 Agent 必须与时俱变，主动寻求"基因变异"或"基因突变"，寻求自我发展，提升自身能力要素的自主创新能力，不仅适应自然环境，还要力求在所在群体中居于有利位置；作为网络组织 Agents，则要寻求既较好适应自然环境，又要在整个生物群落中处于有利的位置，否则由于网络经济环境下的竞争往往表现为网络的竞争而作为一个网络种群被整体淘汰，就像恐龙由于无法适应环境变迁，很快就作为一个生物种群从地球上消失一样。网络经济实践中，环境（包括自然环境和社会经济环境）复杂、多变，网络组织作为复杂系统，必须寻求灵活多变，寻求创新，不断实现由简单到复杂的演化，而模块化、集成和再集成就是一个处理复杂事务的理想方法。

借鉴上述生态因子的观点，网络基元 Agent、网络组织 Agents、Agents 群落（网络经济）和网络地球是相互依存的关系。因此，理解网络地球生态环境的要害在于网络地球环境与网络组织群落的互动作用：一方面，网络组织的分布、生长、繁殖等一切活动都要受环境的影响和制约；另一方面，网络组织的活动又反过来会引起环境的变化。网络经济背景下，经济、社会和环境的联结性进一步增强，牵一发而动全身。主要表现在以下几个方面：其一，整个经济系统中各个经济作用者（包括生产者、消费者、监管者）被紧紧联结在一起；其二，整个社会系统中各个经济作用者、社会团体、政府组织等被紧紧联结在一起；其三，整个网络地球中，经济系统、社会系统和生态系统被紧密的镶嵌成一个整体。从这个意义上而言，人作为地球上至高无上的活物质曾经以征服自然、改造自然为荣，当这种掠夺式的经济增长模式难以为继时，当人类屡遭自然报复后，人们开始反思经济增长模式，反思人作为活物质的主观能动性的发挥不能毫无顾忌，应该限定在一定范围内。网络经济时代的人们似乎应当考虑多向同样是活物质的绿色植物学习，吃的是二氧化碳，吐的是氧气。

5.3 网络地球的重塑运动：世界既是平的也是新的

网络组织作为一种新生产方式，使网络地球表现出"复杂性"。具体讲就是：一方面，网络地球表现为一体化的趋势，即农村和城市、落后地区和先进地区、穷国和富国、落后区域和繁荣区域之间的联系更加密切，有变平的态势；另一方面，世界各个地域的发展并不均衡，无论在地方层次、国家层次还是国际层次，不仅表现为生产活动、贸易活动、金融活动等日趋集中，还表现为显著的空间地理变迁，即世界是动态变化的，是新的。

5.3.1 千姿百态的网络组织

经济一体化过程中，经济作用者 Agents 可以利用或借助的市场力量因地区"地理层次"或"地理标度"的不同而异。在"地理标度"较小的层次（如国内某省或某州）和"地理标度"较大的地区（如某国），地理因素造成的挑战迥然不同。在"地理标度"更大的区域（如组成某个地理区域的一组国家），推进经济一体化的市场力量可能受到更大的地理和政治阻力。由于网络组织赖以实现的微观机制——授权体系中各种力量的对比不同，网络组织也呈现千姿百态的特征。

在网络经济背景下，经济发展的地理变迁可以用密度、距离和分割这三个特征来界定。[①] 由于密度、距离和分割三个因素不同，相应层次地理区域内经济作用者所涉及的授权体系力量对比也不同。如在地方层次，政府政策的目标就是实现合理的密度，即利用市场力量鼓励村镇和城市的经济集中和生活水平的趋同；在国家层次，政府政策的目标是帮助公司和工人减少与经济密集区的距离，它们往往会采取加大基础设施投资力度，降低交通运输成本，从而促进劳动力的流通等政策；在国际层次，国际组织、政府等组织的目标也是围绕区域间的分割而采取行动。

---

① 世界银行华盛顿特区.2009年世界发展报告——重塑世界经济地理。

由于不同层次、不同地理标度区域内网络组织赖以实现的微观机制——授权体系中各种力量的对比都不同,网络经济中的网络组织也呈现千姿百态的特征。但其共同的特点表现为区域发展不平衡。从国际层面上看,网络经济生产主要集中在北美洲、东北亚和西欧等少数几个一体化程度最高地区的国家。相形之下,其他地区则支离破碎。国际上,距离对进军世界市场产生了影响。分割造成了边界的不可穿越性以及货币与规则的差别,这是比距离更棘手的问题。一个规模相当的、生气勃勃的经济区有助于小国,尤其是有助于远离世界市场地区国家的发展。对中非和中亚等其他地区而言,经济一体化困难重重。而且这些地理标度的潜在问题万变不离其宗:生活和生产两地分割。地方吸纳生产和人口的速度各异,导致收入在地理空间上的不平等分配。在不同省区、国家和世界上,发展如巨浪汹涌而来,所经之处经济走势高低起伏,一些地方繁荣起来,一些地方贫穷缠体。① 这就是授权体系不同力量影响下形成的千姿百态的网络组织。

5.3.2 网络组织的演化与变异

谈到网络组织的演化和变异,有必要借鉴一下普利高津的耗散结构理论。简单地说,耗散结构理论就是揭示系统的热力学性质的理论,它揭示系统在远离平衡态时,与在平衡态时和近平衡态时有着不同的本质,以及系统在这个区域内可以实现从简单到复杂的演化并出现以耗散结构为特征的有序性。具体地说,它是揭示一个远离平衡态的非线性的开放系统——不管是物理的、化学的、生物的还是社会的、经济的系统——通过不断地与外界交换物质和能量,在其内部某个参量的变化达到一定的阈值时,通过涨落,系统可能发生突变,即非平衡相变,便由原来的混沌无序状态转变为一种在时间上、空间上或功能上的有序状态的理论。如果说早期系统论坚持从整体性看待系统的观点,那么,耗散结构理论更注重揭示系统在演变和转化过程中呈现的整体属性和规律。

按照上述理论,我们可以视网络经济中的经济作用者与传统工业经济中的企业一样,都是耗散结构,总趋势都是自组织,都是处于从无序到有序的演化过程中,只不过前者是在远离平衡态,后者是在平衡态或近平衡态。网

---

① 世界银行华盛顿特区.2009年世界发展报告:重塑世界经济地理 [R].2009:7.

络经济背景下,技术更迭日新月异,产品生命周期日益缩短,加之复杂多变的市场需求环境和更加激烈的市场竞争环境,经济作用者(Agent 或者 Agents)大多数情况下都在远离平衡态的状态下求生存和发展,时时刻刻都要与时俱进。作为网络基元,其技术路线不仅可以借鉴现代生物技术运用剥离、分离、提取、切割、拼接、合成、融合、转移、植入、联结、重组等技术手段来实现能力要素的创新,还可以通过"干中学"的方式提升自己的能力,从而使自身的基因发生突变和变异。而一旦作为网络组织系统子模块的任意一个 Agent 发生突变和变异,网络组织就会发生演化(遗传占主导地位)。如果这个变化足够大,就产生了变异,这就是网络组织的演化和变异。网络经济系统中,无论是金融网络、物流网络还是生产网络,相对于传统工业经济,都一方面表现为地理上更加趋于集中;另一方面也表现为在整个网络经济中,异质资本网络中的流动性和支配力大大增强。网络经济背景下,网络组织虽然遗传了传统产业集群的某些特征,但它却在根本上不同于传统产业集群,即发生了变异。因此,网络组织是集演化与变异于一身的超复杂组织,其变异源于网络基元内部能力要素的凸起。

5.3.3 全球性的转变——网络重塑世界经济新地理[①]

大约在 20 年前,日本的管理学作家凯尼奇·奥梅,发明了"全球三极"一词来捕捉全球经济在在宏观尺度上的趋势(Kenich Ohmae,1985)。根据这一观点,全球经济在本质上是围绕三个极点组织起来的,宏观区域结构的三个支撑点分别是北美洲、欧洲和东亚。这三个区域包含了全球制造业生产的八成,提供了全球商品出口的八成。在过去 30 年间,经济活动在这三个区域的集聚程度是增加的。从对外直接投资的角度来分析,全球三极也表现出同等的重要性。全球对外直接投资存量的 80% 源于这三个地区。另外,这三个大区对外直接投资流量不对称,目前最大的流量发生在美国。这些趋势表明,全球三级事实上吸纳了越来越多的世界生产、贸易和直接投资。这三极凌驾在全球经济之上,组成了世界的巨型市场。从微观上讲,所有的制造业和商务服务活动都位于规

[①] 转引自彼得·迪肯. 全球性转变:重塑 21 世纪的全球经济地图 [M]. 北京:商务印书馆,2007:64-71. 作者有改动。

模相差不大的城市体系中。从中观上讲，表现为跨境集群和通道，如欧洲主要经济增长轴、崛起中的亚太经济走廊和美国—墨西哥边境地带。

在21世纪的今天，全球经济地图与几十年前相比显得复杂得多。尽管也有明显的连续性要素，但剧烈的变化已经发生。世界经济增长的总体轨迹越来越不稳定，表现为短期的经济增长高潮被减缓期甚至衰退所中断。然而，在这一不均衡的增长轨迹中，全球经济地图发生了相当大的格局重构。尽管全球经济继续由少数核心国家群体所主导，但制造业生产，特别是贸易已不再像200年前那样绝对是核心区域的活动。虽然核心国家仍然控制着国际贸易流，但明显的增长率是由东亚新兴工业化国家和地区取得的。近年来，最主要的全球性变化是东亚，包括中国作为一个充满活力的经济增长区域的崛起。总体而言，全球经济地图的格局发生了很大的变化。但事实是经济活动中的全球性变化的实际程度是极不均衡的。只有极少数国家实现了显著的经济增长。绝大多数国家面临金融困境，同时还有一些国家处于生存线的边缘甚至是低于基本生存线。

5.4 基于区块链技术的双循环：国内循环、国际循环及交互循环

5.4.1 经济循环释义

所谓循环，是指往复回旋，事物周而复始地运动或变化。[①] 所谓经济循环[②]，就是以资本为主体、以资本为主导、以资本增殖为主旋律，以商品为载体、以货币为媒介、以市场为运动机制，包含资本价值和剩余价值的资本循环。从现实形态上看，产业资本循环即制造业形态的资本循环，是货币资本循环、生产资本（包括生产资料和劳动力）循环、商品资本循环的有机统一。马克思关于经济循环有非常系统的阐述。其中，资本循环和资本周转理论都是讨论单个资本，主要谈资本运动 ["流"，包括货币流（资本价值和剩余价值）和物流（生产资料和消费资料）]，也即全供应链运动的形式、特点、条

---

① https：//baike.baidu.com/item/%E5%BE%AA%E7%8E%AF/71073？fr=aladdin。
② 本书特指市场经济框架下的经济循环。

件以及与运动速度和增殖速度之间的关系。社会总资本再生产实际上是制造业资本中各个单个资本运动的总和，是讲各个链之间的相互联系、相互交错以及互为前提的均衡、比例、宏观效率的问题，这就上升为网络问题。资本生产总过程理论则从包含资本主义生产关系、分配关系、交换关系和消费关系的广义生产关系的总和的视角，极其详尽地说明了产业资本（制造业资本以及投入到运输业和农业、矿山业的资本）、商业资本、生息资本（包括银行资本、虚拟资本）等各种具体形态的资本是如何相互对立、相互竞争，又相互联系和相互作用的。①

5.4.1.1 单个资本运动与经济循环

（1）资本循环与供需总量和结构平衡

马克思资本循环理论从微观上揭示了单个资本是如何从货币资本到生产资本，再到商品资本，继而又到货币资本，如此反复，形成一个周而复始的过程。任何单个循环都要求不仅生产出资本价值和剩余价值，还必须使资本价值和剩余价值得以实现，任何一个中间环节出现问题，资本循环都将终止。也就是说，每个循环都必须经历从投入货币资本购买生产资料和劳动力，转变为生产资本进行生产，经过生产过程后再转变为包含着剩余价值的商品资本，继而又通过市场销售给消费者，从而实现惊险的一跃而变为更多的货币资本，即实现资本价值增殖。从资本循环目的的角度看，无疑，从商品资本到货币资本的转换这一环节至关重要。这就要求单个资本顺畅循环的外部环境，也就是作为各个产业总和的商品资本的总供给和总需求必须互相匹配，包括数量、结构和质量。换句话说，单个资本循环的正常进行必须以社会总资本正常循环为前提、条件和总场景。质量恐怕更重要，如果质量完全不符合消费者要求，买和卖无法达成共识，商品资本就会沉没而无法变成货币资本得以循环。如果质量符合消费者要求，供给数量大于特定市场消费者需求，也会积压一部分，那就需要扩大地理范围，寻找更多的市场来消化库存；如果数量小于特定市场消费者需求，消费者可能会寻求到其他市场购买而满足

---

① 杨志，马艳，等. 经济学方法论比较：基于资本论的视角 [M]. 北京：中国人民大学出版社，2015：243.

自己的需求。可见,产品质量是商品资本转化为货币资本的关键因素。作为供给侧①,必须重视研发,形成产学研创新网络,在充分重视供求大数据的搜集和精准分析的前提下,实现"生产决定流通、供给创造需求",提供更优质的产品,引领需求方消费,让消费者的生活更加美好。同时,供给侧还要关注需求方——消费者的诉求,把以人民为中心、以人民对美好生活的向往作为自己结构性改革的目标。网络经济背景下,创新网络不仅要关注各种平台网络上的消费大数据,还要主动邀请消费者网络中有影响力的代表进入创新网络,参与产品的研究与开发。除了产品质量,供给侧还需要在销售渠道和供应链网络②设计上加以创新,让自己的优质产品迅速并顺利到达市场上的消费者。事实上,网络经济实践中已经有短视频展示、网络直播供应链等新零售方式出现,并已经取得不菲的战绩。作为消费者的需求方随着自身综合素质、消费能力和消费水平的不断提升,在经济循环中也具有了较之传统经济

---

① 供给侧是与需求侧对应的,借用马克思的观点,可以理解为生产资料和生活资料的提供方。在我国,供给侧的提法源于供给侧结构性改革。所谓供给侧结构性改革,就是从提高供给质量出发,用改革的办法推进结构调整,矫正要素配置扭曲,扩大有效供给,提高供给结构对需求变化的适应性和灵活性,提高全要素生产率,更好地满足广大人民群众的需要,促进经济社会持续健康发展。供给侧结构性改革旨在调整经济结构,使要素实现最优配置,提升经济增长的质量和数量。2015年11月10日,习近平同志在中央财经领导小组第十一次会议上首提"着力加强供给侧结构性改革";2016年1月18日,习近平同志在省部级主要领导干部学习贯彻党的十八届五中全会精神专题研讨班的讲话中,从国际国内两个层面对为何要进行供给侧改革做了深入阐释;2016年1月26日中央财经领导小组第十二次会议,习近平总书记强调,供给侧结构性改革的根本目的是提高社会生产力水平,落实好以人民为中心的发展思想,27日,主持研究供给侧结构性改革方案;2017年10月18日,习近平同志在十九大报告中指出,深化供给侧结构性改革,建设现代化经济体系,必须把发展经济的着力点放在实体经济上,把提高供给体系质量作为主攻方向,显著增强我国经济质量优势;2018年12月21日闭幕的中央经济工作会议认为,我国经济运行主要矛盾仍然是供给侧结构性的,必须坚持以供给侧结构性改革为主线不动摇,更多采取改革的办法,更多运用市场化、法治化手段,在"巩固、增强、提升、畅通"八个字上下功夫。转引自 https://baike.baidu.com/item/%E4%BE%9B%E7%BB%99%E4%BE%A7%E7%BB%93%E6%9E%84%E6%80%A7%E6%94%B9%E9%9D%A9/18851298?fr=kg_qa,结合相关材料略有改动。

② 所谓供应链,是指围绕核心企业,通过对信息流、物流、资金流的控制,从采购原材料开始,制成中间产品以及最终产品,最后由销售网络把产品送到消费者手中的将供应商、制造商、分销商、零售商,直到最终用户连成一个整体的功能网链结构。它不仅是一条连接供应商到用户的物流链、信息链、资金链,而且是一条增值链,物料在供应链上因加工、包装、运输等过程而增加其价值,给相关企业带来收益。所谓供应链网络,是由与核心企业相连的成员组织构成的,这些组织直接或间接地与他们的供应商或客户相连,从起始端到消费端。转引自 https://baike.baidu.com/item/%E4%BE%9B%E5%BA%94%E9%93%BE%E7%BD%91%E7%BB%9C/10240248?fr=aladdin。

下更大的影响力，他们不仅可以主动参与产品设计和改良，通过消费评价影响其他消费者，还能主动联合起来提升自己的议价能力，展示自己的市场势力。"拼多多"等各种形式的团购相信读者并不陌生。此外，需求侧①还需要把以人民为中心、人民对美好生活的向往作为灵魂来进一步创新。

(2) 资本增殖的贪婪本性与全球供应链和价值链形成

在马克思看来，资本循环得以进行需要一定的条件，那就是资本的各个具体表现形态，包括货币资本、生产资本和商品资本，必须不仅做到在空间上并存，还需要在时间上继起。首先，货币资本是资本循环的起点，有了它，企业才能够有能力购买生产资本，也就是可以买进来原材料等物质资本，可以在劳动力市场上雇佣工人。其次，生产资本能及时以合适的价格买进来也很重要，最好是质优价廉，因为这直接决定了产品的成本，从而间接决定了市场竞争中资本的增殖及其增殖空间。各种资本还需要在时间上继起，不能中断，否则资本循环会受到影响。无论是货币资本买不到合适的原材料、机器设备，还是雇佣不到能力符合并且数量足够的员工而导致生产环节中断；无论是生产环节出了问题，还是管理方面等组织不利导致生产不出质量和数量符合要求的商品；无论是销售渠道不畅，还是营销策略不当导致的商品滞销：所有这些都会造成资本循环中断。资本循环中断了，不仅赚不到钱，而且还会"蚀本儿"。正因为如此，资本必须全力以赴地追逐利润；与此同时，资本"逐利"的天然贪婪性也无时不刻不驱逐资本在全球范围内配置资源，寻找最廉价的生产资本，包括原材料、机器设备、土地、劳动力等，以最低成本生产出商品资本；寻找一切可能的目标消费者，也就是市场，将之销售出去，从而资本得以在全球范围内实现生产、分配、交换和消费，全球生产网络和价值链得以形成。由于各个地区和国家的特定时间点的要素禀赋不同，全球经济地理得以形成；更由于各个国家和地区创新等因素导致的要素禀赋并不是一成不变，网络经济全景图也会发生变化。无论是企业还是国家，要想参与全球生产网络，并在全球价值链上处于比较有利的位置，就必须不仅

---

① 需求侧是与供给侧相对应的，我们借用马克思的观点，需求侧就是生产性消费方和生活性消费方。

重视科技创新，努力提升自身的素质和能力，还需要主动积极参与自己所在网络的治理或者说规则的制定和完善。

（3）资本快速增殖的要求与资本周转时间的缩短

如果说马克思资本循环理论是对资本单次循环的描述，那么其资本周转理论讲的就是资本循环作为一个周期的多次反复。一旦各个单个资本循环形成周而复始的、连续不断的运动，就涌现出以货币资本、生产资本、商品资本为代表的各种具象资本的运动。在宏观总图景上，就表现为以货币资本、生产资本和商品资本为主要形态的货币流、生产要素流和商品流相互交错、互为因果、互为条件的复杂经济现象。如果将生产要素进一步细分，生产要素流就进一步表现为人力资源（劳动力商品流）[①] 和物流。周转时间和周转次数是衡量资本运动速度和资本增殖速度的两个重要指标。周转时间包括生产时间和流通时间，周转时间越长，资本运动速度和增殖速度就越慢。如果用年除以周转时间，得出的比率就是周转次数，周转次数越多，资本运动速度和增殖速度就越快。可见，周转时间和周转速度呈反比例关系，我们只需讨论其中一个指标即可。为研究方便，本书只探讨周转时间。在经济循环中，如果想提高资本运动速度和增殖速度，就必须缩短周转时间，也就是想办法减少生产时间或者流通时间。生产时间是劳动时间、自然力作用时间和生产资料储备时间的总和。流通时间则是生产资本的购买时间和商品资本售卖时间的加总。

（4）生产资本循环与供给侧结构性改革和创新网络构建

在整个经济循环中，各种形态的资本各司其职，共同保证经济健康运行。货币资本作为资本循环的起点和整个循环的润滑剂，无疑是非常重要的，对于微观基础、产业组织、宏观经济体都不可或缺。但生产资本循环作为沟通货币资本循环和商品资本循环之间的桥梁，对于供给侧结构性改革和产学研创新网络构建都具有特殊且重要的意义，而这恰恰是货币资本循环和商品资

[①] "人力"或者更准确地说是"劳动力"，是一个复杂的、有差别的集合概念。例如，有的劳动力是商品，出卖劳动力商品的劳动者获得的是劳动力商品的价值或价格——这部分劳动者还有蓝领和白领之分；还有的劳动力（人力）是资本，这里的劳动力或者人力本身就会带来增殖——这部分金领在"猎头市场"与货币资本进行交换。

本循环不具备的。网络经济的生产方式需要新的生产力与之相匹配，传统经济的基础设施平台已经难以满足新型工业化的需要，也可以说，难以满足工业互联网建设的需要，必须进行改革。"两新一重"① 举措的重大意义就在于构建新型工业化的基础设施平台。"两新"即新基础设备建设（"新基建"）、新城镇建设；"一重"即重大项目建设，如重大交通枢纽、重大水利建设等。"两新一重"都是属于供给侧结构性改革的重大举措。"两新一重"不仅自身就能提供有效供给，还能带动整个供给侧优化升级以更好地匹配需求方。生产资本包括人和物，要想实现增殖和周转，就必须经过生产过程；要想缩短生产时间以加快资本周转，相应的科技创新势必蕴藏在其中。无论是在基础设施建设和更新、能源的升级和优化、材料的改良和研发、劳动工具和设备的改造升级，还是劳动者素质和能力的提升，以及产业结构调整、企业制订商品生产计划、安排和落实等方面都大有可为。为了提供能够满足需求侧的商品和服务，供给侧需要构建产学研创新循环网络，在商品的种类、结构、性能、质量和数量上做到与需求侧相匹配，能达到市场出清，也就是西方经济学所说的市场均衡。人作为活物质，无论在科技创新、研究开发等方面的创新活动中，还是在生产过程的生产和管理活动中，都起到了关键作用。所以，人力资源（劳动力商品流，包括蓝领、白领和金领）的循环对供给侧结构性改革而言至关重要。商品资本作为供给侧生产过程的结果，要想得以循环，不仅需要供给侧创新供应链，让产品迅速到达需求侧，并被需求侧接受，还需要需求侧提升消费质量和扩大容量，以消纳更多的市场供给。

5.4.1.2 社会总资本运动与经济循环

（1）产业资本运动与经济循环

马克思社会资本再生产理论从产业资本层面，或者说从制造业资本层面，亦或实体资本层面阐释了经济循环得以实现的条件。市场中所有互为条件、

---

① 转引自 https://baijiahao.baidu.com/s?id=1667558366784769387&wfr=spider&for=pc。根据 2020 年 5 月的政府工作报告，支持"两新一重"建设主要是：加强新型基础设施建设，发展新一代信息网络，拓展 5G 应用，建设充电桩，推广新能源汽车，激发新消费需求，助力产业升级；加强新型城镇化建设，大力提升县城公共设施和服务能力，以适应农民日益增加的到县城就业安家需求。新开工改造城镇老旧小区 3.9 万个，支持加装电梯，发展用餐、保洁等多样的社区服务。加强交通、水利等重大工程建设。增加国家铁路建设资本金 1000 亿元。

互为前提且互相交错的单个资本的总和为社会总资本。[①] 社会总资本再生产的核心问题就是社会总产品的实现问题,包括实物补偿和价值补偿。基于科学抽象方法,马克思假设社会总产品在物质形式上分为生产资料和消费资料两大部类,那么,社会总资本再生产与流通就可以理解为全社会生产消费部类和生活消费部类的再生产与流通的统一;由于社会总产品在价值形式上包括可变资本、不变资本和剩余价值三个组成部分,那么,社会总资本再生产与流通就表现为货币资本、生产资本和商品资本的各种具态资本的正常运动和增殖实现的统一。

本书认为,产业资本循环赖以实现的条件至少包括以下三个方面:第一,社会总产品包括生产资料和消费资料,二者在比例上必须协调并平衡,这就要求特定经济体的产业部类要完善,并在产业结构上要合理,健康平稳的产业间循环网络才能形成;第二,社会总产品必须在实物上得以补偿,以使货币资本转换为生产资本,从而使物质资料生产过程得以持续,特定产业生产侧的供给侧网络得以形成,不仅包括生产工具、原材料等要素市场网络,还包括人力资源网络;第三,社会总产品要在价值上得以补偿,以使商品正常销售,实现从商品资本到货币资本的形态转变,从而使链接供给侧到消费侧的供应链网络得以形成并健康运行。社会总资本再生产实际上是各个单个产业资本运动的总和,是讲各个链之间的相互联系、相互交错,以及互为前提的均衡、比例、宏观效率的问题,这就成了网络问题。

(2) 社会总资本运动与经济循环

马克思在《资本论》(第三卷)资本主义生产总过程理论中解决了物质资料生产同非物质资料生产(现代服务业)之间的关系问题,亦即现代物质资料生产的环境和条件问题。所谓资本主义生产总过程,既是劳动过程和价值增殖过程的统一,也是生产、分配、交换和消费过程的统一;既承载了资本与雇佣劳动、资本与资本、资本与地产之间的生产关系、交换关系、分配关系、消费关系,也体现了买卖关系、供求关系、价值关系及其不同层面竞争关系等。在这个复杂的关系体系中,资本作为一种社会化生产方式,不仅

[①] 此处的社会总资本是在产业资本语境下的总资本。

表现为自行增殖的价值、自行增殖的运动，而且表现为均等占有剩余价值的社会权力；作为社会权力的资本，与其他形态的"职能资本"相比，其特点可以用"权利资本""权益资本"来表征；权益资本与职能资本相互之间既有协作也有分工。等量资本要求获得等量利润，导致资本在不同生产部门间竞争，由利润率低的部门流向了利润率高的部门，利润变成平均利润。商品价值转变为成本价格（商品的内在价值）、生产价格（商品的外在价值），进而通过市场价值和市场价格转变成现实的商品价格。

从资本流通（运动）总过程的角度，可以把资本之间协作与分工的机制机理表述如下：为了节省流通费用，加速产业资本的周转，货币资本和商品经营资本（简称商业资本）便从产业资本中独立出来，作为职能资本而为剩余价值的实现（资本回流和剩余价值实现）发挥作用。与职能资本相对应的是非职能资本。所谓非职能资本，用马克思的话说，就是为职能资本服务，即为剩余价值生产和实现服务的资本。产业资本和商业资本都是职能资本，其功能是生产和实现剩余价值，都属于实体资本。此外，专门经营货币的资本是所有权资本，属于虚拟资本，是为职能资本服务的资本，具体包括借贷资本、银行资本、金融资本等，与职能资本共同生产和实现剩余价值。货币资本家借出去的钱要求收获利息，往往介于零和平均利润之间，其大小取决于其与职能资本家之间的力量对比和博弈。在现代市场经济中，服务业发挥着越来越重要的作用，尤其是研发设计、技术服务、信息服务等生产性服务业。作为服务实体产业的金融资本必须服务实体经济，推动其持续稳定发展，同时降低融资风险。金融业属于生产性服务业，也属于现代服务业，应该进一步繁荣发展。社会总资本运动语境下的经济循环就是经济体的国民经济，也就是宏观总图景，既包括实体经济，也包括虚拟经济。

5.4.2 区块链及其技术和经济二重性

什么是区块链？从科技层面来看，区块链涉及数学、密码学、互联网和计算机编程等很多科学技术问题。从应用的视角来看，区块链是一个分布式的共享账本和数据库，具有去中心化、不可篡改、全程留痕、可以追溯、集体维护、公开透明等特点，这些特点保证了区块链的"诚实"与"透明"，为区块链创造信任奠定了基础。而区块链丰富的应用场景基本上都基于区块链能够解决信息不对称问题，实现多个主体之间的协作信任与一致行动。①区块链作为底层基础设施，能够融合人工智能、大数据、云计算、5G、物联网、边缘计算、数字孪生等现代信息技术②，在没有权威机构作为中介的情况下实现确权与授权以解决信任问题，能够满足经济和社会所内涵的运行逻辑对智能合约（确权、权利流转等）的强大需求，实现网络经济背景下产业数字化③带来的数字经济④空间对数据资产⑤确权和流转的目标。因此，区块链将会对传统经济的微观基础、实现机制产生进一步深刻的影响乃至重构，它不仅是一种技术，还是一种解决方案，甚至是一种系统构造，还有望成为网络经济背景下的生产方式，具有二重性，既是生产力也是生产关系。

5.4.2.1 区块链的经济属性

现代市场经济是信用经济，需要每个人、每个企业、每个组织、每个政府等都讲诚信、讲信用，经济活动才能运转良好。但由于信息不对称，仅依靠道德来约束显然是不够的，多种形式的逆向选择仍然存在，所以作为权威

---

① 转引自百度百科，https：//baike.baidu.com/item/%E5%8C%BA%E5%9D%97%E9%93%BE/13465666?fr=aladdin。

② 区块链能为网络经济背景下生产关系的构建提供技术平台，但仅有区块链技术显然还不够，还需要融合多种技术的发展与配合，这就涉及数字产业化。所谓数字产业化，本书借鉴知乎上某作者的观点如下：数字产业化即信息通信产业，是数字经济发展的先导产业，为数字经济发展提供技术、产品、服务和解决方案等，具体包括电子信息制造业、电信业、软件和信息技术服务业、互联网行业等。数字产业化包括但不限于5G、集成电路、软件、人工智能、大数据、云计算、区块链等技术、产品及服务。转引自知乎上的作者——探码科技的观点：https：//www.zhihu.com/question/350350738/answer/1328143202。

③ 产业数字化是指在新一代数字科技的支撑和引领下，以数据为关键要素，以价值释放为核心，以数据赋能为主线，对产业链上下游的全要素数字化升级、转型和再造的过程。引自百度百科：https：//baike.baidu.com/item/%E4%BA%A7%E4%B8%9A%E6%95%B0%E5%AD%97%E5%8C%96/53088543?fr=aladdin。

④ 数字经济是继农业经济、工业经济之后的更高级经济阶段。数字经济是以数字化的知识和信息为关键生产要素，以数字技术创新为核心驱动力，以现代信息网络为重要载体，通过数字技术与实体经济深度融合，不断提高传统产业数字化、智能化水平，加速重构经济发展与政府治理模式的新型经济形态。引自 https：//www.chainnode.com/question/440628，作者：青灯有味。

⑤ 数据资产是指由个人或企业拥有或者控制的，能够为企业带来未来经济利益的，以物理或电子的方式记录的数据资源。数据资产被认为是数字时代最重要的资产形式之一。引自 https：//baike.baidu.com/item/%E6%95%B0%E6%8D%AE%E8%B5%84%E4%BA%A7/23724820?fr=aladdin。

机构的政府会颁布诸如公司法、物权法、合同法、劳动法等法律法规来确权进行约束和规制,虽然起到了相当的威慑作用,但仍然有众多的人或组织为了经济利益继续铤而走险。在这种背景下,经济参与者为了解决信任问题以降低违约成本,更愿意与信誉好的经济作用者合作,或者是引入信誉好的中介第三方促成经济活动完成。即使这样,也还是治标不治本,丑闻依然无法杜绝。如何才能从根本上杜绝类似现象的发生呢?显然,从信用经济的本质出发,应该最大限度地解决经济作用者之间的信息不对称问题,一方面有选择地让某些数据[①]公开、透明、不可篡改;另一方面也考虑到经济作用者的商业机密和隐私问题,让某些数据根据所有者授权有选择地面向对象开放。西方经济学中的经济人假设是适用市场经济的,任何经济参与者都是自私的,都是追求利润最大化的,因此,出现违背道德甚至违反法律法规的事件尽管是小概率事件,但依然是有的。所以有学者想到尽量减少经济活动中的人为干预,也就是用智能合约来解决这一问题。1994年,尼克·萨博(Nick Szabo,美国计算机科学家,也有文献说是法律学者)提出"智能合约"这一概念,并将其定义为"一套以数字形式指定的承诺,包括合约参与方可以在上面执行这些承诺的协议"[②]。通俗地讲,智能合约是一种旨在以信息化方式传播、验证或执行合同的计算机协议。智能合约允许在没有第三方的情况下进行可信交易,这些交易可追踪且不可逆转,目的是提供优于传统合约的安全方法,并减少与合约相关的其他交易成本。[③] 智能合约提出以后,很长一段时间都受制于计算机网络技术的发展,应用得并不好,这一局面一直持续到区块链技术

[①] 数据是指对客观事件进行记录并可以鉴别的符号,是对客观事物的性质、状态以及相互关系等进行记载的物理符号或这些物理符号的组合。它是可识别的、抽象的符号。它不仅指狭义上的数字,还可以是具有一定意义的文字、字母、数字符号的组合,图形、图像、视频、音频等,也是客观事物的属性、数量、位置及其相互关系的抽象表示。在计算机科学中,数据是指所有能输入计算机并被计算机程序处理的符号的介质的总称,是用于输入电子计算机进行处理,具有一定意义的数字、字母、符号和模拟量等的通称。计算机存储和处理的对象十分广泛,表示这些对象的数据也随之变得越来越复杂。引自 https://baike.baidu.com/item/%E6%95%B0%E6%8D%AE/5947370?fr=aladdin。

[②] 转引自百度百科,网址为:https://baike.baidu.com/item/%E6%99%BA%E8%83%BD%E5%90%88%E7%BA%A6/19770937?fr=aladdin。

[③] 引自百度百科 https://baike.baidu.com/item/%E6%99%BA%E8%83%BD%E5%90%88%E7%BA%A6/19770937?fr=aladdin。

的出现，才获得了新生并蓬勃发展。

5.4.2.2 区块链的技术属性

现代软件系统主要采用两种架构：中心化架构与去中心化架构。建立在多台计算机之上的去中心化系统主要有以下优势：更强的计算能力；更低的成本；更高的可靠性；自增长的能力。区块链是去中心化系统中用来实现并保证系统完备性的工具。[①] 区块链通过数字签名来保护所有权，通过区块链数据结构来存储交易数据，通过不可更改性准备分发账本，通过网络传播信息来分发账本，通过区块链算法来处理新交易，通过分布式共识来决定哪个账本是真的。区块链至少有两个应用目标，包括明确所有权和转移所有权。此外，区块链还具备高可用性、抗纵性、可靠性、开放性、匿名性、安全性、系统弹性、最终一致性、保持系统完备性等特点。区块链体现了分层设计思想，底层是分布式点对点架构的系统，包括独立节点、网络和八卦式的信息传播方式；在此基础上是一系列区块链技术套件，包括存储逻辑、共识机制、数据处理逻辑和非对称加密；再往上一层是实现层，包括所有权逻辑、交易数据、交易确认逻辑和交易安全。区块链系统可以用图5-8表示。[②] 区块链所涉及的技术概念及其作用见表5-3。[③]

表5-3 区块链中的技术概念及其作用

概念	作用
交易数据	描述所有权的转让
交易历史	证明所有权的当前状态
哈希值	独特的识别任何类型的数据
非对称加密技术	加密和解密数据
电子签名	声明与交易数据内容一致

[①] 丹尼尔．德雷舍．区块链：基础知识25讲 [M]．马丹，等，译．北京：人民邮电出版社，2018：8-14.

[②] 丹尼尔．德雷舍．区块链：基础知识25讲 [M]．马丹，等，译．北京：人民邮电出版社，2018：160-162.

[③] 改编自丹尼尔．德雷舍．区块链：基础知识25讲 [M]．马丹，等，译．北京：人民邮电出版社，2018：152. 有删减.

续表

概念	作用
哈希引用	当引用的数据被更改时,哈希引用将变得无效
对更改敏感的数据结构	以某种方式存储数据,使任何操纵立即显露出来
哈希难题	强加一项需要付出昂贵计算成本的任务
区块链数据结构	以一种对更改敏感的方式存储交易数据和维护它们的顺序
不可更改性	使对历史交易记录的更改成为不可能的事情
分布式点对点网络	在网络的所有节点之间共享历史交易记录
消息传递	确保系统中所有节点最终接收到所有信息
区块链算法	确保只有有效的交易数据才会被采用
分布式共识	确保所有节点使用相同的历史交易记录
补偿	给节点一个维护系统完备性的动力

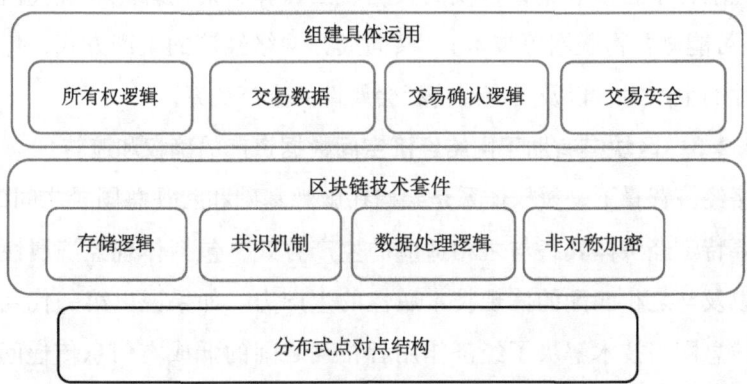

图 5-8　区块链系统中的技术套件

从本质上讲,区块链是一个共享数据库,存储于其中的数据或信息具有"不可伪造""全程留痕""可以追溯""公开透明""集体维护"等特征。基于这些特征,区块链技术奠定了坚实的"信任"基础,创造了可靠的"合作"机制,具有广阔的运用前景。①

区块链包括公链、私链和混合链,有广泛的应用前景,在商业部门、公

---

① 引自百度百科:https://baike.baidu.com/item/%E5%8C%BA%E5%9D%97%E9%93%BE/13465666?fr=aladdin。

共部门或者是某些特定的组织都能有所作为。区块链最早起源于比特币，2008年11月1日，一位自称中本聪（Satoshi Nakamoto）的人发表了《比特币：一种点对点的电子现金系统》一文，阐述了基于P2P网络技术、加密技术、时间戳技术、区块链技术等电子现金系统的构架理念，这标志着比特币的诞生。两个月后，该理论步入实践，2009年1月3日，第一个序号为0的创世区块诞生，2009年1月9日出现序号为1的区块，并与序号为0的创世区块相连接形成了链，标志着区块链的诞生。①之后，由于体现经济和社会属性的智能合约具备可编程性，区块链可借助其封装分布式节点的复杂行为获得更广阔的发展应用，未来在企业架构、产业链、供应链、物联网等多个领域都能有所作为。而智能合约遇到区块链技术更是如鱼得水，因为其可借助区块链的去中心化技术架构平台实现自己的去信任、可执行目标。至此，区块链已经融合了智能合约，以及大数据、云计算、人工智能等现代信息技术（未来还可能融合物联网等技术），共同成为网络经济的生产方式，包括具有技术属性的生产力，以及具有经济社会属性的生产关系。

5.4.2.3 区块链有助于网络经济空间数据资产的确权和流转

网络经济背景下，授权体系是架构在微观基础和宏观总图景之间的桥梁，这就需要特定经济体具备与之相适应的生产方式，包括体现经济属性的生产关系，以及与之相匹配的体现技术属性的生产力。如果说以第一代互联网为代表的信息网络技术解决了经济作用者相互之间的低成本信息传递问题，那么以嵌入区块链的第二代互联网为代表的信息网络技术将解决经济作用者之间的低成本信用（信任）传递问题。应该说，第一轮工业信息化已经取得了巨大成就，对生产方式、消费方式、人们的工作方式和生活方式都产生了革命性的影响，但也产生了诸如数据主权丧失、网络诈骗等一系列网络安全问题。生产力还远不能与生产关系相匹配，经济社会还需要诸如政府、中介平台等权威机构的强力介入。第二轮工业信息化由于以区块链为底层基础设施，将致力于建构经济作用者之间的信用体系，从技术上满足经济社会运行的逻

---

① 转引自百度百科：https://baike.baidu.com/item/%E5%8C%BA%E5%9D%97%E9%93%BE/13465666?fr=aladdin。

辑，从而真正将数据从信息变成主权生产要素（自主决定面向对象授权开放），与实体经济进一步融合，达成数字经济空间的所有权确认和价值传递。新的生产力会与生产关系进一步耦合发展为网络经济下的生产方式。第一轮信息化低成本链接起供给和消费，将信息关注度（流量）转换为资本，从而催生了电商和物流业等的崛起，消费侧互联网形成；第二轮信息化将解决困扰经济社会多年的信息不对称问题，从而大幅度降低交易成本（近乎为零），不仅惠及所有企业、产业，促成供给侧互联网形成，而且惠及政府、其他组织，乃至个人，最终供给侧和需求侧互联网完美对接，虚拟和实体经济相融合的价值网络形成，网络经济真正走向成熟。

第一代互联网平台上，支付宝等平台是权威中介，存在的意义是解决以其为核心的生态系统中众多淘宝商户和消费者之间的信任问题，而这本身就是传统商业逻辑对信息网络技术的简单套用；第二代互联网平台上，区块链本身因其数据自带时间戳、不可篡改，能达成共识，从而可以有效完成确权，又由于其内置了智能合约，将经济作用者之间商量好的协议和规则嵌入，交易活动在网上可以安全自动进行，无须人为介入，从而数据成为生产要素进行价值传递，中介已经没有存在的价值。由以上分析我们可以得出，区块链技术的独特性在于其可以从技术上支持数据资产在数字虚拟经济空间中按照智能合约进行自动授权来完成确权和价值流转等，无须中介或权威机构介入，这是对传统商业逻辑的重构。

5.4.3 基于区块链构建我国"双循环"

基于当前国际国内形势，我国制定了以国内循环为主，国际循环与国内循环互相促进的"双循环"发展战略。这意味着我们需要将生产、分配、交换和消费这四个环节的主体放在国内，国内要不仅能循环得起来，而且要循环好。此外，由于经济全球化仍然是大势所趋，我们的国内循环并不是封闭的，而是与全球经济网络沟通和对话的。当然，我们要争取逐步做到国内循环与国际循环在高水平、高层次进行对接，以形成国际循环和国内循环互相促进的良性互动。区块链不仅会对经济体中的企业架构、产业组织结构进行优化，还能促成产学研创新网络，畅通产业链，助推产业链安全和自主可控，解决供应链网络的痛点和堵点等，有效对接供给侧网络和需求侧网络，区块链有望成为我国构建国内循环为主、国内循环与国际循环双循环促进的有效解决方案。

5.4.3.1 基于区块链促进供给侧网络建立并与需求侧网络对接

网络经济背景下，供给侧网络需要进行新型工业化才能更好地与需求侧网络对接，以达到总供给与总需求在数量、质量和结构上完美匹配，而这正是构建双循环的必要条件。以国内循环为主，就要求我国供给侧在产业部类上要完整，结构上要合理，以保证产业安全，在一定时间框架内、一定程度上自给自足，不受制于人。就制造业而言，高技术制造业[①]、战略性新兴产业[②]和装备制造业[③]要继续大力发展，这是产业资本得以循环，也就是实体经济循环的重中之重。我国自主高端芯片制造能力目前还比较薄弱，美国一度想压制华为，在此情况下，我国芯片业迅速发展，如果我国芯片产能迅速跟进，在能满足国内市场需求的情况下还能出口，还能不拒绝国外芯片进口，就完美诠释了国内循环为主、国际国内双循环促进的格局。就服务业而言，大力发展生产性服务业，支持和扶持制造业也很重要。比如，研发设计与其他技术服务[④]是非常重要的，必须大力发展，只有这样，才能使我们补足短

---

① 高技术制造业包括：医药制造，航空、航天器及设备制造，电子及通信设备制造，计算机及办公设备制造，医疗仪器设备及仪器仪表制造，信息化学品制造等 6 大类。参见高技术产业（制造业）分类（2017）。

② 战略性新兴产业是以重大技术突破和重大发展需求为基础，对经济社会全局和长远发展具有重大引领带动作用，知识技术密集、物质资源消耗少、成长潜力大、综合效益好的产业，包括：新一代信息技术产业、高端装备制造产业、新材料产业、生物产业、新能源汽车产业、新能源产业、节能环保产业、数字创意产业、相关服务业 9 大领域。参见战略性新兴产业分类（2018），http：//www.china-nengyuan.com/news/133936.html。

③ 装备制造业是为经济各部门进行简单生产和扩大再生产提供装备的各类制造业的总称，是工业的核心部分，承担着为国民经济各部门提供工作母机、带动相关产业发展的重任，可以说，它是工业的心脏和国民经济的生命线，是支撑国家综合国力的重要基石。包括金属制品业、通用设备制造业、专用设备制造业、交通运输设备制造业、电气机械及器材制造业、通信设备、计算机及其他电子设备制造业、仪器仪表及文化办公用机械制造业、金属制品、机械和设备修理业。ttps：//baike.baidu.com/item/%E8%A3%85%E5%A4%87%E5%88%B6%E9%80%A0%E4%B8%9A/6355895?fr=aladdin。

④ 华为在操作系统方面采用开源的安卓系统，但由于没有自主知识产权，始终存在安全隐患，近年的隐患由于美国压制华为逐渐显性化，一直到其自发研制出鸿蒙系统，这一危机才得以消解。华为手握的鸿蒙也是开源，也可以像安卓一样在国内外布局自己的生态系统，从而实现双循环促进。

板，拥有更多我国自主知识产权的专利技术，不仅满足我国制造业所需，还能高端接入全球产业链和价值链，并占据有利地位。再比如，金融服务业也要进一步发展，金融服务不仅能为包括制造业在内的供给侧提供资金服务，还能通过资本市场的风向标引领实体经济健康发展。另外，货物运输业、仓储邮政快递服务业也必不可少，因为网络经济背景下，只有虚拟的数字资产和价值流动还不灵，还需要物流跟进并与之精准匹配。目前，我国已经着手供给侧结构改革，"两新一重"建设就是其中的重大举措。通过该举措，我国已经把资本强势导入需要大力发展的产业，势必会从整体上对产业进行重构和优化。在这一过程中，区块链无论是作为核心技术，还是作为一体化解决方案，既能提供技术基础，又能搭建生产关系，在供给侧循环网络的高级阶段——全产业互联网的构建中势必会起到非常重要的作用。

目前供给侧网络亟需解决的还有能够在数字经济空间双循环运行所需的基础设施平台问题。区块链技术因能建立共识，传递信任和价值，并能与5G、互联网、物联网、人工智能、大数据、云计算等现代信息通信技术融合发展，在基础设施层面至少能够发挥以下作用：第一，区块链自身就是新型信息基础设施的底层设施，致力于为企业和产业第二轮信息化建设和平稳运行搭建平台。第二，区块链还能与传统基础设施进行融合，比如，城镇、交通、水利、能源设施等，为将来的人与人、人与物、物与物之间的万物互联和价值传递搭建平台。第三，区块链能搭建保护和鼓励创新的基础设施平台，不仅培养和培训高端人才，而且汇集来自各方的高端人才进行科学研究、技术革新、新产品研发等，促成产学研创新网络进一步落地，尽快补足我国在自主核心技术研发和专利产品方面制造方面的短板。只有这样，才能具有较高的经济网络鲁棒性[①]，不仅形成内循环为主的格局，还能在全球生产网络和价值链中游刃有余，更好地参与国际大循环。我国供给侧循环网络体系架构如图 5-9 所示，采用分层设计，其中新基建是底层架构，再往上是第三产业（高水平且体系健全的生产性服务业和生活服务业），最上层是第一产业和第

---

① 鲁棒是 Robust 的音译，也就是健壮和强壮的意思，它也是在异常和危险情况下系统生存的能力。转引自百度百科：https://baike.baidu.com/item/%E9%B2%81%E6%A3%92%E6%80%A7/832302?fr=aladdin。

二产业。第三产业为第一和第二产业提供强有力的支持和服务，三次产业有机合理地交织在一起，互相交错、互为因果，实现经济内循环。新基建则为三次产业部门提供基础设施服务，助力其降低资本周转时间，提高循环速度和增值速度。供给侧循环网络构建是我国当前双循环建设的抓手，也是我国网络经济由初级阶段迈向中高级阶段的必由之路，其间涉及的生产关系和生产力的进一步升级与互洽有助于网络经济生产方式的最终实现。

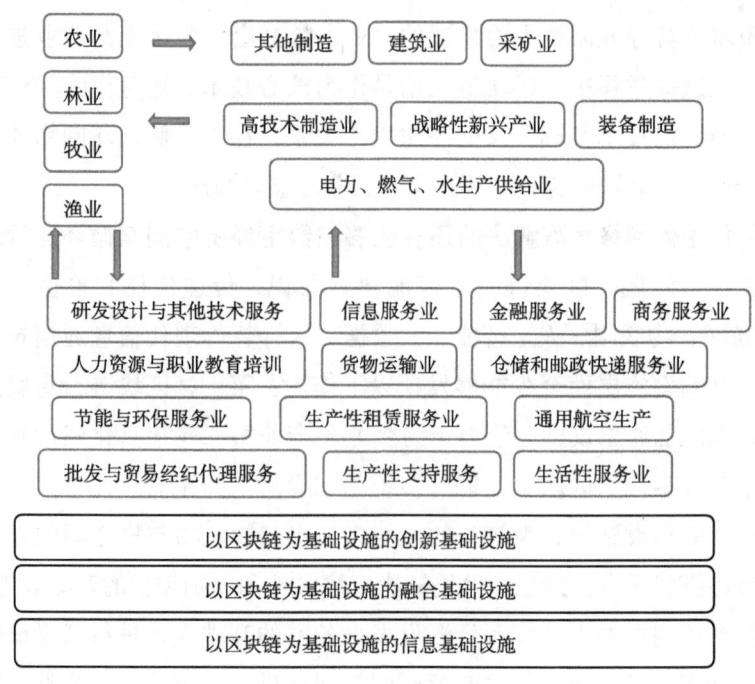

图 5-9 供给侧循环网络

需求侧网络也需要进一步优化。一方面要提升政府需求，另一方面要提升市场需求。政府需要在公共管理方面扩大购买，比如，在医疗、教育、职业培训等方面加大力度。第一，政府可以基于区块链网络，通过政府购买提供教育和职业培训的资源，帮助人力资本提高自己的劳动素养、创新能力和实用技能，能从事更高端的工作，获取更多的收入。第二，政府可以基于区块链网络购买更多的诸如体检、未病防治、营养素等产品补贴或医疗服务，关爱人民身体健康，做到提前预防，早发现早治疗，降低人民的生病风险和医疗成本。

提升市场需求的路径有多种,但核心是提升人民手里可支配的收入。第一,政府需要进一步采取措施引导东西部均衡发展、城市与农村均衡发展,想方设法提高人民收入。国家可以通过引导发展高端产业,创造更多收入较高的岗位,培育更高比例的中高收入人群;进一步发展服务业,投资更多项目等创造更多的就业岗位和创业机会,让无收入和低收入人群增收。对广大农民来说,一方面是帮助他们把农产品顺利卖出去,更多的创收;另一方面是进行新城镇建设,让农民进入城市改善生活,获取更多的就业机会增加收入。只有这样,才能提升需求侧的购买力,进一步释放我国超大规模市场的活力和能力,从而与供给侧网络完美对接,不仅实现国内循环,还能消纳一部分国际市场产品,实现双循环促进。第二,消费互联网要继续纳入并惠及下沉市场。① 下沉市场涵盖近300个地级市、3 000多个县城、4万多个乡镇及66万个村庄,人口约有10亿。② 随着这个群体受教育程度提升、劳动技能提升、收入提高,消费需求和消费潜能会进一步释放,我国超大规模市场得以可持续发展。第三,基于区块链进一步完善需求侧网络,除了给消费者传统网络的便捷、及时等消费体验,更重要的是植入信任和共识,不仅让消费者买到货真价实、物美价廉的商品和服务,而且能自主保护自己的相关信息和数据不被滥用和泄露,自主决定有偿面向对象开放。

从图 5-10 左侧供给侧网络看,所有中间产品的供给与需求达到平衡,生产性供给与生产性消费良性循环;从图 5-10 右侧需求侧网络看,支付能力强、消费意愿强烈、结构合理、总量庞大、多层级、个性化的需求侧网络形成;从整体看,供给侧与消费侧可以完美对接,无论是质量、数量还是其结构方面都能实现匹配,总供给与总需求平衡,市场得以出清,也就是资本能够实现增值并良性持续循环与周转。而双循环的实现就要求供给侧网络的最终产品和服务不仅大部分被需求侧网络消纳,以实现国内大循环,还能作

---

① 下沉市场,指的是三线以下城市、县镇与农村地区的市场,范围大而分散,且服务成本更高是这个市场的基本特征。转引自百度百科,https://baike.baidu.com/item/%E4%B8%8B%E6%B2%89%E5%B8%82%E5%9C%BA/23778462?fr=aladdin。

② http://js.people.com.cn/n2/2020/0101/c359574-33681127.html。

为高端优质、高附加值产品被国际市场接受,实现双循环互相促进。同时,我国超大市场不仅面向国内,国外也一直从中受益。这也体现出了我国对全球经济发展的贡献。当前阶段,我国国内供给侧要考虑的是优化自身的产品结构,提高产品的质量、性能、性价比等,尽可能地被国内需求侧接受、购买(见图5-10)。

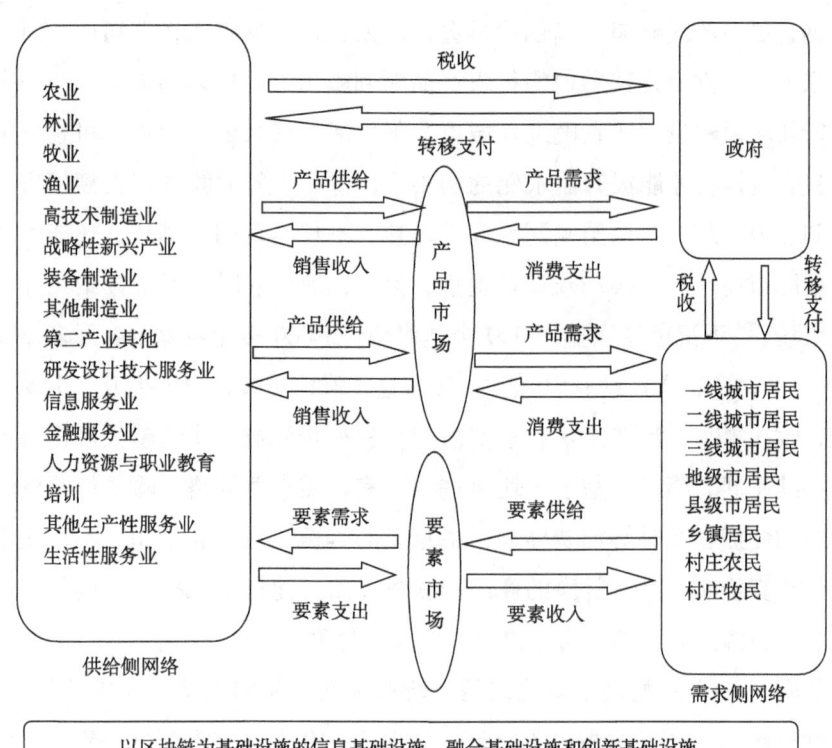

图5-10 供给侧与需求侧国内大循环

5.4.3.2 基于区块链促进产业链和企业进行数字化升级与重构

马克思认为:"各个经济时代的区别,不在于生产什么,而在于怎样生产,用什么资料进行生产。劳动资料不仅是人类劳动力发展的测量器,而且是劳动借以进行的社会关系的指示器。"① 双循环构建要求网络经济发展趋于成熟,也就是产业链借助互联网将数据作为核心和关键要素进行生产已经成

---

① 马克思恩格斯全集 [M]. 23卷. 北京:人民出版社,1992:257.

为常态或者占主导地位。尽管我国代表生活资料流通的消费互联网已经形成，但代表生产资料流通的产业链①数字化程度还普遍较低，也就是说，其赖以实现的技术基础还比较落后。原因是多方面的，有科学技术方面不足以支撑实体经济产业链数字化的因素，也有经济利益方面众多参与节点利益分配关系没有捋顺的因素。

在此背景下，区块链有望成为有效的解决方案，原因有二：其一，从生产力提升的角度，它作为网络系统的底层架构，本身就能融合其他信息网络技术为产业链搭建技术平台；而从生产关系捋顺的角度，其内涵的共识机制、大数据、人工智能等基因可以为产业链搭建各节点企业认同的利益分配关系平台。要想达成这一目标，数字产业化与产业数字化是必由之路。数字产业化可以达成数字技术以及区块链技术和解决方案供给方的能力与力量壮大，从而能够从总量、数量、质量和结构上满足传统产业数字化改造的需求；产业数字化可以达成传统产业内部在生产、分配、交换、消费各个环节的深度改造，包括其技术装备、合作方式、生产方式、管理模式以及节点企业本身都会发生深刻的变革，其最终成果是产业链成为网络组织，也就是通常说的工业互联网。该网络组织不仅已经建立了良好的生态，对内各节点合作共赢，对外有良好合作；而且有全网共识、自动运行的利益分配机制。该网络组织不仅已经实现从把人、财、物作为主要生产要素转变为将数据作为主要生产要素实现资本循环、周转与增殖，实现各种成本费用降低，劳动生产率大大提高；而且网络内部上下游各个环节的人、财、物形态转变及流动的静态和动态实时大数据不仅会给其拥有者带来巨大价值，也会给整个产业链带来价值，开放协同价值网真正形成。

传统制造业产业链向工业互联网转变，需要基于区块链在各个参与节点企业内部植入传感器、嵌入式终端系统、智能控制系统、通信设施等，从而把全产业链内的所有生产要素链接成智能网络，按需按时实现能力要素、企

---

① 特殊说明：本书此处的产业链着重探讨实体经济中制造业领域的相关产业，在此语境下的产业链就是指生产性资料供给链与生产性资料消费链的有机统一。此处的产业链数字化升级后对应的是工业互联网。本书此处的消费互联网是指生活性资料供给链与生活性资料消费链有机统一的网络。本书前文提到的产业互联网比此处的工业互联网范围要更大，因为前者涉及所有的产业。

业、人、机器、原材料、燃料、零部件、中间产品、产成品、服务产品之间的高度互联互通，在接到用户个性化订单时，各个节点几乎同时得到该数据，并形成全网共识，上游原材料、零部件供应商会按时、按需借助物流服务商将原材料和零部件送达相关制造企业，各个工序上的企业或能力要素会进行自动排产，生产出相应的产品模块，最后集成组装出产成品，然后借助物流商送达相关用户。产品顺利卖出去后，资本循环得以顺利进行并实现增殖，产业链上各节点按照自己的贡献，基于全网共识的激励机制和利益划分机制进行利润分配。由于产成品是智能产品，也能记录采集使用过程中的相关数据，可以由用户自主决定反馈给供应商或者产业链售后部门，产业链收到相关数据后可据此分析改进产品。

在新一轮工业化进程中，无论是国有企业还是民营企业，都涌现出了实力强、有责任、有担当的典型代表，在工业互联网建设中已经取得了相当的成绩。目前，较具规模和影响力的工业互联网平台已经达到数十个。① 以华为工业互联网平台 FusionPlant 为例，定位做工业互联网领域的黑土地，聚焦"云+AI+联接"，联合行业伙伴，针对行业特有的关键核心能力（Know-How），提供工业全场景的解决方案。华为工业互联网平台 FusionPlant 聚焦三方面构建能力。包括：①华为云工业智能体。基于大数据平台，实现数据的全生命周期管理和运营，联合合作伙伴为行业构建符合行业业务特点的主题库；基于华为云一站式 AI 开发管理平台 Modelarts，结合对工业各细分行业的业务特点，联合合作伙伴持续构筑，"简化海量重复操作"、"沉淀专家经验"、"实现多域协同"的 AI 模型，实现"提质、降本、增效"的业务目标；②联接管理平台。构建轻量化、云原生的边云协同业务架构，充分满足工业生产时延的要求。在边缘侧实现多来源的数据采集、预处理和按需转发，并将云端业务能力在边侧应用和推理。同时该架构的开放性也为后续业务能力的持续扩展提供了可能性；③工业应用平台。围绕工业应用的开发、部署、

---

① 排名较为靠前的工业互联网平台有海尔 COSMOPlat、东方国信 Cloudiip、用友精智工业互联网平台、树根互联打造的根云工业互联网平台、航天云网 INDICS、浪潮云 In-Cloud、华为工业互联网平台 FusionPlant、工业富联 BEACON、阿里云阿里 supET、徐工信息汉云平台等。http://www.acfic.org.cn/zt_home/zcmq2020/zcmq2020_ck/202003/t20200313_160187.html。

运行、聚合、集成等各个环节，做好全方位的赋能，使得工业应用更易于开发和维护，实现工业应用数据互通和集成，消除信息孤岛。①

工业互联网平台的发展与成熟犹如孵化器和助推器，不仅大大降低了传统产业数字化的成本，而且能为其提供一体化解决方案。即便如此，传统产业数字化也不是一蹴而就的。特定传统产业不仅在工艺流程方面各具特色，上下游涉及多个利益相关方，各种关系错综复杂，既有竞争也有合作。这就不仅需要平台供给方与传统产业深度交流、沟通与合作，也需要产业内各相关企业本着合作、开放、共赢的心态共同努力。传统产业内部不仅有龙头企业，它们往往会是该产业数字化的倡导者；也有众多的中小企业，往往是产业生态不可或缺的组成部分。龙头企业数字化基础较好，但众多中小企业则不尽然。工业互联网平台的助力对中小企业数字化无疑是个福音。因为它们往往技术基础较为落后，资金实力不强，人才储备不足，本来就面临融资困难、利润低、生存空间狭窄等难题。在新型工业化进程中，作为弱势群体的它们自然是不知道也没有能力进行数字化转型。工业互联网平台会为上链企业提供接口，将中小企业的数字化成本大大降低，中小企业上链后不仅自身劳动生产率大大提高，而且能加入生态良好的产业网络，享受到价值网总体升值的溢出价值。

传统产业是由各个传统企业组成的，传统产业的工业革命离不开传统企业的升级与重构。网络经济背景下，在生产关系层面，经济作用者 Agents 是由互补的能力要素组成的，各个能力要素之间基于区块链实现生产力与生产关系的升级，在工作方式、生产方式、管理模式上不同于传统企业的各个事业部，管理层以及员工相互之间更多的基于智能合约、共识机制和激励机制，通过迅速识别、认领、完成任务来进行利益分配，更加公开、公正、透明，能达成企业网络内部共识。在生产力层面，数字化工作所需的平台是必须的，包括相关设备、机器、人员、材料、燃料、零部件、半成品、产成品相互之间建立链接，不仅形成互联互通、智能化、基于共识机制运转等的企业内部网络，并能与外部网络根据需要进行沟通。这就需要对传统企业进行新一轮

---

① http://www.acfic.org.cn/zt_home/zcmq2020/zcmq2020_ck/202003/t20200313_160187.html。

的信息化、智能化和网络化。传统企业需要与数字技术企业紧密合作，共同研究适合该企业的区块链解决方案，致力于一方面捋清楚企业内部产品工艺流程、各个工序之间的关系，各个生产部门之间的关系，内部管理部门、服务部门与生产部门之间关系，以及自身在产业链中所处的位置等；另一方面致力于捋清楚企业内部各部门之间、各员工之间的绩效考核机制、奖惩机制、利益分配机制等，尽量在广泛征求意见、友好协商后内置于智能合约，在区块链上能自动执行并达成全网共识，最大限度地减少人为干扰。

我国尽管已经成为世界工厂，但不少产业还处在微笑曲线的底端、价值链的底层，在建立国内循环为主体目标下，我国需要建立自主可控产业链，一方面保证对外产业安全，另一方面对内能实现价值链与产业链完美对接，也就是实现国内产业分布齐全且合理。根据产业链形成的内在规律，改革的着力点还是在技术链和节点企业能力的提升。各方通力合作进行关键领域核心技术、核心零部件、核心软件的联合攻关，尽快补齐产业链中的短板，不再因为贸易摩擦受制于人。产业链提质、升级和完善涉及多方主体、多方利益，需要各方密切合作，分享信息，实现共赢，相互之间的低成本信任传递必不可少，因此，基于区块链打造不同产业的产业链有助于问题的解决。目前，产业链以及与之相关联的供应链存在不少痛点，包括隐私保护、数据孤岛、缺乏全链可追溯数据、主体资质与交易合规性难题、数据透明度与动态适应性差、缺乏自动的业务协同等。区块链由于其独特的技术特点，可提供有效的解决方案来解决这些痛点和难点。作为产业链底端基础的传统企业，也需要在技术上、管理上、组织形式上、生产方式上进行提升，理顺各种关系，节约成本费用，提高劳动生产率，区块链也有助于其向现代网络企业进化。

第6章 结束语：一种具有世界性的新生产方式的崛起

尽管网络经济研究在理论上已有众多有价值的成果，但关于这种新经济形态的现象、特征和本质，并无一个被学界普遍认同的定论。网络经济在实践中方兴未艾。要把网络经济的微观机制、运行机理和宏观图景放在一个理论框架中，就要求笔者必须搞清楚什么是网络经济，网络经济的特征是什么，网络经济的微观基础是什么，网络经济的宏观图景是什么，最关键也是最难的问题是揭示网络经济的实现机制，也就是要打开微观个体与宏观总体之间的黑匣子，用普利高津的话说就是探索复杂性。行文至此，本书只是初步实现了最初的科研设想，要达到尽善尽美，不仅需要笔者自身去精雕细琢，去进一步挖掘，还需要更多的人参与到这个理论框架的研究中，逐渐把它深化、细化、合理化，进一步提升其现实的指导意义。

6.1 本书探索的意义

本书从界定网络经济及其特征入手，进而引入基元论和可拓学方法，定位了网络基元 Agent 及其构成要素（Agent 物元、Agent 事元和 Agent 关系元）；接着从技术和经济的二重角度，揭示出授权体系也就是架构在网络经济微观和宏观之间的中介，即实现机制或运行机理；最后又研究了网络组织和网络经济宏观总图景的动态性、复杂性及其成因。在第5章中，笔者进一步引入能力要素，并把能力要素、网络基元和授权体系放在网络经济宏观总图景中考察，从而对网络经济做了一个理论上的模拟。

可以说第5章的工作把本书的研究推向了一个理论和实践的新高度，从而不仅构架出了网络组织的动态方式模型和网络经济总图景模型，还揭示出了作为网络基元 Agent，必须与时俱变，主动寻求"基因变异"或"基因突变"，即提升自身能力要素的自主创新能力，寻求自我发展，从而不仅适应自然环境，而且力求在所在群体中居于有利位置。作为网络组织 Agents，则要寻求自身既较好适应自然环境，又要力求在整个网络经济资本网络中处于有利的位置。由于网络经济实践中，环境（包括自然环境和社会经济环境）表现复杂多变，网络组织作为复杂系统必须寻求灵活多变、寻求创新，不断实现由简单到复杂的演化，而模块化、集成和再集成就是一个处理复杂事务的理想方法。

简言之，本书的贡献在于：把网络基元（细胞、要素结构）、网络组织（中间桥梁、授权体系）和网络总图景（模块、接口、规则、标准、状态、模型）内在地统一起来了。

6.2　本书的不足之处和待续工作

本书相当一部分研究是基于基元论和可拓学，这在网络经济研究方面尚属首次，即使在整个经济领域的研究方面也不多见。本书在前人研究的基础上（如中国人民大学孟氧教授，特别是本人导师杨志教授的成果），将基元论和可拓学作为方法论是否恰当、是否合理，还需要得到学界前辈、学界同仁的认同。另外，本书的研究课题难度大，加上作者能力和精力所限，很多工作做得比较粗糙，甚至不是很到位，还需要进一步推敲和深化。最后，本书的文字也还需进一步斟酌。

本书的研究旨在搭建网络经济的基础理论平台。这个平台除了本身需要合理化和完善，还预留了很多接口，为的是今后展开纵深研究。例如，网络基元、网络组织、资本网络、生态网络等，其本身就能作为一个分支。诚然，现在关于网络组织、网络经济、生态网络也有相当多的文献，如若有了一个基础理论平台，这些分支理论既可以模块化，又可以集成和再集成。这种动态发展方式不仅有助于推动网络经济这一复杂巨系统的研究，还有助于进一步提升对动态多变的网络经济实践的解释力和指导力。

本书关于网络总图景的描述还有待进一步深入和挖掘。对于总图景，本

第6章 结束语：一种具有世界性的新生产方式的崛起

书只是搭建了一个分析框架。基于区块链技术和思想方法，如何将国内大循环乃至全球大循环构连起来，无疑还需要进一步挖掘和细化，这样才可以对网络经济实践具有更强的指导性。

参考文献

[1] 奥兹·谢伊. 网络产业经济学 [M]. 张磊, 等, 译. 上海: 上海财经大学出版社, 2002.

[2] 奥村宏. 21世纪的企业形态 [M]. 北京: 中国计划出版社, 2002.

[3] 安东尼·范·阿格塔米尔. 世界是新的: 新兴市场崛起与争锋的世纪 [M]. 北京: 东方出版社, 2007.

[4] 阿尔钦·德姆塞茨. 生产、信息费用与经济组织 [M]//财权权利与制度变迁. 上海: 上海三联书店, 1994.

[5] TANENBAUM A S. 计算机网络 [M]. 熊桂喜, 王小虎, 等, 译. 北京: 清华大学出版社, 1998.

[6] 彼得·迪肯. 全球性转变: 重塑21世纪的全球经济地图 [M]. 刘卫东, 等, 译. 北京: 商务印书馆, 2007.

[7] 布赖恩·卡欣, 哈尔·瓦里安. 传媒经济学 [M]. 北京: 中信出版社, 2003.

[8] 彼德·德鲁克. 知识管理 [M]. 北京: 中国人民大学出版社, 1999.

[9] 毕贵红, 钱斌, 杨肖鸳. 虚拟企业的信息系统集成框架 [J]. 计算机工程与应用. 2003 (18): 205-208.

[10] 本杰明·古莫斯·卡瑟尔斯, 竞争的革命: 企业战略联盟 [M]. 广州: 中山大学出版社, 2000.

[11] 陈晓波. 虚拟企业中的信息集成技术 [J]. 现代情报. 2002, 9 (9): 122-123.

[12] 陈剑, 冯蔚东. 虚拟企业构建与管理 [M]. 北京: 清华大学出版社, 2002.

[13] 陈菊红, 汪应洛, 孙林岩. 灵捷虚拟企业科学管理 [M]. 西安: 西安交通大学出版社, 2002.

[14] 陈国权. 并行工程原理及应用 [M]. 北京：清华大学出版社，1997.

[15] 辞海编辑委员会. 辞海 [M]. 上海：上海辞书出版社，1999.

[16] 蔡文. 物元分析 [M]. 广州：广东高教出版社，1987.

[17] 陈禹. 层次：系统科学的一个重要范畴，系统科学与工程研究 [M]. 上海：上海科技教育出版社，2000.

[18] 陈禹. 复杂适应系统（CAS）理论及其应用：由来、内容与启示 [J]. 系统辩证学学报，2001（10）.

[19] 陈禹. 复杂系统中的信息：概念、视角与特征 [J]. 首都师范大学学报（社会科学版），2003（2）.

[20] 陈禹. 复杂性研究的新动向：基于主体的建模方法及其启迪 [J]. 系统辩证学学报，2003（1）.

[21] 陈志祥，马士华. 企业集成的系统方法论研究：供应链的系统性、协调性和运作范式 [J]. 系统工程理论与实践，2001（4）.

[22] 陈洪容. 循环经济下的逆向物流 [J]. 铁道物资科学管理，2005（6）.

[23] 柴厚，罗松江. 基于web Services 的动态联盟知识集成结构体系研究 [J]. 大学图书情报学刊，2002，20（3）.

[24] 戴维·纽伯里. 网络型产业的重组与规制 [M]. 北京：人民邮电出版社，2002.

[25] 丹尼斯·卡尔顿. 现代产业组织 [M]. 上海：上海人民出版社，1998.

[26] 达庆利，王愚，万伦来. 虚拟企业构建模型及运作机制：一种类生物化的分析视角 [M]. 北京：清华大学出版社，2004.

[27] 杜勇. 合理利用外包服务提升企业核心竞争力 [J]. 中国科技论坛，2002：25.

[28] 福山. 信任 [M]. 海口：海南出版社，2001.

[29] 范玉顺，刘飞，祁国宁. 网络化制造系统及其应用实践 [M]. 北京：机械工业出版社，2003年.

［30］顾红. 网络工程的规划和设计［M］. 北京：科学出版社，1993.

［31］盖文启. 创新网络：区域经济发展新思维［M］. 北京：北京大学出版社，2002.

［32］纪玉山. 网络经济学引论［M］. 长春：吉林教育出版社，1998.

［33］纪玉山，等. 网络经济［M］. 长春：长春出版社，2000.

［34］顾新建，祁国宁，等. 网络化制造的战略和方法［M］. 北京：高等教育出版社，2001.

［35］胡代平，刘豹. 基于 Agent 的预测支持系统的设计［J］. 管理科学学报，1998（4）.

［36］霍根，拉维斯·A，拉维斯·H. 自然资本论：关于下一次工业革命［M］. 上海：上海科学普及出版社，2000.

［37］黄泰岩，等. 西方企业网络理论论述［J］. 经济学动态，1999（4）.

［38］黄宗捷，蔡久忠，刘险峰. 网络经济学［M］. 北京：中国财政经济出版社，2001.

［39］赫尔南多·德·索托. 资本的秘密：为什么资本主义在西方取得了成功，却在其他地方遭遇了滑铁卢［M］. 北京：华夏出版社，2007.

［40］海峰. 管理集成论［M］. 北京，经济管理出版社，2003.

［41］洪军. 基于创新网络系统的高校创新发展模式探讨［J］. 科学学与科学技术管理，2004，25（4）：121－123.

［42］洪军，陈森发，张建坤. 企业联盟模式演化的系统学思考［J］. 生产力研究，2004（4），70－73.

［43］霍佳震. 企业评价创新：集成化供应链绩效及其评价［M］. 石家庄：河北人民出版社，2001.

［44］何畔. 战略联盟：现代企业的竞争模式［M］. 广州：广东经济出版社，2000.

［45］海峰，李必强，李柏洲. 以知识为核心的管理集成理论探析［J］. 中国软科学，1999（8）：105－107.

［46］海峰，李必强，向佐春. 管理集成论［J］. 中国软科学，1999（3）：8－88.

[47] 海峰，冯艳飞，李必强．管理集成理论的基本范畴［J］．系统辨证学学报，2000，10：44-48．

[48] 海峰，杨永福，李必强．管理集成的经济性分析［J］．中国管理科学，2000，11（8）470-476．

[49] 韩庆兰，黎星．敏捷供应链的信息集成模型研究［J］．中南工业大学学报（社会科学版），2002，8（3）251-253．

[50] 黄志成，李小波．知识与业务过程集成探讨［J］．现代集成技术研究，2003（3）．

[51] 杰瑞米·里夫金．氢经济：一场即将到来的经济革命［M］．海口：海南出版社，2003．

[52] 蒋志青．企业业务流程设计与管理［M］．北京：电子工业出版社，2002．

[53] 佩帕德，罗兰．业务流程再造［M］．北京：中信出版社，1999．

[54] 熊彼特．经济发展理论［M］．北京：商务印书馆，1990．

[55] 娟茹，赵篙正，杨瑾．面向项目管理的知识集成模型和机制［J］．科学学与科学技术管理，2004（1）．

[56] 克里斯·安德森．长尾理论［M］．北京：中信出版社，2006．

[57] 科斯．企业、市场与法律［M］．上海：上海三联书店，1990．

[58] 卡尔·夏皮罗，哈尔·瓦里安．信息规则：网络经济的策略指导［M］．北京：中国人民大学出版社，2000．

[59] 罗鸿，编著．ERP 原理·设计·实施［M］．北京：电子工业出版社，2002．

[60] 刘颖，陈禹．复杂适应系统理论对控制 SARS 疫情的模拟分析［J］．复杂系统与复杂性科学，2004（4）．

[61] 柳中冈．中小企业 ERP 指南［M］．沈阳：辽宁人民出版社，2002．

[62] 刘瑞新．计算机基础与应用［M］．北京：机械工业出版社，2004．

[63] 李·W·迈克莱特，保罗·M·瓦阿勒，拉尔·L·卡茨．创造性毁灭：全球网络经济条件下的企业生存战略［M］．谢祖钧，刘陆先，译．长沙：中南大学出版社，2007．

[64] 刘炜,陈俊杰. 一种基于 Agent 的智能元搜集引擎框架 [J]. 计算机工程于应用,2005 (3):137-138,211.

[65] 刘培刚,郑亚琴. 网络经济学 [M]. 上海:华东理工大学出版社,2007.

[66] 李瑜,王昕,黄必清,等,基于多 AGENT 的虚拟企业伙伴选择系统 [J]. 计算机工程与应用,2000,36 (8):11-15.

[67] 李东. 企业信息化案例 [M]. 北京:北京大学出版社,2002.

[68] 廖守亿,戴金海. 复杂适应系统及基于 Agent 的建模与仿真方法 [J]. 系统仿真学报,2004,16 (1).

[69] 勒维斯. 非摩擦经济:网络时代的经济模式 [M]. 南京,江苏人民出版社,1997.

[70] 罗杰·珀曼. 自然资源与环境经济学 [M]. 北京:中国经济出版社,2002.

[71] 刘戒骄. 垄断产业改革:基于网络视角的分析 [M]. 北京:经济管理出版社,2005.

[72] 刘茂松,曹宏剑. 信息经济时代产业组织模块化与垄断结构 [J]. 中国工业经济,2005 (8).

[73] 刘秉镰,杜传忠. 网络经济条件下的垄断市场特征与反垄断 [M]//产业组织与政府规制. 大连:东北财经大学出版社,2006.

[74] 刘茂松,曹宏剑. 论经济全球化时代跨国公司垄断结构 [J]. 中国工业经济,2004 (9)

[75] 刘晓强. 集成论初探 [J]. 中国软科学,1997 (10):103-106.

[76] 李金霞. 管理集成视角下的企业知识共享 [J]. 德州学院学报,2003.

[77] 李宝山,刘志伟. 集成管理:高科技时代的管理创新 [M]. 北京:中国人民大学出版社,1998.

[78] 林莉,周鹏飞. 知识联盟中知识学习、冲突管理与关系资本 [J]. 科学学与科学技术管理,2004.

[79] 刘丽文,供应链管理思想及其理论和方法的发展过程 [J]. 管理科

学学报, 2003, 6 (2): 81 - 88.

[80] 郎立君. 浅析跨国公司间的网络组织 [J]. 外国经济与管理, 1995 (5).

[81] 李维安, 等, 主编. 网络组织: 组织发展新趋势 [M]. 北京: 经济科学出版社, 2003.

[82] 林润辉. 网络组织与企业高成长 [M]. 天津: 南开大学出版社, 2004.

[83] 李新春. 企业战略网络的生成发展与市场转型 [J]. 经济研究, 1998 (4): 70 - 78.

[84] 林润辉, 李维安. 网络组织: 更具环境适应能力的新型组织模式 [J]. 南开管理评论, 2000, 3 (3): 4 - 7.

[85] 李成标. 面向产品创新的集成管理理论与方法 [D]. 武汉: 武汉理工大学, 2002.

[86] 刘晓强. 集成论初探 [J]. 中国软科学, 1997 (10): 103 - 106.

[87] 李金霞. 管理集成视角下的企业知识共享 [J]. 德州学院学报, 2003, 6: 19 - 22.

[88] 利丰研究中心. 供需链管理: 香港利风集团的实践 [M]. 北京: 中国人民大学出版社, 2003.

[89] 联合国跨国公司中心. 再论世界发展中的跨国公司 [M]. 北京: 商务印书馆, 1982.

[90] 李焕荣, 林健. 战略网络研究的新进展 [J]. 经济管理·新管理, 2004.

[91] 袁磊, 武振业. 战略联盟中的文化协同 [J]. 管理现代化, 2001 (5).

[92] 刘晓强. 集成论初探 [J]. 中国软科学, 1997 (10).

[93] 李金霞. 管理集成视角下的企业知识共享 [J]. 德州学院学报, 2003 (6).

[94] 曼纽尔·卡斯特. 网络社会的崛起 [M]. 北京: 社会科学文献出版社, 2006.

[95] 迈克尔·迪区奇. 交易成本经济学 [M]. 北京：经济科学出版社，1999.

[96] 曼德尔·卡斯特. 千年终结 [M]. 北京：社会科学文献出版社，2006.

[97] 曼德尔·卡斯特. 认同的力量 [M]. 北京：社会科学文献出版社，2006.

[98] 孟氧. 经济学社会场论 [M]. 北京：中国人民大学出版社，1999.

[99] 马克·格兰诺维特. 镶嵌：社会网与经济行动 [M]. 罗家德，译. 北京：社会科学文献出版社，2007.

[100] 米歇尔·沃尔德罗普. 复杂：诞生于秩序与混沌边缘的科学 [M]. 北京：生活·读书·新知三联书店，1997.

[101] 马克思，恩格斯. 马克思恩格斯全集（第23卷）[M]. 北京：人民出版社，1972.

[102] 马克思，恩格斯. 马克思恩格斯全集（第26卷）[M]. 北京：人民出版社，1974.

[103] 马克思，恩格斯. 马克思恩格斯全集（第46卷上）[M]. 北京：人民出版社，1979.

[104] 马克思，恩格斯. 马克思恩格斯全集（第24卷）[M]. 北京：人民出版社，1972.

[105] 马士华，林勇，陈志祥. 供应链管理 [M]. 北京：机械工业出版社，2000.

[106] 诺斯. 制度、制度变迁与经济绩效 [M]. 上海：上海三联书店，1994.

[107] 濮小金，司志刚. 新编网络经济学 [M]. 北京：机械工业出版社，2007.

[108] 青木昌彦，安藤晴彦. 模块时代：新产业结构的本质 [M]. 上海：上海远东出版社，2003.

[109] 乔治·J. 施蒂格勒. 产业组织 [M]. 上海：上海三联书店，上海人民出版社，2006.

[110] 青木昌彦,安藤晴彦. 模块时代·新产业的本质 [M]. 周国荣,译. 上海:上海远东出版社,2003.

[111] Ronald H·Ballou. 企业物流管理:供应链的规划、组织和控制 [M]. 王小东、胡瑞娟,等,译. 北京:机械工业出版社,2002.

[112] R. H. 科斯. 论生产的制度结构(企业的性质)[M]. 上海:上海三联出版书店,1994.

[113] SOON‐YONG CHOI, DALE O. STAHL, ANDREW B. WHINSTON. 电子商务经济学 [M]. 北京:电子工业出版社,2000.

[114] 斯蒂芬·戈德史密斯,威廉·D. 埃格斯. 网络化治理:公共部门的新形态 [M]. 北京:北京大学出版社,2008.

[115] 孙国强. 关系、互动与协同:网络组织的治理逻辑",2003,11(11),14–20.

[116] 史占中. 企业战略联盟 [M]. 上海:上海财经大学出版社,2001.

[117] 史丽萍,吕莉. 战略联盟的协同效应研究 [J]. 齐齐哈尔大学学报(哲学社会科学版),2004,5(3):31–32.

[118] 盛晓白. 网络经济通论 [M]. 南京:东南大学出版社,2003.

[119] 孙健. 网络经济学导论 [M]. 北京:电子工业出版社,2001.

[120] 森尼尔·乔普瑞,彼得·梅因德尔. 供应链管理:战略、规划与运营 [M]. 北京:社会科学文献出版社,2003.

[121] 孙国强. 网络组织的治理机制 [J]. 经济管理,2003(4).

[122] 史金平,李必强,胡树华. 现代生产企业的管理集成 [J]. 中国软科学,1999(4).

[123] 史宪睿,林莉. 企业知识集成系统分析 [J]. 科技进步与对策,2004(10).

[124] 宋华,胡左浩. 现代物流与供应链管理 [M]. 北京:经济管理出版社,2000.

[125] 盛晓白. 网络经济通论 [M]. 南京:东南大学出版社,2003.

[126] 托马斯·弗里德曼. 世界是平的:21世纪简史 [M]. 长沙:湖南科学出版社,2006.

[127] 唐·泰普斯科特, 安东尼·D·威廉姆斯. 维基经济学——大规模协作如何改变一切[M]. 何帆, 林季红, 译. 北京: 中国青年出版社, 2007.

[128] T. G. 勒维斯. 非摩擦经济: 网络时代的经济模式[M]. 南京: 江苏人民出版社, 2000.

[129] 吴秋明. 集成管理理论研究[D]. 武汉: 武汉理工大学, 2004.

[130] 王雨. 企业资源外包对象选择研究[D]. 大连理工大学, 2003.

[131] 维尔纳茨基. 活物质[M]. 北京, 商务印书馆, 1989.

[132] 乌家培. 网络经济及其对经济理论的影响[J]. 学术研究, 2000 (1).

[133] 汪星明, 施礼明. 现代生产管理[M]. 北京: 中国人民大学出版社, 1995.

[134] 王东迪. ERP 原理·应用与实践[M]. 北京: 人民邮电出版社, 2002.

[135] 王耀忠, 黄丽华, 王小卫, 薛华成. 网络组织的结构及协调机制研究[J]. 系统工程理论方法应用, 2002, 11 (1).

[136] 王飞跃, 史帝夫·兰森. 从人工生命到人工社会: 复杂社会系统研究的现状和展望[J]. 复杂系统与复杂科学, 2004 (1).

[137] 王正中. 基于演化的复杂系统建模与仿真研究[J]. 系统仿真学报, 2003, 15 (7).

[138] 王兆华. 循环经济理论的国际实践及启示[J]. 改革, 2005 (3).

[139] 吴贵生, 王瑛, 王毅. 政府在区域技术创新体系建设中的作用[J]. 中国科技论坛, 2002.

[140] 汪珍. 有关供应链管理集成问题的研究[D]. 武汉: 武汉理工大学, 2001.

[141] 王伟军, 黄杰, 李必强. 信息管理集成的研究与应用探讨[J]. 情报学报, 2003, 22 (5).

[142] 吴季松. 循环经济: 全面建设小康社会的必由之路[M]. 北京: 北京出版社, 2003.

[143] 约翰·霍兰. 隐秩序: 适应性造就复杂性[M]. 上海: 上海科学技术出版社, 2000.

［144］许国志. 系统科学［M］.上海：上海科技教育出版社，2000.

［145］向佐春，李必强，史金平. 管理集成：企业管理发展的必然趋势[J].科技进步与对策，2000（3）.

［146］解树江. 虚拟企业［M］.北京：经济管理出版社，2002.

［147］现代物流管理课题组. 供应链管理［M］.广州：广东经济出版社，2002.

［148］谢洪明，蓝海林.战略网络中企业间关系的特征［J］.中国流通经济，2003（3）.

［149］亚德里安·J.斯莱沃斯基，大卫·J.莫里森，等．发现利润区［M］.北京：中信出版社，2003.

［150］亚当·斯密. 国民财富的性质和原因的研究［M］.北京：商务印书馆，1972.

［151］杨小凯．网络经济的超边际分析［M］.北京，北京大学出版社，2002.

［152］杨志，赵秀丽. 网络二重性与资本主义生产方式方式新解——网络经济与生产方式关系研究系列之一［J］.福建论坛（人文社会科学版).2008（7）.

［153］杨志．论资本的二重性——兼论我国公有资本的本质［M］.北京：经济科学出版社，2002.

［154］杨志．信息网络与当代经济［J］.当代经济研究，2001（7）.

［155］杨志．资本论选读［M］.北京：中国人民大学出版社，2004.

［156］杨培芳．网络协同经济学：第二只手的凸现［M］.北京：经济科学出版社，2000.

［157］杨志．石油问题的政治经济学分析［M］.北京：北京石油工业出版社，2009.

［158］杨志．头脑风暴：世界经济论坛破解新经济经营模式［M］.北京：地震出版社，2000.

［159］杨志．企业信息管理［M］.北京：清华大学出版社，2005.

［160］杨志，徐岭．论循环经济与网络经济的内在联系［J］.黑龙江社会科学，2009（1）.

[161] 杨志,徐岭. 逆向物流:循环经济的必然选择 [J]. 中国流通经济,2008 (12).

[162] 于同申. "创造性毁灭"和网络经济条件下的自主科技创新 [J]. 中国工业经济,2006 (5).

[163] 杨叔子,吴波,胡春华,等. 网络化制造与企业集成 [J]. 中国机械工程,2000,增刊.

[164] 杨涛,王云莉,肖田元,张林宣. 虚拟产品开发中的知识集成方法研究 [J]. 机械科学与技术,2003,22 (4).

[165] 廷斌,吴伟. 基于 Web Services 的供应链信息集成研究 [J]. 计算机应用研究,2004 (5).

[166] 于立,主编. 产业组织与政府规制 [M]. 大连:东北财经大学出版社,2006.

[167] 于良春,等 自然垄断与政府规制:基本理论与政策分析 [M]. 北京:经济科学出版社,2003.

[168] 杨小凯. 不完全信息与有限理性的差别 [J]. 开放时代,2002 (3).

[169] 杨小凯,张永生. 新兴古典发展经济学导论 [J]. 经济研究,1999 (7).

[170] 杨小凯,张永生. 新兴古典经济学与超边际分析 [M]. 北京:社会科学文献出版社,2003.

[171] 伊迪丝·彭罗斯. 企业成长理论 [M]. 上海:上海三联出版社,2007.

[172] 叶秀敏,陈禹. 网商生态系统的自组织和他组织 [J]. 系统工程学报,2005 (4).

[173] 约瑟夫·A. 布雷迪,等,著. 新概念 ERP [M]. 于燕如,司徒爱勒,译. 北京:机械工业出版社,2003.

[174] 姚郑,高文. 面向 Agent 的程序设计风范 [J]. 计算机科学,1995,22 (6):7.

[175] 约翰·贝拉米·福斯特. 生态危机与资本主义 [M]. 上海:上海译文出版社,2006.

[176] 约翰·霍兰. 隐秩序: 适应性造就复杂性 [M]. 上海: 上海科学技术出版社, 2000.

[177] 约翰·霍兰. 涌现: 从混沌到有序 [M]. 上海: 上海科学技术出版社, 2001.

[178] 姚建华. 基于循环经济的逆向物流分析 [J]. 商业经济荟萃, 2005 (4).

[179] 叶秀敏, 陈禹. 网商生态系统的自组织和他组织 [J]. 系统工程学报, 2005 (4).

[180] 杨志, 郭兆晖. 循环经济的经济学基础 [M]. 北京: 石油工业出版社, 2008.

[181] 周和荣. 敏捷虚拟企业的外部化实现机制 [D]. 武汉: 武汉理工大学, 2005

[182] 张铭洪. 网络经济学教程 [M]. 北京: 科学出版社, 20002.

[183] 祝影. 全球研发网络: 跨国公司研发全球化的空间结构 [M]. 北京: 经济管理出版社, 2007.

[184] 朱迪·丽丝. 自然资源: 分配、经济学与政策 [M]. 北京: 商务印书馆, 2002.

[185] 张则强, 程文明. 面向生态工业和循环经济的绿色物流 [J]. 起重运输机械, 2003 (9).

[186] 张海滨. 环境与国际关系: 全球环境问题的理性思考 [M]. 上海: 上海人民出版社, 2008.

[187] 张继焦. 价值链管理 [M]. 北京: 中国物价出版社, 2001.

[188] 赵文明, 何嘉华. 百年管理失败名案 [M]. 北京: 中华工商联合出版社, 2003.

[189] 周朝民. 网络经济学 [M]. 上海: 上海人民出版社, 2003.

[190] 张洁, 高亮, 李培根. 多 Agent 技术在先进制造中的应用 [M]. 北京: 科学出版社, 2004.

[191] 张昕竹, 等. 网络产业: 规制与竞争理论 [M]. 北京: 社会科学文献出版社, 2000.

[192] 纂振法,徐福缘. 基于信息技术的网络组织研究 [J]. 华东经济管理, 2002, 16.

[193] 张维迎. 博奕论与信息经济学 [M]. 上海: 上海人民出版, 1996.

[194] 张志文, 邹建平. 企业逆向物流的发展趋势研究 [J]. 物流科技, 2006 (3).

[195] 赵宜, 谢合明, 尹传忠. 基于循环经济的供应链变革 [J]. 经济体制改革, 2004 (6).

[196] 张帆. 环境与自然资源经济学 [M]. 上海: 上海人民出版社, 1998.

[197] 张凤林. 西方资本理论研究 [M]. 沈阳: 辽宁大学出版社, 1995.

[198] 张小冲, 张学军. 循环经济发展之路 [M]. 北京: 人民出版社, 2006.

[199] 张雪萍. 自然资源学理论与实践 [M]. 哈尔滨: 哈尔滨地图出版社, 2001.

[200] 张扬. 循环经济概论 [M]. 长沙: 湖南人民出版社, 2005.

[201] 张颖, 吴志文. 循环经济与绿色核算 [M]. 北京: 中国林业出版社, 2006.

[202] 周宏春, 刘燕华. 循环经济学 [M]. 北京: 中国发展出版社, 2005.

[203] 中国科学院可持续发展战略研究组. 2006年中国可持续发展战略报 [M]. 北京: 科学出版社, 2006.

[204] 中国环境与发展国际合作委员会. 创新与环境友好型社会 [M]. 北京, 中国环境科学出版社, 2008.

[205] 覃征, 汪应洛, 等. 网络企业管理 [M]. 西安: 西安交通大学出版社, 2001.

[206] 左美云, 张昊. 网络企业 [M]. 长春: 长春出版社, 2000.

[207] 张旭梅, 黄河, 刘飞. 敏捷虚拟企业: 21世纪领先企业的经营模式 [M]. 北京: 科学出版社, 2003.

[208] 张千帆, 李晋. 网络型组织的协调机制 [J]. 企业改革与管理,

2004 (10).

[209] 张波, 魏江. 战略联盟中的社会资本及其培育 [J]. 软科学, 2003, 17 (4).

[210] 赵林度. 供应链与物流管理理论与实务 [M]. 北京: 机械工业出版社, 2003.

[211] 赵春明. 虚拟企业 [M]. 杭州: 浙江人民出版社, 1999.

[212] 曾忠禄, 等. 公司战略联盟组织与运作 [M]. 北京: 中国发展出版社, 1999.

[213] 张曙. 分散网络化制造 [M]. 北京: 机械工业出版社, 1999.

[214] ADIAN SLYWOTZKY, DAVID J. Morrison. The profit zone [M]. CITIC Publishing House, 1998.

[215] ATTA BADII, AMIRT SHARIF. Information management and knowledge integration for enterprise innovation [J]. Logistics information management, 2003, 16 (2): 145 – 155.

[216] AMRIT B. TIWANA. The influence of knowledge integration on project success: an empirical examination of e – business teams [D]. Mack Robinson College of Business of Georgia State University, 2001.

[217] CONNER K R, RUMELT R P, Software piracy—an analysis of protection strategies [J]. Management Science, 1991 (37): 125 – 139.

[218] CABRAL, LUIS, DAVID SALANT. Monopoly pricing with network externalities, ewp – io/9411003, 1994.

[219] DENNIS MAILLATETAL. Innovation networks and territorial danamics: a tentative typology [J]. Strategic management journal, 1993, (6): 82 – 93.

[220] DAVID BOVET, JOSEPH MARTHA, KIRK KRAMER. Value Nets [M]. 北京: 人民邮电出版社, 2001.

[221] DONALD HISLOP. Knowledge integration processes and the appropriation of innovations [J]. European Journal of Innovation Management, 2003; 6, 3, 159 ~ 172.

[222] ECONOMIDES N. Competition policy in network industries: an

introduction [D]. Stern School of Business, New York University, Working Paper #04 – 23, Revised June 2004.

[223] ECONOMIDES, NICHOLAS. The Incentive for Vertical Integration [D]. Stern School of Business, New York University, Working Paper #05 – 01, 2005.

[224] ECONOMIDES N A SKRZYPACZ A. Standards coalitions formation and market structure in network industries [D]. Stern School of Business, New York University, Working Paper, 2003.

[225] ECONOMIDES N, MITCHELLM M. Dynamic oligopoly with network effects [D]. Stern School of Business, New York University, 2004.

[226] Economides N, Viard V B. Pricing of complementary goods and network effects [D]. Stern School of Business, New York University, Working Paper #05 – 04, 2005.

[227] ECONOMIDES N, LEHR B. The quality of complex systems and industry structure [J]. Quality and Reliability of Telecommunications Infrastructure, William Lehr (ed.) Lawrence Erlbaum. Hillsdale: 1994.

[228] ECONOMIDES N. Compatibility and the creation of shared networks [M] // MARGARET GUERIN – CALVERT, STEVEN WILDMAN, ED. Electronic services networks: a business and public policy challenge, Praeger Publishing Inc., 1991.

[229] ECONOMIDES N. Mixed bundling in duopoly [D]. Discussion Paper EC –93 –29, Stern School of Business, N. Y. U.

[230] ECONOMIDES, N. Network externalities, complementarities, and invitations to enter [J]. Forthcoming in European Journal of Political Economy, 1995.

[231] ECONOMIDES N. The Economics of Network [D]. Discussion Paper EC –94 –24, Stern School of Business, N. Y. U.

[232] ECOMOMIDES N. The incentive of a monopolist to provide all goods [D]. Discussion Paper EC –95 –09, Stern School of Business, N. Y. U.

[233] ECONOMIDES N. The Microsoft Antitrust Case [D]. New York University, Center for Law and Business, Working Paper #CLB –01 –003.

[234] ELLRAM L M. Supply chain management: the industial organization perspective [J]. International journal of phycical distribution and logistics, 1991, 21 (1), 13~22.

[235] FISHER, FRANKLIN M. Innovation and monopoly leveraging [EB/OL]. www.ssrn.com, 1999.

[236] FARE ROF, GROSSKOPF SHAWNA, NORRIS M, et al. Productivity growth, technical progress, and efficiency change in industrialized countries [J]. American economic review, 1994, 84 (1): 66 – 83.

[237] GAYER A, SHY O. Copyright protection and hardware taxation [J]. Information economics and policy, 2003a, 15: 467 – 483.

[238] GAYER A, SHY O. Internet and peer – to – peer distributions in markets for digital products [J]. Economics Letters, 2003 (81), 51 – 57.

[239] GALLAUGHER, JOHN M., YU – MING WANG. Network effects and the impact of free goods: an analysis of the web server market [J]. International journal of electronic commerce, 1999, 3 (4): 67 – 88.

[240] GEREFFI G. International trade and industrial upgrading in the apparel commodity chain [J]. Journal of international economics, 1999, (48).

[241] THORELLI H B. Network: between market and hierarchies [J]. Strategic management journal, 1986, 7 (1): 37~51.

[242] VARIAN H R, FARRELL SHAPIRO C. The economics of information technology: an introduction (raffaele mattioli lectures) [M]. Cambridge: Cambridge University Press, 2004.

[243] HARLAND C M Supply chain management: relationship, chains and network [J]. Journal of physical distribution and logistics, British, 1995: 25.

[244] HUMPHREY J, Schmitz H. Governance and upgrading: linking industrial cluster and global value chain [R]. IDS Working Paper 120, Brighton: Institute of Development Studies, 2000.

[245] JARILLO JOSE C. On strategic network [J]. Strategic Management Journal, 1988, (9): 31 – 34.

[246] JOHN SLOMAN. Economics [M]. 4th ed. London: Person Education Ltd, 2000.

[247] HUANG J C, NEWELL S. Knowledge integration processes and dynamics within the context of cross-functional projects [J]. International journal of project management, 2003 (21): 167-176.

[248] JEFFERSON G H. RAWSKI T G, Zheng Yuxin. Growth, efficiency and convergence in China's state and collective industry [J]. Economic development and cultural change, 1992, 40 (2).

[249] SCOTT SOCIAL J P. Social network analysis: a handbook [M]. 2nd ed. London: SAGE Publications, 2000.

[250] KENNETY PREISSETAL. Cooperate to compete [M]. Changchun: Liaoning Education Press, 1998.

[251] KATZ M L, SHAPIRO C. Network externalities, competition, and compatibility [J]. American economic review, 6: June, 424-440.

[252] KOVACIC W E, SHAPIRO C. Antitrust policy: a century of economic and legal thinking [J]. Journal of economic perspectives. winter 2000, 14 (1): 43-60.

[253] LEE H L, BILLINGTON C. Material management in decentralized supply chains [J]. Operations research, 1993, 41 (5).

[254] LEE H L. Global supply chain management: challenge and responses in the Asia-pacific Region [D]. Stanford University, 1995.

[255] LANE D M, MCFADZEAN A G. Distributed problem solving and real-timen mechanism in robot architectures [J]. Engineering application intelligence, 1994, 7 (2): 105-117.

[256] LERNERJ. TIROLE, J The open source movement: key research questions [J]. European economic review 2001 (45): 819-826.

[257] LERNER J, TIROLE J. Some simple economics of open source [J]. Journal of industrial economics, 2002 (5) 197-234.

[258] LERNER J, TIROLE J. The economics of technology sharing: open source and beyond [J]. Journal of economic perspectives, 2005 (19): 99-120.

[259] LIEBOWITZ S. WILL MP3 downloads annihilate the record industry? The evidence so far [M]// Libecap G, ed. Advances in the study of entrepreneurship, innovation, and economic growth. S E JAI Press, 2003.

[260] LIEBOWITZ STAN J, MARGOLIS S E. Are network externalities a new source of market failure [J]. Research in law and economics, 1995, 17.

[261] MARYAM ALAVI, AMIRT TIWANA. Knowledge integration in virtual teams: the potential role of KMS [J]. Journal of the American society for information science and technology, 2002, 53 (12): 102 – 137.

[262] MARSHALL VAN AISTYNE. The state of network oganization: A survey in three frameworks [J]. Journal of orgnizational computing, 1997, 7 (3).

[263] HAMMER, JAMER CHAMPY J. Reengineening the corporation: a manifesto for business revolution [M]. London: Nicholas Brealey Publishing, 1993.

[264] NWANA H S. Software agents: an overview [J]. The knowledge engineering review, 1996, 11 (3): 205 – 244.

[265] OZ SHY. Industrial organization: theory and applications [M]. Cambridge, MA: The MIT Press, 1996.

[266] OECD. Regulatory policies in OECD countries: from interventionism to regulatory governance [R]. 2002.

[267] OECD, Report on experiences with the structural separation [R]. 2006.

[268] PAUL T. KIDD. Cheshire henbury [EB/OL]. http://www.Cheshire Henbury.com.

[269] PAUL T. KIDD. Agility glossary of terms [EB/OL]. http//www.Cheshire Henbury.com.

[270] PEITZ M, WAELBROECK P. The effect of internet piracy on CD sales – cross section evidence [J]. Review of economic research on copyright, 2004 (1): 71 – 79.

[271] PEITZ M, WAELBROECK P. File sharing, sampling, and music distribution [D]. International University in Germany, 2004.

[272] PEITZ M, WAELBROECK P. An economist's guide to digital music

[J]. CESifo economic studies, 2005 (51): 359-428.

[273] PEITZ M, WAELBROECK P. Why the music industry may gain from free downloading - the role of sampling [J]. International journal of industrial organ-ization.

[274] PAUL L. JOSKOW. MARKETS for power in the United States: an interim assessment [J]. The energy journal, 2006, 27 (1).

[275] QIN D. Is the rising services sector in the People's Republic of China Leading to cost diseases [D]. Asian Development Bank ERD, 2004, (50).

[276] RAYMOND E. MILES, CHARLES C. Snow. Causes of failure in network organizations [J]. California management review, Summer 1992, 34 (4): 53-72.

[277] RIKARDRSSON. The handshake between invisible and visible hands [J]. Intemational studies of management & organization. 1993, 23 (1): 87-106.

[278] RAVI S. ACHROL. Changes in the theoory of interorganizational relations in marketing toward a network paradigm [J]. Journal of the academy of marketing science, 1997, 25 (1).

[279] ROBERT A. Advancing the art of simulatton in the social sciences [J]. Complexity magazine, 1987, 3 (2).

[280] ROBERT D, ATKINSON, ANDREW S. MCKAY. Digtal prosperity: Understanding the economic benefits of the information technology revolution [J]. The information technology and innovation foundation, 2007, 3.

[281] SAILER L D. Structural equivalence: meaning and definition, computation and application [J]. Social networks, 1978, 1 (1): 73-90.

[282] SHOHAM Y. Agent oriented programming [J]. Artificial intelligence, 1993 (60): 51-92.

[283] STANLEY WASSERMAN, KATHERINE FAUST, DAWN IACOBUCCI, et al. Social network analysis: methods and applications [M]. Cambridge: Cambridge University Press, 1994.

[284] KENNETH L. SIMONS. Shakeouts: firm survival and technological change in new manufacturing industries [D]. Pittsbnrge, PA: Carnegie Mellon University, 1995.

[285] KENNETH L. SIMONS. Product market characteristics and the industry life cycle [D]. Working Paper, 2005.

[286] SAM PELTZMAN, CLIFFORD WINSTON. Deregulation of network industries: what's next [M]. Washington, D. C. : Brookings Institution, 2001.

[287] JON SHLEY, BERNARD. Handbook for evaluating infrastructure regulatory systems [R]. World Bank, 2006.

[288] THEODOROS EVGENIOU. Information integration and information strategies for adaptive enterprises [J]. European management journal 200, 2, 20 (5): 486 –494.

[289] TAKEYAMA L N. The welfare implications of unauthorized reproduction of intellectual property in the presence of network externalities [J]. Journal of industrial economics, 1994 (42): 155 – 166.

[290] TAKEYAMA L N. The intertemporal consequences of unauthorized reproduction of intellectual property [J]. Journal of Law and economics, 1997 (40): 511 – 522.

[291] VARIAN H R Buying, sharing and renting information goods [J]. Journal of industrial economics, 2000 (48): 473 – 488.

[292] YOON K. The optimal level of copyright protection [J]. Information economics and policy, 2002 (14): 327 – 348.

[293] VARIAN H R. Market structure in the network age [D]. Berkeley: university of california, 1999.

[294] VICTOR STANGO. The economics of standards wars [J]. Review of network economics, 2004, 3 (1).

[295] WILLIAM H. DAVIDOW, MICHAEL S. MAKNE. The virtual corporation [M]. Harpercollins Publisher Inc, 1992.

[296] WOOLDRIGE M, JENNING N R. Intelligent agents: theory and practice [J]. The knowledge engineering review, 1995, 10 (2): 115 – 152.

[297] WORLD BANK, Reforming infrastructure: privatization, regulation, and competition [R]. A world Bank policy research report, 2004: 234 – 256.

[298] 大卫·伊斯利, 乔恩·克莱因伯格. 网络、群体与市场: 揭示高

度互联世界的行为原理与效应机制［M］.北京：清华大学出版社，2011.

［299］杰里米·里夫金.零边际成本社会：一个物联网、合作共赢的新经济时代［M］.北京：中信出版社，2014.

［300］杰弗里·韦斯特.规模：复杂世界的简单法则［J］.北京：中信出版社，2018.

［301］唐·塔普斯科特，亚力克斯·塔普斯科特.区块链革命：比特币底层技术如何改变货币、商业和世界［M］.北京：中信出版社，2016.

后 记

这本书无论是作为其前身的博士论文,还是到现在的成书,都是在我的导师杨志老师的悉心指导和亲切关怀下完成的。从我博士入学之初起,杨老师就开阔我观察问题的视野,激发我投身科研活动的热情,提升我从事科研活动的素养,锻造我的科研与教学的实际能力。毕业后的这十年,无论是工作还是生活,杨老师都给予了我巨大的帮助。也正是在她的反复督促下,我才得以从惰性中走出,将学位论文完善成书。抚今追昔,往事历历在目,虽有艰辛,但更多的是感动和感激。

攻读博士学位期间,在杨志老师的带领和资助下,我参与并完成了多个科研项目,参加了数十场国内外大型学术交流,承担了本校2004级和2005级本科生网络经济学课程的教学工作,还到山西省进行过实地调研。在导师的严格要求下,我在修习本专业课程的同时,还认真学习了其他经济类、管理类相关课程,并在学校中期综合考试中取得了优异成绩。这使我奠定了较为深厚的理论功底,掌握了较为前沿的研究方法和较为娴熟的经济学分析工具,从而使我具备了较为自信地撰写博士论文的信心和勇气。

论文写作之初,我的想法很多,既想写这又想写那,但就是找不到下笔的逻辑起点,理不清观点与观点之间的逻辑联系。很多人劝我知难而退,不要自讨苦吃,选题要尽量往小处选,写作尽量往通俗上靠。然而,杨老师和我交流了看法后,却非常支持我敢于挑战科研难题的勇气。她耐心听我讲各种无序的想法,认真帮我梳理思路,巧妙地激发我创作的灵感,顺势引领我定下框架结构。终于,我的开题报告不仅顺利通过,得到与会专家的好评,而且成为我完成论文写作的实际纲领。

进入写作阶段后,杨老师不仅经常跟踪我的进度,还适时地为我推荐甚至提供大量有价值的参考文献。在我向她汇报自己关于论文的想法后,她总能及时高屋建瓴地给予点评、建议和启发。尤其到论文写作的中后期，也就是最难的攻坚阶段，杨老师为了鼓舞我的士气、扫除我前进的障碍，除了当面沟通、电子邮件交流外，还在繁重的教学、科研和行政工作之余，利用 msn 聊天工具为我做现场答疑。即便在杨老师到苏州就任中国人民大学国际学院副院长后，她对我的指导仍然没有间断。

作为杨老师的博士生，我随时都可以向她汇报自己的想法、困难、论文的进展以及下一步的设想。作为导师，杨老师总是随时给予我以精彩点评，并升华我的观点、启发我的思路。仅在"五一"长假期间，她和我关于论文的"聊天记录"，亦即我们之间实时的学术交流就多达 2 万字。令我感动的是，为了帮我赶进度，她经常通宵达旦为我批改；在我漫长的写作路上，每一个沟沟坎坎，无论大小，都是她带领我披荆斩棘、奋勇前行的。

可以这样说，我的这本书，大到结构篇章，小到脚注文献，无处不渗透着杨老师的心血；我的每一个观点，每一个创新，都是在杨老师的启发、引导下升华而来的，都有她精雕细琢的痕迹，都闪烁着她智慧的光芒。在我眼里，杨老师本身就是对"为师者"最好的诠释——与学生思想交流、产生共鸣、激发灵感、答疑解惑。但杨老师自己却总是那么谦逊、热情、平易近人，从来没有架子。"淡泊名利""真诚热忱"是她的习惯。她常说："我只不过是中国人民大学最最普通的教员，我这样的在咱们人大抓一个是一个啊。"实际上，杨老师知识之渊博，做科研之敬业，处理信息之快捷，洞察力之敏锐，启发学生之有道，已经达到了令我惊叹的程度。她虽然六十多岁了，但她的"好奇心""求知欲"胜过我们年青人。

"创新、互动、开放、共享"既是她对我们网络经济学（博士和硕士）这个科研团队的要求，也是她身体力行的准则。不管多忙，她都以恰当的方式与我们分享学习心得、分享科研收获、分享会议发现、分享心情、分享心理体验、分享生活经验。在她的带动下，团队成员作为自主实体 Agent，纷纷自组织、自增长，迅速成长起来。团队成员互帮互助，探讨问题，师弟师妹不拘一格，向师兄师姐提出问题，后者也及时反馈意见，导师最后把关。这一点也不意味着"放羊"，因为"教学相长"，这样更有利于所有学生的能力都能从不同层面、不同角度得以提升，我也不例外。

杨志老师作为老师之最独特之处，在于她有一双极其敏锐的"善于发现美"的眼睛。学生身上任何点滴的进步，她都第一个发现并为之兴奋。她似乎特别爱给同学们修改作业、论文。不管是谁，当把写好的文章交给她时，她无论多忙，都总是从头至尾予以批注与评价。她会很具体地告诉我们，这篇论文哪好哪不好以及应该如何改，她还要求我们对其批注认真给予反馈。事实上，看了经她评阅的论文，谁都会感到眼前一亮，心里立刻一清二楚。"科学的本质是什么？""年青人如何做人、如何搞科研？""为什么做学问先要学做人？""为什么与长途跋涉后还在跋涉的人同行？""为什么有成就的人只不过是比别人能够承受更多的苦难而已？"还有很多这样的话，都是她经常建议我们思索的。

"乐观、积极、向上"是杨志老师的生活态度。尽管她也遭受过不少挫折、误解和疾病，但她始终笑对人生。在她看来，"大石拦路，弱者视为前进的障碍，勇者视为前进的阶梯"。因此，挫折之后，她不是倒下去，而是站得更直了；误解之后，她不是牢骚满腹，而是对人更加宽容了；生病之后，她不是谨小慎微，而是更科学地使用身体，保持健康心态。因此，每当我们遇到挫折和困难时，我们渴望的和她能给予我们的，不仅是物质上的帮助、心灵上的抚慰，还有她充满阳光的笑脸和无所畏惧的笑声。

然而，杨志老师对学生要求之严格也是有目共睹的。"眼里揉不进沙子""一针见血"是她一贯的作风。不管是谁，包括我，在出现问题的时候，她总是先耐心地指出来，并不厌其烦地予以纠正，"改了还是好孩子"是她一贯的态度。但是，当我们产生惰怠情绪之时，她也从不姑息，有时甚至会给予公开的、毫不留情的、严厉的批评，不仅警示当事人，而且让其他人引以为戒。

总之，正是在杨志老师追求真善美、献身科学事业精神的鼓舞下，我明确了自己科学研究道路上奋勇前行的方向；正是在杨志老师德智体美全方位的打造下，我坚定了自己战胜各方面困难的信心和勇气；正是在杨老师言传身教、手把手地指导下，我完成了自己的博士论文，并历经多次修改，最终成书。在我眼里，杨志老师本人正是对"博士生导师"最恰切的诠释。